自閉症教材教法 (下冊)

——溝通訓練、休閒教育 與職業訓練篇

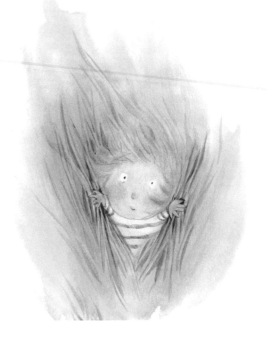

王大延　策畫主編

王大延、李　珣、李佳玫、林丹桂、林淑娟

邱采緹、黃昭蓉、黃楓枝、賴伶華、蘇日俊　著

李佳錫　繪圖

第一部分　溝通訓練

第二部分　休閒教育、職業訓練

策畫主編簡介

王大延

學歷➣國立台灣師範大學教育研究所碩士

美國北科羅拉多大學特教博士

經歷➣台北市立教育大學助教、講師、副教授、教授，及

學務長、所長、主任

明道大學教授兼副校長暨教務長

明道大學教授兼課程與教學研究所所長

明道大學教授兼人文學院院長

現職➣嶺南師範學院教授

作者簡介

王大延

參見策畫主編簡介

李　珣

學歷➤國立台東師院學士後特教師資班結業

李佳玫

學歷➤國立新竹師院特教系畢

現職➤宜蘭縣冬山國小自閉症巡迴班教師

林丹桂

學歷➤國立台北商業技術學院畢

現職➤宜蘭縣員山國中特教班教師助理員

林淑娟

學歷➤東吳大學英文系畢

　　　國立花蓮師院特殊教育學分班結業

現職➤宜蘭縣員山國中特教班教師

邱采緹

學歷➤國立空中大學畢

宜蘭縣智障者協會短期臨托照顧訓練結訓

現職➤宜蘭縣冬山國小啟智班教師助理員

黃昭蓉

學歷➤國立花蓮教育大學國民教育研究所畢業

現職➤宜蘭縣永樂國小普通班教師

黃楓枝

學歷➤國立台灣師範大學教育學系畢／特殊教育三十學分班

結業

現職➤宜蘭縣員山國中特教班教師

賴伶華

學歷➤國立台北師院初教系畢

國立台北師院特教學分班畢

現職➤宜蘭縣冬山國小資源班教師

蘇日俊

學歷➤國立台灣師範大學教育學系畢／特殊教育輔系

現職➤宜蘭縣利澤國中資源班教師

序

　　本書旨在為特殊教育教師、特教專業人員暨家長編寫自閉症之教材與教法。參與編寫之作者皆為從事多年的特殊教育之教師，尤其在自閉症領域，無論實務經驗或理論皆深入體驗，作者群曾花費一年的時間，每兩星期齊聚一堂與本人共同研議討論，並且要求每一篇章每一單元，皆融入理論與教學實務，讓在第一線從事特殊教育工作者，閱讀本書之後，可立即應用在教育現場，印證並解決教學疑難問題。本書寫作過程可稱十分嚴謹，大部分章節都是作者群教學實際之案例，相信本書之出版，對自閉症領域之教學與介入必有實質之助益。

　　全書分為上、下兩冊，上冊共有兩部分：行為問題處理與社交技巧；下冊分為三部分：溝通訓練、休閒教育與職業訓練。行為問題處理章節涵括各種不同的儀式行為、自我刺激、異常飲食、自傷行為、拔髮症、如廁訓練、固持行為等之介入處理。社交技巧篇章主題包括：打招呼、問話、會話、傾聽、等候、分享、禮儀、遊戲、情緒處理、合作、協調。本書下冊溝通訓練重心在於增進自閉症者接受性語言與自發性語言之能力，至於內容則遍及回應他人問話、辨別、要求、接納、日常生活溝通。休閒教育項目包括大肌肉活動、音樂、律動、影片欣賞。職業訓練則包括配對、組合、包裝、分類、辦公室事務。

　　本書各篇章皆彰顯自閉症者的特徵與療育：社會互動困難、語言溝通障礙與行為偏異。教材與教法則融合了行為的功能性評量、功能性的溝通訓練、圖片兌換溝通訓練、社會故事、以溝通為本位的教學、心智理論、自我管理、正向行為的支持等理論。編寫的原則基於個人尊嚴，增加學習機會，激發潛能，改變個人不喜歡的行為型態，提高生活品質，在各單元的介入策略方面，基於個人喜歡的型態使用功能分析，多重介入，發展支持策略以贏得自閉症者的信賴，最終的目標在於改善個人的行為、充實學習活動、豐富生活、社會化與參與社區生活。

　　本書之出版，除了感謝共同寫作的教師群之外，許惠媚老師擔任校對、聯絡，備極辛勞，李佳錫先生繪圖頗具創意，獨樹一格，又能符合自閉症教學原則，充分的應用視覺線索。其次，更要感謝心理出版社林敬堯總編輯的支持，讓本書得以順利出版，最後要感謝我的內人陳櫻桃主任，兒子樂成、識敦勉力督促。本書之出版至付梓之日仍做最後修正，訛誤之處在所難免，敬請讀者方家不吝匡正。

王大延　謹序

2009 年仲秋於明道大學

導言一
自閉症者的社會發展

王大延

　　社會互動（social interaction）困難是自閉症者的主要特徵之一，幾乎所有的患者皆無例外。即使高功能自閉症者亦不能避免此種困難，此項嚴重的缺陷，可溯源於 Kanner 於 1943 年自閉症的定義，指出社會性的孤立（social aloofness）是其中一項明顯的特徵，雖然定義屢有修正，但是社會偏異的症狀，仍被視為是自閉症者最明顯的特徵之一，任何現行的診斷自閉症的測量工具，均將社交互動異常明確列為診斷的項目，與其他語言發展遲滯現象與偏異行為同時並列。

　　自閉症者嚴重的社交困難，不斷的出現在生活情境當中。他們花費許多時間從事單獨一個人的活動，對周遭的事物缺乏興趣，對父母與陌生人的淡漠情感並無差異，但是堅持抗拒環境事物的變化。年長的自閉症者可能出現趨近陌生人的行為，但是卻無能力進行基本的社交禮儀。高功能的自閉症者可能希望與他人進行社會接觸，但表現的行為卻偏離正常的社交禮儀。簡言之，自閉症者有社會互動的動機與興趣，但缺乏社交技能。不論年齡、不論功能的強弱，自閉症者的社會互動皆以自我為中心，怪異的互動行為包括：不懂建立社會互動架構，不會依循固定的社會模式，例如民德、民俗，無法體會對方的感覺，以及異常的溝通形式（Volkmar, Carter, Grossman, & Klin, 1997; Volkmar, 2005），因此社會互動困難實指社會互動功能異常與對情境不正常的反應。過去數十年來，自閉症研究領域如雨後春筍般的出現，但是對自閉症者的社會互動瞭解仍然不夠多。以下本文將依社會互動的定義、社會發展、特殊的社會歷程（process）分別論述。

一、社會互動的定義

　　自閉症者的社會互動是罕有的社會發展型態。Rutter（1978）強調異

常的社會發展是自閉症者社會互動最佳的注解，其症狀相當明顯，不只是只有智能不足的特徵而已。1980年之前，幾乎所有的研究者都認為，自閉症者社會互動的困難與認知能力低下有關，之後美國精神醫學會的DSM-Ⅲ使用「廣泛性」（pervasive）的障礙，描述幼兒自閉症及重度身心障礙者最適切的名詞，甚至以「殘餘的自閉症」（residual autism）一詞規範伴隨有廣泛性社會互動困難的障礙者。由於使用的名詞鬆散，DSM-Ⅲ-R（APA, 1987）認為，自閉症者具有發展此一社會技能的能力，只是在質與量方面異於常人，此定義明確的指出，自閉症者社會互動困難在下列五個特質中至少具有兩項：1.缺乏知覺他人的能力；2.不會請求他人協助，或怪異的要求；3.缺乏模仿的能力，或特殊的模仿能力；4.缺乏社會性遊戲，或異常的社會性遊戲；5.發展友誼的關係有嚴重的缺陷。此定義的優點在明確且易於量化，缺點則在於其他具有相類似特徵的障礙者有可能被鑑定為自閉症。為避免過度量化，DSM-Ⅳ（APA, 1994）修正方向，朝向質化的定義，並且減少診斷項目，在四個標準中至少具有兩項特質，其標準如下：1.應用在社會互動的非語言行為有明顯的困難；2.各發展階段缺乏同儕關係；3.缺乏分享分擔他人的歡樂與憂傷；4.情感的雙向互動相當困難。診斷標準經修訂之後，各種測量自閉症者社交困難的量表陸續出版，方便於相關專業人員暨學校教師診斷時使用，至於診斷工具的內容卻仍著重在依附作用、雙向互動、觀察等重點，作為編製量表的依據。

二、社會發展

　　正常幼兒融入周遭人、事、物建立關係賴於動機與能力。社會互動的驅力出現在傾聽母親的聲音，臉部顯露愉悅的表情，或觀看人類的臉部，以及使用動作或姿態趨近雙親，均依循正常的發展模式，互動的發展順序是可以預測的。正常嬰幼兒出生的第一個月喜歡注視他人的臉部，視覺搜尋周邊的事物，對他們而言是具有意義的，三個月之後開始出現與他人更深一層的互動，能區別照顧者臉部的表情，因此，臉部的表情與眼神的接觸，是前語言階段的幼兒社會化的起點。幼童獲得語言能力之前，使用聲音的溝通是社會互動很重要的部分，幼童能反映並區別口

語的內容，正確的分別不同的音調、音質，初生的幼童第一年快結束時，已經發展依附作用（attachment），此行為在照顧者突然消失時，幼兒頓感驚惶與傷痛。依附作用穩定之後，逐漸發展與同儕之間的社會互動關係，形成了自我約束與自我節制，此即前社會技能（presocial skills）時期，功能性的遊戲替代具體物，不再完全依賴實物做遊戲，例如拿杯子裝水給洋娃娃喝，此時幼兒的年齡已到達兩歲，象徵性（symbolic）遊戲的能力似乎與認知能力相輔相成，扮裝性遊戲（pretend play）能力隨認知能力的提升而快速增長。

(一)早期社會發展

最初研究自閉症者社會發展所獲得的資料大都來自於父母回顧，而不經由直接觀察研究所獲致的結果。隨著研究方法精進之後，實驗研究法盛行，研究結果證明，幼兒時期自閉症者已有明顯的社會缺陷，缺乏眼神的接觸，以及社會性的微笑，出生數個月之後，對人類的臉部表情及社會互動缺乏興趣。一般正常幼兒因為父母的懷抱而感到舒適，與父母分享有趣的事件，在互動的過程中感到愉悅。但是自閉症者缺乏正常互動的能力。學者的研究指出：正常社會互動的自閉症幼兒少於 25%，仍有 85%的父母認為他們的自閉症子女無視於他人存在，超過 90%的自閉症幼兒不會伸手向父母要求懷抱，大約 76%的自閉症幼兒避免眼神的接觸（Volkmar et al., 1997; Volkmar, 2005）。其他學者如 Osterling 和 Dawson（1994）以及 Adrien（1991）觀察錄影帶，比較出生一年之正常幼兒與自閉症者社會互動能力，不論在社會情感、溝通、共同注意等社會互動能力，普遍有嚴重的社會行為缺陷，例如社會性孤立，缺乏眼神接觸，不會凝視他人，淡漠情感，缺乏模仿能力，沒有社會興趣。總之幼兒時期，自閉症者在社會情緒整體觀感上明顯的有社會性冷漠（social aloofness），異常的社會互動行為，不易引起同儕的興趣，有時他人企圖中斷其例行公式（routines）的行為，會引發激烈的抗拒或傷痛，對周遭的事物漠不關心，不管是質與量，皆缺乏興趣。

(二)學童期與青少年社會發展

雖然五歲之後，自閉症者的社會互動狀況逐漸改善，甚至某些互動

顯著增加，但是幾乎不可能完全恢復正常。學童時期的自閉症者與他人社會互動更加消極、怪異（odd），幾乎依循自己的方式互動，經常脫離團體活動，公然在角落肆行自我刺激，或其他怪異的動作。年紀稍長的自閉症者，與他人社交溝通幾乎都有嚴重困難，不懂正常的社會互動模式，缺乏角色替代的能力，進行互惠性遊戲或需要合作性的遊戲十分困難（Siegel, 1996; Stone & LaGreca, 1986; Volkmar, 2005）。

　　自閉症者的社會興趣隨年齡而增加，但是社會互動問題依舊存在。青少年時期的自閉症者，有動機與他人互動，惟昧於社會規則與傳統習俗，不易理解施與受之間的關係，因此不但學習社會互動有困難，類化已習得之技能和互惠之關係更是不可能。高功能之自閉症者有明顯的與他人發展友誼關係方面的障礙，但是有強烈的與他人接觸的欲求，一旦有機會接觸較複雜的人際互動情境時，又容易因能力不足而落入孤單的窘境，臉部表情冷漠始終不變，因此淡漠的情感對他人而言，易被解釋為敵意或行為別有意圖。功能較佳之自閉症青少年，會企圖讀取他人高亢的情緒，但是卻很難區別他人正、負面細緻的情感，總之，自閉症者不易認知他人的情緒如悲傷和不愉快等，究其原因，可能源自於社會互動困難（Quill, 2000; Volkmar et al., 1997; Wolfberg, 2003）。

三、社會歷程

㈠特殊的社會定向

　　正常幼兒清晨甦醒之後，會尋求與成人眼神接觸，雙眼凝視照顧者，成為口語表達之先聲。而自閉症者並未發展共同凝視（gaze）的型態，對他人臉部的表情缺乏興趣，對別人談話的聲音不會有反應，社會性刺激亦不會吸引其注意。生日聚會，正常幼兒會注視他人，並且觀察周遭的人物，參與活動，惟自閉症幼童無視於他人存在，獨自一個人，不斷反覆操弄手上物品。研究指出，90%以上的自閉症者缺乏凝視他人的動作，避免眼神的接觸（Volkmar et al., 1997），此行為型態將會影響到自閉症者對社會刺激的反應，甚至成為後來人際溝通遲滯的原因。

　　異常的凝視形式（form）影響自閉症者與他人分擔喜怒哀樂的心理

成熟狀態。當自閉症者沒有共同主題（intersubjectivity）的互動行為時，人際互動能力即停滯不前，無法進入共同注意（joint attention）的發展階段。此階段浮現的年齡約在幼兒出生八至十二個月，共同注意指涉個體前語言（preverbal）的社會溝通技能，亦即與他人分享事件的經驗。例如發展中的正常幼兒，手指著喜愛的玩具或有趣的物品，微笑的對著母親或身邊的照顧者，相同年齡的自閉症者在共同注意方面則相當貧乏，不會用手指著物品、凝視，或與他人做一些有趣的互動，即使共同注意的社會行為出現，亦只是一種非尋常的表現方式而已。共同注意缺陷，有輕與重之差別，低功能之自閉症者共同注意之能力較差，語言的學習與表達亦較困難，操作功能（executive function）低下，高功能之自閉症者此兩項能力較佳。

自閉症者共同注意的技能有其特殊的型態，包括基本的驅使性動作（protoimperative gesture）和基本的陳述性動作（protodeclarative gesture）。前者指用動作、姿態冀求他人的協助或得到想要的物品，自閉症者在這方面無法同時出現動作與眼神的凝視向他人要求物品，例如手指著盒子，眼睛不會同時注視盒子要求裡面的食物。後者指用口語或使用動作喚醒他人注意目標物，自閉症者鮮少使用口語、動作，或口語與動作同時使用喚起他人共同注意目標物。

㈡模仿與遊戲

模仿（imitation）能力是象徵性遊戲（symbolic play）的基礎。自閉症者在模仿他人的動作、器物、行為等皆有嚴重的困難，鮮有自發性的模仿形式出現，許多社會性的遊戲，幼童都須具模仿的能力，才能與他人互動，例如躲貓貓遊戲即是統合模仿與社會性對話的歷程。正常幼兒在早期社會發展階段，發現模仿的目的在於獲得周遭環境的訊息。經由模仿，幼兒習得應付他們所接觸的事物的能力，模仿的需求似乎是與生俱來的，模仿讓幼兒認知他人的存在，早期非語言的模仿形塑個人的行為，符合社會的風尚。一歲半之後的幼兒通常會被教導「懇求的模仿」（soliciting imitation），例如學習揮手向他人說再見是最早的社會性模仿。自閉症幼兒的社會發展很少會出現模仿的社會行為，例如向他人揮

手表示再見，基本上，只為獲取讚美，本能的模仿他人似乎不易出現，越高層的社會性模仿，自閉症者的學習或熟練的程度就越困難。

　　自閉症者模仿的技能分為三個層次（Siegel, 1996）。第一個層次為「自發性物品的使用」（spontaneous object use），意指工作本身已提供如何完成的模式，例如插棒，或正六邊體各種不同的形狀提供不同的立方體植入盒內，此活動對自閉症者而言幾乎沒有困難。第二個層次為「活動物品的模仿」（motion object imitation），意指須經由觀察之後思考物品如何操弄才能完成，例如將一張紙摺疊一半之後豎著放置很像是一本書，自閉症者不易通過此層次，而兩歲正常的幼童很快的知道第二個層次所代表的意義，但是要完成第一個層次就比較困難，此模仿的技能層次似乎與自閉症者的發展不同。第三個層次為「軀體的模仿」（body imitation），意指模仿他人肢體的動作，例如搖手表示再見。從層次的發展觀之，自閉症者對人類社會互動行為的模仿，似乎比物品的模仿困難，可能的原因，似乎是人類的動作變化較大，而且操作各種動作舉手投足之間伴隨情感，可能分散自閉症者的注意力，或自閉症者不易把動作與情感混合一起判斷。自閉症者不會模仿他人的各種肢體動作，取而代之的是以自我喜愛的方式行事，例如有一個自閉症幼童學習游泳時，不會依照教練的指導方式游水，而是不斷的在水中打轉，始終停在原來的地方，原因在於經常看著家裡的洗衣機轉動，滿足視知覺刺激，游泳時，就如同洗衣機的動作一樣，只懂得將身體在水中打轉，隨著同年齡幼兒身心逐漸的發展，自閉症者的年紀越大，模仿的能力差距越大，甚至彼此分道揚鑣。兩歲大的正常男童拿著玩具電話佯裝接聽；手握螺絲起子扮裝（pretend）鬆開螺絲。隨著年齡增加，模仿範圍逐漸擴大，舉凡社交禮儀的模仿，穿著、聊天、社會互動的模仿均可在扮家家酒中窺知堂奧，此階段，模仿的行為發展成有意義的社會互動，幼童學習社會模式，進一步社會化。相對的，自閉症幼兒的模仿能力始終停留在具體物，或一對一的互動，無法與同儕一起玩假設性的遊戲，或想像性的遊戲。例如拿起螺絲起子，只會找有螺絲的地方使用，不會拿起鉛筆當螺絲起子扮裝性的使用。年紀稍長的正常學童或青少年，模仿偶像的動作、穿著、髮型，學習社會風尚，甚至標新立異，而自閉症者仍舊以自己怪異的形

式出現，不具特殊的意圖，不在意是否能吸引他人注意，此種無企圖性的溝通模式，以及各種動作與生活型態，與模仿幾無相關，而且與正常學童格格不入。

　　遊戲是社會與文化背景的具體反應。幼童透過遊戲可獲得象徵性的能力、想像力與人際互動，以及社交技能。自閉症者缺乏象徵性的遊戲影響擴及社會互動，更甚者，在象徵性的思考與語言方面幾乎出現嚴重困難，相對的，發展中的幼童遊戲的種類與內容都相當豐富，而自閉症者缺乏社會興趣，不斷的反覆操弄物品，刻板的行為模式反應了遊戲的方式，例如不斷的轉動玩具車的輪子，或拆玩具，撕裂洋娃娃等。有些自閉症者，不知玩具的功能，只是將之視為感官刺激的物品，不斷的聞玩具的味道，或滿足觸覺與視知覺，而不在於遊戲玩具本身的功能。

　　發展功能性與象徵性遊戲的技能，必須具有能力區別物品與活動，學習具體到抽象的事物。幼童的遊戲發展從獨自遊戲到團體性遊戲隨年齡而增長。Stone 和 LaGreca（1986）將幼兒遊戲的層次分為五個階段，每一個階段，難度及複雜性不斷增加，社會互動關係更加細膩，而物品與活動的內容變化更大。第一個層次為平行性的遊戲，不需眼神接觸，遵循他人指示之遊戲行為；第二個層次指平行遊戲，但在遊戲當中彼此注意對方遊戲的內容；第三個層次指簡單的互動遊戲，同儕彼此聽從他人的指示以及視覺接觸他人的遊戲；第四個層次，指互動性的遊戲，彼此相互注視與知覺對方；第五個層次指社會行為的後效（contingency）和互補的行為。其次，有些學者則從社會認知（social-cognitive）層次探討幼兒的遊戲行為，重點在於瞭解象徵性遊戲，與扮裝（pretend）性遊戲先後層次的關係，這些學者整合認知，如扮裝，以及社會行為，經統整後共有十一個發展系列：旁觀者獨自一個人的功能遊戲；自我扮裝遊戲；社會功能遊戲；社會性扮裝遊戲；自我變化遊戲內容；自我溝通遊戲；社會互動的變化；社會遊戲的溝通；自我代言人；社會代言人等（Siegel, 1996; Stone & LaGreca, 1986; Wetherby & Prizant, 2000; Wolfberg, 2003）。總而言之，遊戲的理論包括認知理論、社會認知理論與兒童發展理論，所論述之層次依難度區分為單獨的功能遊戲、平行性遊戲、扮裝性遊戲，如依認知發展區分，則遊戲的層次分為功能性遊戲、結構性

遊戲，與扮裝性遊戲。

　　近年來，許多學者從認知層面分析遊戲的功能，立論十分堅實。Wolfberg（2003）從認知的觀點解釋遊戲的象徵性層面，幼兒階段遊戲的訊息相當模糊不易區別；學前階段則逐漸增加活動的內容，富於變化，細膩，具表徵性與統整性，國小階段遊戲內容更加複雜化。至於發展的層面，則涵括三個階段：操弄性遊戲（manipulation play）、功能性遊戲（functional play），和象徵與扮裝性遊戲（symbolic-pretend play）。第一個階段以探索性或感覺動作遊戲為主，嬰幼兒藉操弄物品而感到愉悅；第二階段則在幼兒一歲之後能適當的依器物的功能做遊戲，過程中常出現取用兩種或兩種以上的事物做遊戲，例如將杯子放在茶盤上，玩具車在桌面上來回推動；第三階段大約出現在兩至三歲的幼兒，包括：1.物品替換，把香蕉扮裝成電話；2.無中生有的特質，把乾的桌子佯裝成濕潤的桌子；3.想像的物品歷歷在前，例如扮裝空的杯子裝滿茶水。正常的學齡幼兒從獨自遊戲發展到平行遊戲與互惠性遊戲之後，一旦發展出遊戲規則，則扮裝性遊戲便逐漸消失，開始玩一些群體性或大型的遊戲，例如玩撲克牌等。受到社會束縛與壓力的影響，國小階段的學童將扮裝性的遊戲轉化，而發展出更細膩的內涵，例如結交好友，共同遊戲，已具成人世界的雛形，甚至透過其他活動，例如藝術，說故事與戲劇轉化原來對事物的幻想（Lord & McGee, 2001）。

　　自閉症者遊戲的發展階段並不明顯，而且始終停滯不前。一旦他人給與自由活動的時間，則不斷反覆相同的動作或做相同的活動，而且拘泥於固定或少數的活動，日復一日，樂此不疲。就發展階段而言，學齡的自閉症者仍繼續沉溺於幼兒時期的玩具，另一些自閉症者則沉迷於異常的事物與迂腐的主題（Scott, Clark, & Brady, 2000）。在操弄性遊戲階段，自閉症者停滯在此階段的比率甚高，幾乎沒有機會發展功能性與象徵性扮裝遊戲，本階段自閉症幼童常為感官活動有關的物品所吸引，尋找滿足軀體形式的遊戲，例如在原地不斷的轉圈、跳躍，各種遊戲活動幾乎與感官有關，操弄物品，讓物品不斷轉動，似乎可解釋為較原始且不具有意義的活動。其他刻板性的活動如將物品排列整齊，固定不變的儀式均為此階段之特徵。與一般正常學童比較，自閉症者不易出現功能

性遊戲，故本階段遊戲行為乏善可陳，至於第三個階段象徵與扮裝遊戲，不易出現在自閉症者的遊戲行為當中，主要因為自閉症者缺乏幻想性的行為，遊戲少變化，很少有自發性的遊戲行為，至於共同注意、自發性模仿、正確情緒的反應等，均衝擊他們的社會性遊戲的能力，需要經由教學，以減少自我刺激行為、畏縮等不利於發展合作性遊戲的機會（Richer & Coates, 2001）

四、結語

假使自閉症者代表與周遭人、事、物基本的社會發展上的缺陷，則學者們面對的挑戰，是如何合理的解釋此種缺陷，更重要的是如何教導自閉症者減少社會發展遲滯的現象。學者們的假設包括從神經生物學的觀點解釋此種現象，其次，亦有學者從心智理論（theory of mind）來解釋此種現象，其他的理論則認為自閉症者執行功能（executive function）困難，導致不斷的反覆固定不變的行為，導因於腦部額葉系統受損之故。總之，自閉症者社會發展遲滯是一個既存的事實，許多可能的原因仍待探究，本文係就自閉症者社會發展做探究，至於成因及教育上可增進其社會功能的介入方法，則將另以其他文章討論，不在本文探討之範圍。

參考文獻

Adrien, J. (1991). Autism and family home movies: Preliminary findings. *Journal of Autism and Developmental Disorders, 21,* 43-49.

American Psychiatric Association (APA) (1987) *Diagnostic and statistical manual of mental disorders* (3rd ed., rev.). Washington, D. C.: Author.

American Psychiatric Association (APA) (1994). *Diagnostic and statistical manual of mental disorders* (4th ed.). Washington, D. C.: Author.

Cohen, D. J. & Donnellan, A. M. (1987). *Handbook of autism & pervasive developmental disorders.* NY: John Wiley & Son, Inc.

Lord, C. & McGee, J. (2001). *Educating Children with autism.* Washingon, D. C.: National Academy Press.

Osterling, J. & Dawson, G. (1994). Early recognition of children with autism: A study of first birthday home videotapes. *Journal of Autism and Developmental Disorders, 24,* 247-257.

Quill, K. A. (2000). *Do-Watch-Listen-Say: Social and communication intervention for children with autism.* Baltimore: Paul H. Brookes.

Richer, J. & Coates, S.(2001). *Autism: The search for coherence.* PA: Jessica Kingsley Publishers.

Rutter, M. (1978). Diagnosis and definition. In M. Rutter & E. Schopler (Eds.), *Autism: A reappraisal of concepts and treatment* (pp. 1-25). NY: Plenum.

Scott, J., Clark, C., & Brady, M. (2000). *Students with autism: Programming for special educators.* San Diego, California: Singular Publishing Group, Inc.

Siegel, B. (1996). *The world of the autistic child: Understanding and treating autistic spectrum disorder.* NY: Oxford University Press, Inc.

Stone, W. L. & LaGreca, A.M. (1986). The development of social skills in children. In E. Schopler, & G. B. Mesibov (Eds.), *Social behavior in autism.* NY: Plenum.

Volkmar, F., Carter, A., Grossman, J., & Klin, A. (1997). Social development in autism. In D. J. Cohen, & F. R. Volkmar (Eds.), *Autism and pervasive developmental disorders.* NY: John Wiley & Sons, Inc.

Volkmar, F. R. (2005). *Handbook of autism and pervasive developmental disorders.* NY: John Wiley.

Wetherby, A. M. & Prizant, B. M. (2000). *Autism spectrum disorders: A transactional developmental perspective.* Baltimore: Paul H. Brookes.

Wolfberg, P. J. (2003). Peer play and the autism spectrum. *Shawness mission.* Kansas: Autism Asperger Publishing Co.

導言二
自閉症者的共同注意

王大延

　　注意歷程（attentional process）是訊息的中樞，主宰人類各種層面的功能。注意力引導兒童許多心理機轉的正常與不正常，自閉症者心理歷程與正常兒童比較，有顯著的異常現象，這些現象至少包括：自發性的反應他人的口語對話，缺乏模仿能力，避免眼神的接觸，很少有社會性的微笑，不會進行社會性互動遊戲，動作呆板，戀物行為，刻板動作，感官異常等。這些都是幼兒時期最早出現與最明顯的特徵，幾乎與社交互動以及溝通有關，其中，與他人或對物的共同注意（joint attention），是最容易區別自閉症者與正常兒童的指標之一。本文首先論及共同注意的定義、緣起、缺陷與結構，共同注意與相關的社會發展，再其次，將探討凝視接續（gaze following）與共同注意的關係，最後將目前共同注意缺陷的介入做綜合歸納，作為本文之結論。

一、定義、緣起、缺陷與結構

㈠定義

　　注意的定義依學派的觀點各有不同的詮釋。行為研究者使用訓育（discipline）來解釋人類的注意力，生態研究者則利用注意力說明有機體的選擇，認知與神經科學的研究者應用注意，以解釋腦部的訊息處理歷程與感官系統如何克服面對訊息的障礙，行為學派則以相同的感官刺激，不一定引起相同的反應說明人類的注意力。有些學者認為注意是難以掌握的，亦是對訊息處理的歷程（Burack, Enns, Stauder, Mottron, & Randolph, 1997）。學者 Leekam 和 Moore（2001）則認為共同注意是一個複雜的互動行為，包括凝視接續，在此歷程中幼童轉身觀看他人正在注視的事物，以及其他前語言的行為，如以手指物，或對他人指示物品的位

置，這種互動的特質在於分享經驗，或在兩個參與者互動的過程中留意其他物品暫時的停止互動，此見解直接跳脫對注意的解釋。總之，共同注意指在情境中個體注意外在的人與物之間連結的心理歷程，此複雜的互動行為包括：正視物品、示物、轉頭、觀看等前語言行為，如果與他人共同注意，則具互動與分享之特質。

(二)緣起

　　瞭解自閉症者的共同注意的缺陷，應先探討正常兒童共同注意能力的發展。出生三個月內的嬰幼兒，大部分的時間在於面對面與他人互動，例如凝視、發聲等。六個月內從注視母親或照顧者移轉至注意周遭的事物，六至十二個月共同注意的行為已經涉入三個以上的人與物之間的互動（Burack et al., 1997; Leekam, Neito, Libby, Wing, & Gould, 2001; Mundy & Stella, 2000），其中之一的行為「凝視接續」（gaze following），意指跟隨他人轉頭或眼睛凝視他人觀看物品的方向，作為分享他人的注意力及經驗。具有凝視接續能力者，能陳述他人的心理狀態或分享他人情感，此外，凝視接續讓個體獲得想要的物品，因此，亦具有功能性的價值，從凝視接續的歷程中個體觀察他人軀體的移動而得到線索，因而獲知有趣的事件或物品所在位置。然而有些研究認為凝視接續是一個複雜的行為，並不一定存在著分享他人的經驗或須先存有共同注意作為先決的條件（Povinelli & Eddy,1997; Tomasello, Kruger, & Ratner, 1993），以黑猩猩為例，牠們的凝視接續十分複雜，在此接續的過程中，並無以手示物的共同注意行為（Povinelli, & Eddy, 1997），簡言之，人類的凝視接續行為與共同注意，並無必然之關係存在。

(三)缺陷

　　自閉症者的共同注意行為缺陷是社會互動困難的特徵之一。正常嬰幼兒最早出現的共同注意行為是藉凝視接續的策略，獲取喜愛的物品。1990 年代之前的研究，重點在於自閉症者的共同注意與凝視接續能力，研究發現自閉症者共同注意與凝視接續的能力較弱，1990 年代之後，則重視共同注意與凝視接續技能之獲得，著重缺陷的問題而不再認為能力的問題；探討為何自閉症者不會使用凝視接續的策略，亦沒有凝視接續

的外顯行為，即使不須伴隨有情緒的分享或知覺他人的凝視接續行為，都有困難（Baron-Cohen, 1995）。

研究自閉症者共同注意的缺陷，其結果尚無定論。知覺與注意力不足問題可能影響自閉症者對他人眼動與頭部移動的能力，通常解釋自閉症者共同注意的缺陷，似乎都從操作功能（executive functions）、認知與情緒等三個理論觀點論述。操作功能包括計畫，有能力專注，抗拒干擾，認知變通能力，反應新奇的事物（Crawford, 1998），自閉症的缺陷即在於不會產生變通能力，亦即視知覺的注意力變化不拘，很難集中注意，然而部分學者並未證實自閉症者具有此種特質，因此，這種主張須進一步研究，建立正確的理論（Griffith, Pennington, Wehner, & Rogers, 1999）。甚至，近年來，有些研究認為自閉症者並非絕對的缺乏共同注意的行為，他們認為年齡與發展層次可能影響共同注意的內涵的獲得（Sigman & Ruskin, 1999）。

㈣結構

Burack 等人將注意視為歷程的選擇（Burack et al., 1997）。在此定義之下，將注意區分為三個向度，即模態（modality）、分佈（distribution）以及功能（function）。此模式的基本向度是模態或歷程的訊息來源，涵括視覺、聽覺、身體的感官，以及記憶。生活事件中訊息的示意往往不只出現一個模態，例如在趨近的事物中，常伴隨聲音與可見的物品，此時，視覺、聽覺與動作姿態幾乎與語言相關聯並且同時發生。第二個向度是注意的分佈，可穿透時、空而吸引個體，內涵包括焦點與分割兩種，在歷程的選擇過程中，個體可能專注於一個特殊的物品，或將物品、場域分割注意不同的部分，有時，個體可能從一個物品轉移至另一個物品，兩種要素雖然二分，但是它們是延續性的。第三個向度是功能，包括下列因素：取向（orienting）、凝視（gazing）、過濾（filtering）、搜尋（searching）、期望（expecting）。上述注意的歷程的選擇如圖一：歷程選擇的多向度分割圖所示。

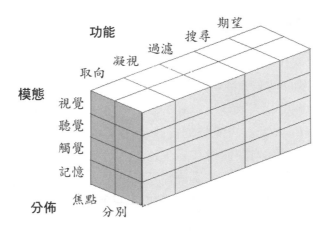

圖一　歷程選擇分割圖

（取自 Burack et al., 1997）

　　圖一綜合三個向度，注意力的組成要素（Burack et al., 1997）包括促動（arousal）、維繫注意（sustains attention）、取向、凝視、過濾、搜尋、期望。促動涵括在第一個向度「模態」項目之下，亦即行為的發生是在反應瞬間感官刺激，促動用來決定引發注意歷程的刺激強度的基準線。維繫注意指涉焦點與分割涵括在第二個向度「分佈」的要素之下，當個體維繫著注意時，感官與認知便固定在特殊的目標物或相關的刺激持續一段時間。取向是視覺選擇最基本的形式，表現在調整感官以感知周遭的某些事物，包括外在的形式與內在的形式，外在的形式指轉動軀體、頭部或眼睛觀物，內在的形式指外界的事物不在視野內，仍然能用心靈或聽覺感知事物。凝視指眼睛以任何形式環視周遭的事物，由中心至四周圍景物，一次不止注視一個位置。過濾，意指知覺的工作在於選擇某些物品或周遭事物的屬性，是否通過檢驗的門檻，取向與凝視都是組成過濾的要素，但是僅限於空間的範疇，其他則須依賴心理與神經傳導決定物品的獨特屬性，才能引起個體注意。搜尋，指個體使用視覺搜索的過程中，被要求尋找目標物並對其出現與否做出反應。期望指一些相關的人、事、時、地、物的訊息，個體預期對他有助益或無效益之知覺，如此，在檢驗注意的功能時，不同期望的影響應被評估。

二、共同注意與相關的社會發展

缺乏凝視或異常的凝視，減少自閉症者與父母與重要他人尋求共同注意的機會。Kanner 於 1943 年指出，在一般的狀況下，自閉症者與他人和情境的互動關係相當困難，普遍的缺乏對他人反應的能力，目前，學者已發展良好的診斷方法清楚的描述自閉症者的社會互動缺陷（APA, 1994）。以下將論述自閉症者共同注意的能力與社會發展之關係。

自閉症者社會溝通困難與共同注意的技能發展呆滯有關。共同注意技能，指涉個體有能力與友伴共同分享與注意物品，對嬰幼兒而言，視覺注意成為社會協調（coordination）的要素（Carpenter, Nagell, & Tomasello, 1998），例如嬰幼兒出示玩具給父母或照顧者，對年紀較大的幼兒而言，共同注意扮演社會協調的功能以及心理現象，如想法、意圖，與情緒，因此，分享外在的視覺注意，將影響社會認知能力的發展。自閉症者共同注意的缺陷的特徵包括：呆滯、缺乏分享能力，以及協調外在視覺注意能力的缺失。究其原因來自於缺乏眼神接觸，不會與他人分享經驗，不會使用動作姿態，以及不會與人分憂。總之，自閉症者共同注意缺陷是普遍存在的現象，此狀態影響社會溝通行為與社會發展。

幼兒共同注意的發展依年齡不同而有差異。嬰幼兒共同注意能力的發展緣起於初生六個月，此時出現共同注意有幾種形式：凝視（gaze）、轉頭、注視他人的動作，此種行為稱為反應性共同注意技能（responding to joint attention skills，簡稱 RJA），相對於 RJA，則是自發性的共同注意（initiating joint attention，簡稱 IJA），內涵則有眼神接觸，直接指示的動作，如以手指指物、示意等，似乎與社會功能以及與他人分享經驗有關，社會功能可能用來表達立即性需求的目的，嬰幼兒應用 IJA 功能，試圖與照顧者有眼神接觸、獲取物品或事件，此行為型態亦稱為前立即性動作（proto-imperaive act）或自發性行為需求（initiating behavior requests，簡稱 IBR），無論是立即性動作或行為需求，較貼近工具性的目標，以獲取物品與事件的基本生活滿足為取向，較少社會功能取向（Mundy et al., 2003）。

共同注意技能的獲得是幼兒早期身心發展的里程碑。此技巧的正常

發展，協助幼兒學習組織社會訊息，促進學習事物的能力與發展其他技能。以語言的學習為例，幼兒早期語言的獲得大部分來自於隨機社會互動，或父母無結構性的教導，而非來自於父母逐字逐句的教導而學會語言。在隨機的社會互動的情境中，父母給與子女新的事物、經驗，嬰幼兒學會區別情境中的刺激，選擇正確的物品獲得與事件有關的語言，在此學習的過程中開始有機會發現錯誤的刺激，亦因為刺激的訊息來源有限，嬰幼兒要藉由凝視父母增加正確的語言的學習機會。總之，共同注意的技能，幫助幼兒重組社會訊息，避免訊息拼湊錯誤，可視為自我結構機制（self-organizing facility），對社會與認知發展具關鍵之價值（Mundy & Neal, 2001）。

自閉症者顯示自發性與反應性的共同注意有機械式的缺陷。此異常現象表現在社會學習能力困難上面，年齡約十二至十八個月的自閉症者已出現此種特徵，但是一些研究顯示，只有缺乏自發性行為需求的自閉症者才會出現機械性的共同注意現象（Charman, 1998）。其次，機械性的缺陷亦反應在自我組織的功能上，Bono、Daley 和 Sigman（2004）研究二十九個四至五歲自閉症幼童，研究期間每星期均以結構方式介入觀察共同注意的能力，使用社會溝通量表（Mundy et al., 2003），研究結果顯示，自發性共同注意與反應性共同注意的能力高低，明顯與語言的習得有關，雖然受試者經過一年介入共同注意之訓練，但是語言的發展進步成效不佳，如果以相關分析的結果，則顯示語言之習得較佳者，其共同注意的能力發展亦較良好。除了自我組織異常之外，自閉症者共同注意的能力亦反應在社會認知的缺陷，例如缺乏趨近他人的動機，但是不能與依附作用（attachment）混為一談，自閉症者的依附作用呈現出怪異、僵化的動作，不知如何與他人親近。自閉症者的自發性與反應性共同注意的能力各有不同，前者指自發性的社會注意的協調行為，與社會動機的歷程有關，後者指涉因為反應他人所發出的訊號而改變注意力，與前者比較，明顯缺乏自發性行為的目標，亦不易類化。自發性的共同注意力的特徵是，主動與他人分享情感經驗，一般的研究文獻則指出，缺乏自發性的共同注意的能力，是自閉症者主要的特徵之一，明顯的表現在缺乏自動的尋求訊息，分享愉悅的事件，與他人從事合作性的事物，以

手示物的能力，許多自閉症診斷量表幾乎都涵括共同注意項目（Mundy & Burnette,2005）。

三、凝視接續與共同注意的發展

自閉症者凝視接續的能力有嚴重的缺陷，而此能力與共同注意息息相關。初生嬰幼兒缺乏凝視接續的能力，此能力須延遲至一歲左右才逐漸浮現，因此，幾乎可以確定的是，出生數個月的幼兒無這種技能（Leekam et al., 2001），文獻指出凝視接續與共同注意，彼此並行發展，且有相輔相成之作用（Leekam et al., 2001），然而，功能越低或障礙越嚴重的自閉症者，凝視接續的能力越差，共同注意的能力影響對事物及人物的定向，限制定向發展，例如不會轉頭注意中心線索或注意特殊的刺激，亦即缺乏凝視接續的能力。

幼兒對非社會刺激的注意力定向的發展年齡相當早。嬰幼兒出生之後數個月內，藉轉頭凝視接續的動作定向周圍的聲、光、色的刺激，但是出生一個月內的幼兒，不易因為中心刺激而去尋找目標物，只固守在一個目標物上面，此即所謂義務性的注意（obligatory attention），相較於共同注意的發展，幼兒在出生後一個月內並未開始發展凝視接續的能力，出生之後的數個月內，幼兒只會與他人眼神接觸，不會轉頭朝向周遭事物，無凝視接續的能力。幼兒注意定向（attention-orienting）的能力須在出生之後三個月，才會將中心刺激轉移至注意周圍的目標物，凝視或尋找目標明顯比一個月大的嬰幼兒能力佳。注意定向新的發展須待嬰幼兒三至六個月成長之後，開始注意到線索中的訊息，將注意力轉移至視覺所及的地點，四個月大的嬰幼兒能快速的根據線索找到目標物。至於共同注意與凝視接續的能力，起始於嬰幼兒利用他人轉頭當作線索搜尋目標物，三至六個月的嬰幼兒已能凝視出現在視野的目標物（D'Entremont, Hains, & Muir, 1997）。

出生數個月之嬰幼兒透過外在控制（exogenous control）辨識刺激。外在控制與內在控制（endogenous control）的區別在於主動與目標定向訊息，外在控制，指對視覺範圍的環境訊息的反應；而內在控制則指目標所指示的系統，包括個體對訊息有認知與解釋的成分，範圍則指線索的

象徵以及涵蓋的意義。轉頭在凝視接續的情境中是屬於象徵性的線索，因此可稱之為內在定向（endogenous orienting），研究指出，九個月大的嬰幼兒能對非目標的立即性視覺範圍做凝視（Corkum & Moore, 1998），尤其當目標不出現，仍會使用注意的內在控制對目標行為跟隨凝視，此能力意味著幼兒已瞭解他人的轉頭是潛在的指示目標行為。

總而言之，凝視接續至少分成三個階段。第一個階段出生之後未滿兩個月嬰幼兒對刺激的來源具有定向的能力，但是很難從已注視的目標立即轉移視線注視其他地方；第二個階段三至九個月嬰幼兒能從原已注意的中心刺激轉移至另一刺激物，而且能應用視覺刺激線索搜尋外在目標物所在的位置；第三個階段九個月大的嬰幼兒，受他人的影響跟隨轉頭，目標物不一定出現在視野之內，最直接的反應是，發現人或物出現的方向，即有能力轉頭，預測有意義的線索，十至十二個月的嬰幼兒，不須直接出現目標物，亦有凝視接續的能力，一歲以上的幼兒即使無目標物出現，仍然能保留具有意義的轉頭的凝視接續的能力（Moore, 1999）。

自閉症者凝視接續與共同注意的發展有明顯的遲滯現象。第一個階段剛出生的自閉症者，無論非社會刺激與社會刺激皆不出現定向的能力，此困難似乎無視於聲音的社會性刺激（Swettenham et al., 1998）；第二個階段三至九個月嬰幼兒自閉症者的困難，在於共同注意與凝視接續彼此分開，亦即不會注意中心到周圍的刺激，不會從聽知覺引導視知覺之後凝視接續；第三個階段一歲大的自閉症者很難從訊息或象徵性的線索去變換共同注意或凝視接續。實徵性的研究指出，高、低功能的自閉症者凝視接續能力有差異，Leekam 等人（1998；2000）研究指出，83%的高功能自閉症者有自發性的凝視接續的能力，而低功能的自閉症者只有25%，而且低功能者比發展遲緩幼兒凝視接續的能力差，兩者必須花費數年的時間，才有能力將凝視接續的能力類化，將頭部轉向具有意義的訊息。另者，早期的共同注意影響日後心智能力的建立，甚至操作功能（executive function）的困難，可以預測共同注意的缺陷，此現象，似乎可以解釋為心智理論（theory of mind）、操作功能、象徵性遊戲、共同注意與凝視接續等能力，都屬於社會互動與語言學習的能力，而且，彼此存在高度相關（Charman et al., 2001），但不易說明彼此之間的因果關

係。雖然自閉症者不易理解社會訊息，但不能據此說明理解社會刺激是否與心智理論或操作功能有關，自閉症者正如其他正常幼童，身心發展達到某一階段，自然有能力轉頭尋找社會線索。

四、共同注意缺陷的介入

　　個體因共同注意得以分享經驗，而語言能力成為必要的媒介。研究指出，自閉症者共同注意的能力可預測接受性語言的能力，尤其自發性的共同注意更能精確的預測表達性語言的能力（Jones & Carr, 2004）。其次，共同注意與自閉症者的社會發展關係相當密切，例如共同注意是自閉症者對社會瞭解的開始，自發性的共同注意力常用來評估社會能力，眼神接觸、情緒與模仿均為積極的社會行為。最後，扮裝性遊戲和心智理論皆屬於社會認知能力，自閉症者有自發性扮裝遊戲困難，無法瞭解他人的觀點，心理狀態，如思考、信念、需求，與情緒，此缺陷反應在共同注意方面是，自閉症者不會注意他人的興趣，分擔或分享他人的情緒。以下僅就相關的介入共同注意的策略加以論述。

　　近年來，有些研究者以系統的介入策略試圖提升自閉症者共同注意的能力。Lewy 和 Dawson（1992）設計三種社會情境，其一由成人要求自閉症者共同注意，其二，自閉症者須主動的以動作或語言要求成人手中的物品，最後一個情境在遊戲的情境中，由自閉症者主動與他人共同注意，研究結果指出，不論任何社會情境，自閉症者皆很少出現共同注意的行為。綜合行為策略（Comprehensive behavior approaches）是應用行為分析的一種方法，廣泛的介入自閉症者的共同注意缺陷的教學頗有成效。課程的內容包括教導共同注意的各種形式，例如教自閉症者在要求的過程中，使用凝視接續，以及以手勢動作要求增強物、玩具等溝通的形式，學者們皆認為雖然經過教學，自閉症者發展自發性的共同注意的能力仍然有困難。綜合語言訓練課程，教導自閉症者使用口語與他人共同注意，有良好的成效（Freeman & Dake, 1996），研究結果指出，自發性的評論，如我有、我看到、我聽到等能力需他人提示，教學時內容需自閉症者有興趣的物品或事件，才能提高共同注意的動機。

　　一般社交技能的介入通常研究的範圍較廣，不只是共同注意的本身

社會互動動機，同時共同注意的行為較之實驗前增加 80%。兩個研究雖然是以教導社交互動、遊戲、輪流等活動，然而，凝視與共同注意的能力均提升。

五、結語

　　共同注意是複雜的社會行為。其內涵包括了凝視接續、注視、跟隨、轉頭等線索追尋目標物，自閉症者有共同注意困難的特徵，也成為區別自閉症者與正常學童的指標之一。本文從共同注意的定義論述自閉症者的缺陷，包括缺乏眼神跟隨、轉頭、參與、輪流、分享的社會技能，此外，機械式的反應性與自發性共同注意能力亦可預測口語表達能力。其次本文論及個體注意力的三個向度：模態、分佈與功能，三者之間與早期幼兒共同注意發展的關係，正常幼兒出生至一歲左右社會互動能力從凝視、轉頭、示意、分享到要求等具有意義的社交技能，但是自閉症者至三、四歲仍停留在工具性的反應，只在立即性的滿足上出現共同注意的動作，較少功能取向的社會互動。再其次，論及凝視接續的能力，自閉症者有發展遲滯的現象，不易追視出現在視野內的目標，最後論及共同注意的介入與語言表達、社交技能之研究。總之，缺乏共同注意的能力，影響社交技能與語言的發展，如何改善將是從事特教工作者未來努力的目標。

參考文獻

American Psychiatric Association (APA) (1994). *Diagnostic and statistical manual of mental disorders* (4th ed.). Washington, D. C.: Author.

Baker, M. J. (2000). Incorporating the thematic ritualistic behaviors of children with autism into games: Increasing social paly interactions with siblings. *Journal of Positive Behavior Interventions, 2,* 66-84.

Baron-Cohen, S. (1995). *Mindblindness: An essay on autism and theory of mind.* Cambridge: Bradford / MIT Press.

Bono, M. A., Daley, T., & Sigman, M. (2004). Relations among joint attention, amount of intervention, and language gain in early autism. *Journal of Autism*

and Developmental Disorders, 34 (5), 495-505.

Burack, J. A. Enns, J. T., Stauder, J. E. A., Mottron, L., & Randolph, B. (1997). Attention and autism: Behavioural and electrophysiological evidence. In D. J. Cohen & F. R. Volkmar (Eds.), *Handbook of autism and pervasive developmental disorders* (pp. 226-247). NY: John Wiley & Sons.

Carpenter, M., Nagell, K., & Tomasello, M. (1998). Social cognition, joint attention, and communicative competence from 9 to 15 months of age. *Monographs of the Society for Research in Child Development, 63* (4, Serial No. 255), 1-142.

Charman, T. (1998). Specifying the nature and course of the joint attention impairment in autism in the preschool years: Implications for diagnosis and intervention. *Autism: International Journal of Research and Practice, 2,* 61-79.

Charman, T., Baron-Cohen, Scocttenham, J., Baird, G., Cox, A., & Drew, A. (2001). Testing joint attention, imitation, and play as infancy precursors to language and theory of mind. *Cognitive Development, 15,* 481-498.

Corkum, V. & Moore, C. (1998).The origin of joint visual attention in infants. *Developmental Psychology, 34,* 28-38.

Crawford, J. R. (1998). Introduction to the assessment of attention and executive functioning. *Neuropsychological Rehabilitation, 8* (3), 209-211.

D'Entremont, B., Hains, S. M. J., & Muir, D. (1997). A demonstration of gaze-following in 3-month-olds to 6-month-olds. *Infant Behaviour and Development, 20,* 567-572.

Jones, Emily A. & Carr, Edward G. (2004). Joint attention in children with autism: Theory and intervention. *Focus on Autism and Other Developmental Disabilities. Austin: Spring 2004.Vol.19,* less.1; pg. 13, 14 pgs.

Freeman, S. & Dake, L. (1996). *Teach me language.* Langley, BC, Canada: SKF Books.

Griffith, E. M., Pennington, B. F., Wehner, E. A., & Rogers, S. J. (1999). Executive functions in young children with autism. *Child Development,70* (4), 817-832.

Lauwereyns, J. (1998). Exogenous/endogenous control of space based/object based attention: Four types of visual selection? *European Journal of Cognitive Psychology, 10* (1), 41-74.

Leekam, S., Lopez, B., & Moore, C. (2000). Attention and joint attention in preschool children with autism. *Developmental Psychology, 36,* 261-273.

Leekam, S. & Moore, C. (2001). The development of attention and joint attention in children with autism. In T. Charman, J. Burack, N. Yirimaya, & P. R. Zelazo (Eds.), *Development and autism: Perspectives from theory and research* (pp. 105-129). Mahwah, NJ: Lawrence Erlbaum Associates.

Leekam, S. R., Hunnisett, E., & Moore, C. (1998). Targets and cues: Gaze-following in children with autism. *Journal of Child Psychology and Psychiatry, 39,* 951-962.

Leekam, S. R., Neito, C., Libby, S. J., Wing, L. & Gould, J. (2001). Describing the sensory abnormalities of children and adults with autism. *Journal of Autism Development Disorder, 37,* 894-910.

Lewy, A. L. & Dawson, G. (1992). Social stimulation and joint attention in young autistic children. *Journal of Abnormal Child Psychology, 20,* 555-566.

Moore, C. (1999). Gaze-following and the control of attention. In P. Rochat (Ed.), *Early social cognition* (pp. 241-256). Hillsdale, NJ: Lawrence Erlbaum Associates.

Mundy, P. (1995). Joint attention and social-emotional approach behavior in children with autism. *Development and Psychopathology, 7,* 63-82.

Mundy, P. (2003). The neural basis of social impairments in autism: The role of the dorsal medical-frontal cortex and anterior cingulate system. *Journal of Child Psychology and Psychiatry, 44,* 763-809.

Mundy, P. & Burhette, C. (2005). Joint attention and neurodevelopmental models of autism. In F. R. Volkmar, R. Paul, A. Klin, & D. Cohen (Eds.), *Mandbook of autism and pervasive developmental disorders* (pp. 650-681). NJ: John Wiley & Sons.

Mundy, P., Delgado, C., Block, J., Venezia, M., Hogan, A., & Seibert, J. (2003). *A Manual for the Abridged Early Social Communication Scales (ESCS).*

Available through the University of Miami Psychology Department, Coral Gables, Florida.

Mundy, P. & Neal, R. (2001). Neural plasticity, joint attention and a transactional social-orienting model of autism. *International Review of Mental Retardation, 23,* 139-168.

Mundy, P., Sigman, M., & Kasari, C. (1994). Joint attention, developmental level and symptom presentation in autism. *Development and Psychopathology, 6,* 389-401.

Mundy, P. & Stella, J. (2000). Joint attention, social orienting, and nonverbal communication in autism. In A. M. Wethelby & B. M. Prizant (Eds.), *Autism spectrum disorders* (pp. 55-77).

Pierce, K. & Schreibman, L. (1997). Using peer trainers to promote social behavior in autism: Are they effective at enhancing multiple social modalities? *Focus on Autism and Other Developmental Disabilities, 12,* 207-218.

Povinelli, D. J. & Eddy, T. J. (1997). Specificity of gaze-following in young chimpanzees. *British Journal of Developmental Psychology, 15,* 213-222.

Sigman, M. & Ruskin, E. (1999). Continuity and change in the social competence of children with autism, Down syndrome and developmental delay. *Monographs of the Society for Reach in Child Development, 64,* 1-108.

Swettenham, J., Baron-Cohen, S., Charman, T., Cox, A., Baird, G., Drew, A., & Rees, L. (1998). The frequency and distribution of spontaneous attention shifts between social and nonsocial stimuli in autistic, typically developing, and non-autistic developmentally delayed infants. *Journal of Child Psychology and Psychiatry, 39,* 747-753.

Tomasello, M., Kruger, A. C., & Ratner, H. H. (1993). Cultural learning. *Behavioural and Brain Sciences, 16,* 495-511.

Wainwright, J. A. & Bryson, S. E. (1996). Visual-spatial orienting in autism. *Journal of Autism and Developmental Disorders, 26* (4), 423-439.

第一部分
溝通訓練

單元主題1：能對自己的名字有回應

▶邱采緹◀

理論基礎

　　自閉症者因神經心理功能異常引起廣泛性發展障礙，具顯著口語及非口語溝通與社會互動困難，運用擴大性及替代性溝通，指導自閉症者以口語、動作，表現出對自己的名字有回應，加強自我概念，並增進社會人際互動。

教學目標

　㈠能對自己的名字有回應。
　㈡會眼神接觸。

適用對象

　　低功能自閉症者（幼稚園至國小階段）。

先備能力

　㈠知道自己的名字。
　㈡具追視能力。

教學材料

　　葡萄乾、小電風扇、椅子。

教學策略

　㈠示範：請口語能力佳的同學示範，如教學步驟。
　㈡提示：依學生狀況，減少提示的次數，並慢慢褪除。
　　1.口語提示。

2. 手勢提示。

3. 身體提示。

㈢固定式時間延宕：每次延宕時間都固定為 3 秒鐘，計時默數方式 001、002、003，教學者可依學生過動狀況決定延宕時間的長短，越過動者延宕時間越短。

㈣增強

1. 正增強：選擇學生喜愛的物品，由老師控管，學生不可以自己拿。
   (1)玩具：小電風扇（階段一使用）。
   (2)食物：葡萄乾（階段二使用）。

2. 社會性增強（階段三使用）：
   (1)口頭：「好棒」、「讚」、「對了」等。
   (2)手勢：比出大拇指稱讚學生好棒、摸摸學生的頭等。

㈤類化

1. 情境類化：教學者於不同的場所（例如：教室門口、廁所、走廊……），叫學生的名字。

2. 人物類化：安排非班上的老師、同學或小義工叫學生的名字，增強學生回應能力。

3. 時間類化：隨機運用於每一節課堂中或每天找五個不同時段，讓學生反覆練習，至少持續實施二週。

❀ 教學步驟

階段一：個別教學──能對自己的名字有回應

準備活動

　　請示範的同學坐於學生身旁，教學者與學生面對面坐著，協助者坐在學生的後面。

教學流程┌→

㈠示範

　　*1.*教學者叫示範同學的名字。

　　*2.*示範同學說「有」並舉手。

　　*3.*教學者立即給與示範同學正增強。

㈡教學

　　教學者叫學生的名字，時間延宕 3 秒鐘，觀察學生是否有回應。

㈢增強與提示

　　*1.*學生回應後：教學者立即拿小電風扇給學生玩 5 秒鐘。

　　*2.*學生如無回應：協助者適當提示學生回應教學者，依學生狀況，減少提示的次數，並慢慢褪除。

　　　⑴無口語能力者：

　　　　①完全身體提示：協助者牽著學生的手舉起來。

　　　　②部分身體提示：協助者輕輕拍學生上手臂兩下，提示學生自己將手舉起來。

　　　⑵具口語能力者：

　　　　①協助者於學生耳邊說「有」，學生仿說「有」。

　　　　②協助者於學生耳邊說「說──」，學生接著說「有」。

　　　　補充說明：具口語能力者的肢體動作教學，參照無口語能力教學步驟。

階段二：個別教學──會眼神接觸

教學流程┌→

㈠示範

　　*1.*教學者叫示範同學的名字。

　　*2.*示範同學說「有」並將臉移向教學者，和教學者眼神接觸 3 秒鐘。

　　*3.*教學者立即給與示範同學正增強。

領域：溝通訓練

㈡教學

教學者叫學生的名字，時間延宕 3 秒鐘，觀察學生是否有回應。

㈢增強與提示

1. 學生做出回應後，教學者立即給與學生吃一顆葡萄乾。

2. 學生如無回應，協助者適當提示學生回應教學者，依學生狀況，減少提示的次數，並慢慢褪除。

眼神接觸提示褪除程序：

⑴完全身體＋口語提示：協助者用雙手輕輕將學生的臉移向教學者，教學者拿一顆葡萄乾擺於學生額頭前方，慢慢往下移到學生眼前，再將葡萄乾移至教學者眼前，說：「眼睛看老師」，當學生與教學者眼神接觸 1 秒鐘，教學者立即給與學生增強。

補充說明：教學者可自行變化葡萄乾（增強物）移動的位置，以引起學生注意。例如：

①從額頭處往下移至眼前。

②從下巴處往上移至眼前。

③從左眼角斜前方移至眼前。

④從右眼角斜前方移至眼前。

⑵部分身體＋口語提示：協助者輕輕拍學生肩膀兩下，提示學生自己將臉移向教學者，教學者再拿一顆葡萄乾直接放於教學者眼前說：「眼睛看老師」，當學生與教學者眼神接觸 1 秒鐘，教學者立即給與學生增強。

補充說明：教學者必須確定學生是直接看著老師的眼睛而不是增強物。

⑶手勢＋口語提示：教學者將手擺於學生眼前畫圓數圈後，再將食指帶到教學者眼前說：「眼睛看老師」，當學生與教學者眼神接觸 1 秒鐘，教學者立即給與增強。

⑷口語提示：教學者說：「眼睛看老師」，學生會與教學者眼神接觸 1 秒鐘，教學者立即給與增強。

㈣逐漸增加眼神接觸的時間

1. 教學者叫學生的名字，學生在無提示下會與教學者眼神持續接觸 2 秒鐘，教學者才給與學生增強。

2. 教學者叫學生的名字，學生在無提示下會與教學者眼神持續接觸 5 秒鐘，教學者才給與學生增強。

階段三：教學延伸——能類化到不同的場所中

準備活動→

　　請示範同學站於學生身旁，協助者站在學生後面，教學者與學生面對面站著（距離約 150 公分）。

教學流程→

(一)示範

　1. 教學者叫示範同學的名字。

　2. 示範同學說「有」並舉手後，走到教學者面前，與教學者眼神接觸 3 秒鐘。

　3. 教學者立即給與示範同學社會性增強。

(二)教學

　教學者叫學生的名字，時間延宕 3 秒鐘，觀察學生是否有回應。

(三)增強與提示

　1. 學生做出回應後，教學者比出大拇指稱讚學生，並給與口頭增強說：「好棒，老師叫○○，○○會來找老師」。

　2. 學生如無回應，協助者適當提示學生回應教學者，依學生狀況，減少提示的次數，並慢慢褪除。

　　(1)無口語能力者：

　　　①完全身體＋口語提示：協助者輕輕推著學生走到教學者面前，並於學生耳邊提示學生眼睛看老師。

　　　②部分身體＋口語提示：協助者輕輕拍學生肩膀兩下，提示學生自己走到教學者面前，教學者再提示學生眼睛看老師。

　　(2)具口語能力者：口語提示，參照階段一。

(四)類化

　學生能力增加後，教學者站於不同的地點，逐漸拉長與學生的距離，

領域：溝通訓練

叫學生的名字，增強學生回應能力，例如：

1. 教學者站於學生的斜前方，距離學生約 200 公分，叫學生的名字。
2. 教學者站於學生的斜後方，距離學生約 250 公分，叫學生的名字。
3. 教學者站於教室門口，叫學生的名字。
4. 教學者站於大型障礙物（例如：書櫃）後面，叫學生的名字。
5. 教學者站於廁所門口，叫學生的名字。

附圖說明

增強物。

	學生喜愛的增強物，小電風扇。

單元主題2：能辨識自己與他人

▶李佳玫◀

領域：溝通訓練

理論基礎

自閉症者在社會互動上常出現困難，人際關係疏離，藉由教導自閉症者辨識自己與他人，以增進互動機會與品質。

教學目標

㈠會認識自己與同學。
㈡會正確指認自己與他人的照片。
㈢會運用於生活中。

適用對象

低、中、高功能自閉症者（幼稚園至國小階段）。

先備能力

會分辨頭、臉各部分，且能對自己的名字有回應。

教學材料

㈠教學者及學生個人照片數張。
㈡點名表。

教學策略

㈠示範：由教學者或口語能力佳的同學示範，如教學步驟。
㈡提示
　1.方式：口語、肢體動作。
　2.次數：依學生狀況，減少提示的次數，並慢慢褪除。

㈢練習：為避免學生失去耐心與厭煩，單回練習次數至少五次，若學生已開始厭煩活動，則可採少次多回的方式，直到完全熟練為止。

㈣分類：讓學生練習將自己和別人的照片分類，以確定學生可以真正區分自己與他人的照片。

教學步驟

階段一：個別教學

準備活動

教學者將學生與教學者的個人照片呈現在黑板上。

教學流程

㈠示範
1. 教學者拿著一張學生的照片在學生的眼前，說：「請問這是誰？」
2. 當學生以口語或溝通圖卡表示「小明」、「我」、「是我」，教學者馬上說：「對，是小明！」「對了，這是你！」並把照片貼在學生身上。

㈡教學
1. 教學者再拿著一張學生的照片在學生的眼前，說：「請問這是誰？」
2. 當學生以口語或溝通圖卡表示「小明」、「我」、「是我」，教學者馬上說：「對，是小明！」「對了，這是你！」並請協助者以肢體或口語提示學生把照片貼在自己身上。

㈢練習
讓學生反覆練習指認自己的照片，並將照片貼在自己身上，至少五遍。

㈣教學
1. 當學生可以指認自己的照片後，教學者拿出一張教學者的照片，說：「請問這是誰？」
2. 當學生以口語或溝通圖卡表示「老師」、「是老師」、「王老師」，教學者馬上說：「答對了，這是老師！」或「答對了，這

是王老師！」並請協助者以肢體或口語提示學生把照片貼在教學者身上。

(五)辨別

1. 隨機出現教學者與學生的照片，請學生正確說出照片中的人物，並將照片貼在教學者或學生的身上。

2. 讓學生反覆練習指認自己與教學者的照片，並將照片貼在自己身上，反覆練習每天五遍，至少實行二週。

階段二：團體教學

準備活動

教學者準備學生、教師照片數張。

教學流程

(一)示範

1. 教學者先呈現某位學生的照片，並說：「請問這是誰？」

2. 請這位學生到台前，說：「這是王小明」，請大家眼睛注視他並一起說一遍。

3. 請這位學生把自己的照片貼在自己的肩膀或手臂上。

(二)練習

每位學生都上台練習，並貼上自己的照片。

(三)示範

教學者將照片收回，請示範同學抽出一張照片，其餘學生一起回答說：「這是○○○」，並由示範同學貼在照片的主角身上。

(四)練習

1. 教學者請學生輪流來抽照片，其餘學生一起回答說：「這是○○○」，並貼在照片的主角身上。

2. 逐漸增加照片數量，讓學生反覆練習每天五遍，至少實行二週。

階段三：延伸教學──點名活動

準備活動 ┌→

　　教學者在黑板上呈現點名表與學生的照片，並請所有學生圍成一圈坐下。

教學流程 ┌→

㈠引起動機

　　請老師與學生一起唱點名歌（改編自〈歡迎歌〉），歌詞如下：
　　　　「真正高興的見到你，滿心歡喜的來這裡，
　　　　　歡迎，歡迎，上學真有趣。」（歡迎可改成學生名字。）

㈡示範

　　1.唱完點名歌後，教學者問學生：「今天有誰來學校啊？」再指著一張示範同學的照片說：「陳小華有來學校嗎？」
　　2.請示範同學找出自己的照片，並貼在點名表上，教學者立即給與增強。

㈢增強與提示

　　1.教學者問學生：「今天有誰來學校啊？」再指著一張學生的照片說：「王小明有來學校嗎？」
　　2.請學生來找出自己的照片，並貼在點名表上，教學者立即給與增強。
　　3.學生如無反應，協助者適當提示學生回應教學者。

㈣練習

　　逐漸增加照片數量，讓學生每天反覆練習，若學生已能自行完成，則可讓學生練習自己來點名，檢視有誰來上學了。

附圖說明

(一)照片——在教學階段一時，每人照片至少準備五張，可蒐集背景、服裝、表情不同的照片，以便類化。

老師	王小明	陳小華

(二)點名表——在教學階段三時，點名表與照片背面附上魔鬼氈，學生就可以將自己的照片貼在點名表。

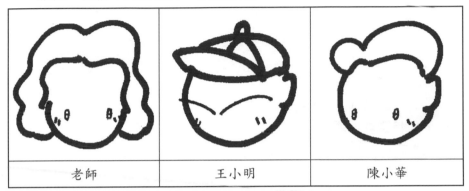

（　　　　　）來上學了				
林美美	王小明	黃小英	陳小華	李小龍

單元主題3：自發性口語訓練

▶邱采緹◀

理論基礎

語言發展遲滯為自閉症者特徵，運用擴大性及替代性溝通，指導自閉症者做自發性表達。

教學目標

㈠會自發性表達想做的事。
㈡會正確表達情緒。

適用對象

低、中功能自閉症者（幼稚園至國小階段）。

先備能力

㈠具仿說能力。
㈡能分辨酸、甜、苦、辣等味道。

教學材料

泡沫紅茶、杯子、溝通圖卡、滑梯。

教學策略

㈠示範：請口語能力佳的同學示範，如教學步驟。
㈡提示：依學生狀況，減少提示的次數，並慢慢褪除。
　　1.口語提示。
　　2.手勢提示。
　　3.溝通圖卡。

㈢固定式時間延宕：每次延宕時間都固定為 3 秒鐘，計時默數方式 001、002、003。

㈣增強

　1.正增強：增強物由老師控管，學生不可以自己拿。

　　⑴選擇學生喜愛喝的飲料：紅茶（階段一使用）。

　　⑵選擇學生喜愛的遊樂設施：滑梯（階段二活動一使用）。

　2.負增強：只要學生沒有說出「感覺」，就會持續被抓住上手臂（階段二活動二使用）。

㈤情境類化：每天於五種不同情境中，讓學生練習自發性口語表達。

教學步驟

階段一：個別教學──點心時間喝紅茶

準備活動

㈠ 500 西西泡沫紅茶一杯。

㈡杯子數個。

㈢請示範同學坐於學生旁邊，教學者坐於學生對面。

教學流程

㈠示範

　1.教學者拿出一杯泡沫紅茶，手指著紅茶說：「喝紅茶」。

　2.示範同學仿說：「喝紅茶」。

　3.教學者立即給與示範同學正增強。

㈡教學

　教學者將泡沫紅茶拿到學生面前，手指著泡沫紅茶說：「喝紅茶」，時間延宕 3 秒鐘，觀察學生是否有回應。

㈢增強與提示

　1.學生做出回應後，教學者立即倒一小口紅茶給學生喝。

　2.學生如無回應，教學者適當提示學生，依學生狀況，減少提示的

次數，並慢慢褪除。

口語提示程序如下：

(1)教學者手指著紅茶說：「茶」，學生仿說：「茶」。

(2)教學者手指著紅茶說：「紅茶」，學生仿說：「紅茶」。

(3)教學者手指著紅茶說：「喝紅茶」，學生仿說：「喝紅茶」。

(4)教學者手指著紅茶說：「喝──*紅茶*」，學生仿說：「喝紅茶」。教學者說*紅茶*只有嘴型沒有聲音，但學生要說出聲。

(5)教學者手指著紅茶，只出現嘴型而無聲音的說：「*喝紅茶*」，學生仿說：「喝紅茶」。

(6)教學者手指著紅茶說：「說──」學生接著說：「喝紅茶」。

(7)教學者手指著紅茶，學生會自己說：「喝紅茶」。

(8)教學者手指著紅茶，詢問學生：「○○要做什麼？」學生會回答說：「喝紅茶」。

補充說明：教學者可依學生能力，調整口語訓練程序。

㈣學生能力增加後

1. 增加句子的長度：

(1)教學者說：「我要喝紅茶」，學生仿說：「我要喝紅茶」。

(2)教學者說：「老師，我要喝紅茶」，學生仿說：「老師，我要喝紅茶」。

(3)教學者說：「老師，請問我可以喝紅茶嗎？」學生仿說：「老師，請問我可以喝紅茶嗎？」

(4)教學者詢問學生：「○○，要做什麼？」學生會回答說：「老師，請問我可以喝紅茶嗎？」

2. 增加味道：

(1)教學者說：「甜甜的」，學生仿說：「甜甜的」。

(2)教學者說：「甜甜的紅茶」，學生仿說：「甜甜的紅茶」。

(3)教學者說：「紅茶的味道，是甜甜的」，學生仿說：「紅茶的味道，是甜甜的」。

(4)教學者詢問學生：「紅茶的味道是什麼？」學生會說：「甜甜的」。

補充說明：教學者可依學生能力，增加教學內容，例如：紅茶的顏色等。

㈤類化

教學者每天於五種不同情境中，如遊戲時間、電腦課、點心時間、午餐時間、戶外教學等，讓學生練習自發性口語表達。

階段二：團體教學——體育課溜滑梯

準備活動

㈠製作愉悅溝通圖卡一張（圖一）。

㈡製作害怕溝通圖卡一張（圖二）。

㈢請協助者站於滑梯底部，注意學生安全，並觀察學生滑下來的表情。

教學流程

活動一：會表達要溜滑梯。

㈠教學者請全班同學於滑梯樓梯口排隊，請口語能力佳同學排前面示範。

㈡教學者擋於滑梯的樓梯入口處詢問學生：「要做什麼？」

㈢學生會回答說：「要溜滑梯」。

㈣教學者立即讓學生溜一次滑梯。

㈤學生如無回應，教學者適當提示學生，口語提示請參照階段一之步驟㈢。

㈥學生能力增加後，引導學生說出完整句子，例如：老師，我要溜滑梯好嗎？

教學流程

活動二：會正確表達情緒。

㈠協助者站於滑梯底部，觀察學生溜下滑梯時的表情（很高興）。

㈡協助者抓著學生上手臂詢問學生：「感覺如何？」

㈢學生會回答說：「很高興」，協助者立即放手讓學生離開。

㈣學生如無回應，協助者拿出愉悅溝通圖卡，引導學生表達情緒。

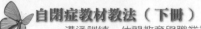
㈤學生能力增加後，逐漸增加句子長度，例如：很高興再溜一次好嗎？

補充說明：

　　1. 協助者依學生滑下來的表情，更換表情溝通圖卡。

　　2. 協助者可依學生能力更換詞彙內容，例如：喜歡、快樂等。

　　3. 口語提示教學請參照階段一之步驟㈢。

❖ 附圖說明

　　階段二溝通圖卡使用說明。

圖一	圖二	圖三	圖四
愉悅溝通圖卡 （55公分× 40公分）	害怕溝通圖卡 （55公分× 40公分）	教學者： 站於滑梯前，指導學生做自發性表達。	協助者： 站於滑梯底部，注意學生安全，並觀察學生滑下來的表情，指導學生表達情緒。
55公分×40公分即全開海報紙四分之一大小，可引起學生注意。			

單元主題 4：會表達生理需求

▶邱采緹◀

理論基礎

　　自閉症者因口語及非口語之溝通困難，常以尖叫、哭鬧或攻擊等方式，表達其生理需求，運用擴大性及替代性溝通，指導自閉症者做適當表達。

教學目標

㈠會表達想上廁所。
㈡會表達想喝水。
㈢會有禮貌詢問公廁地點。

適用對象

　　低、中功能自閉症者（幼稚園至國小階段）。

先備能力

㈠對身體膀胱變化有反應。
㈡對尿意能稍做忍耐。

教學材料

　　溝通圖卡。

教學策略

㈠示範：請口語能力佳的同學示範，如教學步驟。
㈡提示：依學生狀況，減少提示的次數，並慢慢褪除。
　　1.口語提示。

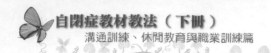

2. 手勢提示。

3. 身體提示。

㈢固定式時間延宕：每次延宕時間都固定為 3 秒鐘，計時默數方式 001、002、003。

㈣增強：使用正增強。

    1. 學生做出如廁表示，立即帶學生到廁所尿尿（階段一使用）。

    2. 學生做出喝水表示，立即讓學生倒水喝（階段二使用）。

㈤替代：指導學生使用手勢與動作表達生理需求替代溝通圖卡。

㈥類化

    1. 情境類化：於不同課程活動中與不同場所，訓練學生表達生理需求。

    2. 人物類化：訓練學生詢問不同的人（非班上的教師、同學、餐廳服務人員等）廁所在哪裡。

教學步驟

階段一：個別教學──指導如廁表達

活動說明

㈠學生剛到一個新環境，常會有想上廁所但不知廁所在哪兒，也不知如何表達，常以哭鬧、摸生殖器、身體顫抖或一直在老師身邊走來走去等方式來表示，當老師發現學生有異樣，詢問學生要做什麼？有什麼事嗎？學生常會轉頭離開，有時甚至當老師忙完發現時，學生已尿濕褲子，本活動將利用溝通圖卡來指導學生進行如廁表達。

㈡教學者事先觀察學生如廁間隔時間（例如：每一個小時須小便一次）。

準備活動

製作如廁溝通圖卡，貼於獨立學習桌旁（圖一）。

教學流程

(一)教學

1. 教學者於學生如廁時間到達前 5 分鐘，帶學生到廁所小便，於學生小便同時，教學者將尿尿溝通圖卡置於學生眼前，並說：「尿尿」，「○○在尿尿」，待學生如廁結束後，引導學生將溝通圖卡貼於獨立學習桌旁。

   補充說明：此階段教學著重引導學生認識溝通圖卡內容與實務結合。

2. 教學者發現學生一直動來動去，手在摸生殖器。

   教學者走到學生身旁，詢問學生：「○○，要做什麼？」時間延宕 3 秒鐘，觀察學生是否有回應。

(二)增強與提示

1. 學生做出如廁表示，教學者立即帶學生到廁所尿尿。

2. 學生如無回應，教學者適當提示學生，依學生狀況，減少提示的次數，並慢慢褪除。

   (1)無口語能力者：

   ①完全身體提示：教學者「抓著」學生的手，撕下獨立學習桌旁尿尿溝通圖卡，擺於教學者眼前，教學者立即帶學生到廁所尿尿。

   ②手勢＋口語提示：教學者「指向」獨立學習桌旁的尿尿溝通圖卡，並給與口語提示，請學生自己撕下溝通圖卡，擺於教學者眼前。

   ③口語提示：○○想尿尿，可以拿卡片來告訴老師。

   (2)具口語能力者：

   ①教學者說：「尿尿」，學生仿說：「尿尿」。

   ②教學者說：「尿——」學生接著說：「尿尿」。

   ③教學者說：「○○，要做什麼？」學生會回答說：「尿尿」。

   ④能力增加後會說：「老師，我想上廁所好嗎？」

(三)替代

   待學生能使用溝通圖卡後，亦可指導其運用 WC 手勢表達如廁需求。

階段二：團體教學——體育課結束後

活動說明

　　體育課結束回到教室，教學者請學生們於茶水間排隊倒水喝。

準備活動

　　製作喝水溝通圖卡，貼於獨立學習桌旁（圖一）。

教學流程

(一)示範

　　1. 教學者站於飲水機旁，擋在示範同學面前說：「○○，要做什麼？」

　　2. 示範同學說：「老師，我要喝水好嗎？」

　　3. 教學者立即給與示範同學正增強。

(二)教學

　　教學者持續站於飲水機旁，擋在學生面前說：「○○，要做什麼？」
時間延宕 3 秒鐘，觀察學生是否有回應。

(三)增強與提示

　　1. 學生做出回應後，教學者立即讓學生倒水喝。

　　2. 學生如無回應，協助者適當提示學生詢問教學者，依學生狀況，
減少提示的次數，並慢慢褪除。

　　(1)無口語能力者：

　　　　①教學者幫學生倒一小杯水，將喝水溝通圖卡擺於水杯旁（卡
片與實物結合），說「喝水」後，將溝通圖卡遞給學生。

　　　　②教學者再詢問學生：「○○，要做什麼？」

　　　　③協助者抓學生的手，將喝水溝通圖卡擺於教學者眼前。

　　　　④教學者立即將茶杯遞給學生，讓學生喝水。

　　　　⑤學生能力增加後，教學者將喝水溝通圖卡貼於獨立學習桌旁，
待學生有需求時，會自己撕下溝通圖卡，擺於教學者眼前。

　　(2)具口語能力者：

　　　　①協助者於學生耳邊小聲說：「水」，學生仿說：「水」。

②協助者於學生耳邊小聲說：「喝水」，學生仿說：「喝水」。

③協助者於學生耳邊小聲的說：「○○，要做什麼？」
教學者於學生面前，只出現嘴型沒有聲音的說：「*喝水*」，
學生仿說：「喝水」。

④教學者詢問：「○○，要做什麼？」學生會回答說：「喝水」。

⑤能力增加後會說：「老師，我要喝水好嗎？」

㈣替代

待學生能使用溝通圖卡後，亦可指導其運用喝水動作表達想喝水。

階段三：教學延伸──於不同的場所，詢問他人如廁地點

活動說明→

學生能力增加後，事先指導學生使用「請問，廁所在哪裡？謝謝！」溝通圖卡，於不同的情境中練習（圖二）。

教學流程→

㈠無口語能力者

1. 校內：利用不同的課程活動、地點（例如：體育課於操場時），訓練學生拿溝通圖卡，詢問校內非班上教師或同學。

2. 校外教學：當學生想上廁所時，請學生拿溝通圖卡，詢問服務人員或櫃台人員。

3. 注意詢問禮儀：

   (1)伸出雙手：拿溝通圖卡詢問他人時，須伸出雙手。

   (2)致謝：當別人告訴學生廁所地點時，會鞠躬道謝或做出謝謝手勢（大拇指彎曲、伸直重複二次）。

㈡具口語能力者

1. 會面帶微笑說：「請問廁所在哪裡？」

2. 當別人告訴學生後，會對告知者說：「謝謝！」

附圖說明

圖一：溝通圖卡與獨立學習桌。

		 溝通圖片
尿尿溝通圖卡	喝水溝通圖卡	1. 教學者將學生在校時，生理需求所需之溝通圖卡，貼於獨立學習桌旁，訓練學生有需求時，會自己拿溝通圖卡與他人做溝通。 2. 溝通圖卡可依學生能力增減。

圖二：請問，廁所在哪裡？謝謝！

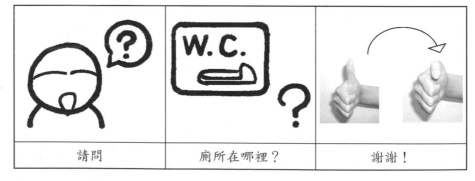

請問	廁所在哪裡？	謝謝！

單元主題 5：會打招呼～你好

▶李佳坟◀

理論基礎

　　打招呼是人際互動的第一步，藉由教導自閉症者與別人打招呼，為建立人際關係奠下良好基礎。

教學目標

　㈠會以口語或動作表示「你好」。
　㈡會主動向他人問候。
　㈢運用於生活中。

適用對象

　　中、高功能自閉症者（幼稚園至國小階段）。

先備能力

　　能理解簡單文字與圖片，會模仿動作與仿說。

教學材料

　㈠教學者及學生個人照片數張。
　㈡點名表。

教學策略

　㈠提示
　　1.方式：口語、肢體動作。
　　2.次數：依學生狀況，減少提示的次數，並慢慢褪除。

(二)時間延宕

1. 漸進式：逐漸增加延宕的時間，從 0 秒、2 秒、4 秒……最高不超過 10 秒，適用於極度過動的學生。

2. 固定式：每次延宕時間都固定，例如 3 秒鐘，計時默數方式 001、002、003。

(三)增強

1. 高功能自閉症者可使用社會性增強。

   (1)口頭：「好棒」、「讚」、「很厲害哦」等。

   (2)手勢：比出大拇指表示好棒、摸摸學生的頭等。

2. 中功能自閉症者可使用代幣增強系統。

(四)社會故事：運用社會故事，讓學生理解情境，並知道要說什麼。

(五)自然情境：在自然情境下教學，以便學生類化與實際運用。

教學步驟

階段一：個別教學

準備活動→

　　教學者準備溝通圖卡 你好 數張與學校情境圖片，與學生相視而坐，協助者坐在學生右側。

教學流程→

(一)教學

1. 教學者呈現溝通圖卡 你好 ，請學生找出一樣的圖卡。

2. 學生正確找到圖卡，教學者立即給與增強。

3. 學生如無反應，協助者適當提示學生找出一樣的圖卡。

4. 請學生說：「你好」，無口語能力者則以動作（敬禮）來表示「你好」。

5. 協助者適當提示，待學生能力增加後，慢慢褪除協助。

(二)說明情境與模擬

1. 教學者呈現學校照片，請學生說一說學校裡有哪些人。
2. 學生以口語或圖卡表示學校裡有校長、主任、老師、同學等。
3. 教學者可問學生，如果看到這些人要說什麼？
4. 學生以口語或動作表示你好，教學者立即給與增強。
5. 學生如無反應：協助者適當提示學生回應教學者。
   (1)無口語能力者：協助者輕輕拍著學生的手或肩膀提示學生指向溝通圖卡、摸溝通圖卡或拿溝通圖卡等方式，表示「你好」。
   (2)具口語能力者：請協助者用手指溝通圖卡，或口語提示學生說：「你好」。
6. 教學者輪流呈現學校人物照片，問學生看到這些人要說什麼。
7. 學生以口語或動作表示你好，教學者立即給與增強。
8. 學生如無反應：協助者適當提示學生回應教學者。
   (1)無口語能力者：協助者輕輕拍著學生的手或肩膀提示學生指向溝通圖卡、摸溝通圖卡或拿溝通圖卡等方式，表示「你好」。
   (2)具口語能力者：請協助者用手指溝通圖卡，或口語提示學生說：「你好」。
9. 協助者適當提示，待學生能力增加後，慢慢褪除協助。

(三)編製社會故事

1. 教學者依次序呈現社會故事圖卡，帶著學生一張一張的看。
2. 教學者先示範正確的社會故事圖卡順序，請學生仿做排列。
3. 教學者只呈現第一張圖卡，請學生排列成正確的順序。
4. 讓學生反覆練習每天五遍，至少實行二週。

階段二：自然情境教學

準備活動

教學者與學生在校園內散步，遇到許多老師。

領域：溝通訓練

教學流程

(一)示範

　　教學者一看到老師馬上就說：「你好」。

(二)增強與提示

　　依學生反應給與增強與提示：

　　1. 教學者問學生：「要說什麼？」

　　2. 學生以口語或動作表示你好，教學者立即給與增強。

　　3. 學生如無反應，協助者適當提示學生回應教學者。

(三)練習

　　讓學生反覆練習每天五遍，至少實行二週。

附圖說明

圖一：你好──依學生能力選擇適當圖卡。

圖二：社會故事——運用社會故事，讓學生理解情境，並知道要說什麼。

我是王小明	我就讀○○國小
在學校裡會看到校長、主任、老師、同學	我會向他們說：「你好」
大家覺得我很有禮貌	所以我會向他們說：「你好」

單元主題 6：會說再見

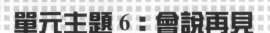

▶賴伶華◀

理論基礎

與他人互動（溝通）困難是自閉症者的特徵，功能性的溝通訓練有助於改善這種情況，指導自閉症者學習使用圖片溝通或用簡單語句和他人道別，以增進良好的人際互動。

教學目標

㈠能以正確合宜的方式向他人道別。
㈡能主動向他人道別。

適用對象

低、中功能自閉症者（幼稚園至國小階段）。

先備能力

會揮手、會用眼睛注視。

教學材料

有趣的繪本（例如：《晚安，小貓咪》，糖果樹文化出版、《長鼻子豬》，信誼出版）。

教學策略

㈠教學：如教學步驟。
㈡提示
　1.方式：溝通圖卡、口語、肢體動作。
　2.次數：依學生狀況，逐漸減少提示的次數，並慢慢褪除。

(三)時間延宕

  1. 漸進式：逐漸增加延宕的時間，從 0 秒、2 秒、4 秒……最高不超過 10 秒，適用於極度過動的學生。

  2. 固定式：每次延宕時間都固定，例如 3 秒鐘，計時默數方式 001、002、003。

(四)增強

  1. 自然增強：看下一頁故事書。

  2. 社會性增強：當學生能主動表示「再見」時，教學者立即親切微笑並點頭說：「有禮貌，好棒！」

(五)類化

  1. 讓學生反覆練習在不同情境下每天至少五次，本單元至少實施二週。

  2. 待學生逐漸內化後，再增加不同情境的活動。例如：在不同地點、不同時間、不同的人要離開時等。

教學步驟

階段一：小組教學

準備活動

(一)選一本有趣的繪本。

(二)將學生座位安排好，使每位學生都能清楚看到繪本。

教學流程

(一)教學者打開繪本說故事。說（看）完一頁以後準備翻到下一頁。

(二)教學者：「和（圖片內容）說再見」。

(三)等待學生回應，時間延宕 3 秒鐘。

(四)協助者給與適當的提示或引導沒有回應的學生。

  1. 無口語能力者：

    (1)舉起手揮動，示意：「再見」。

    (2)使用溝通板、溝通圖卡或溝通簿表示：「再見」。

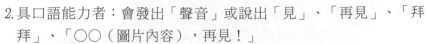
2.具口語能力者：會發出「聲音」或說出「見」、「再見」、「拜拜」、「○○（圖片內容），再見！」

㈤學生有回應，表示「再見」，教學者立即點頭並親切微笑說：「有禮貌，好棒！」同時翻到下一頁。

㈥同步驟㈡～㈤實施，直到繪本看完。

增強與提示

㈠學生做出回應：教學者立即點頭並親切微笑，同時翻到下一頁。

㈡學生如無回應：協助者適當提示學生回應教學者，並依學生狀況，減少提示的次數，並慢慢褪除提示。

補充說明

㈠協助者要注意並提醒學生眼睛要看著對方（圖片內容）。

㈡動作提示褪除程序

　　例如：1.協助者輕抓著學生的手揮動並說：「再見！」學生仿說：「再見！」

　　　　　2.協助者舉起自己的手，示意學生表示「再見」。

　　　　　3.協助者用手輕拍學生的手，示意學生表示「再見」。

　　　　　4.協助者指著「再見」的圖卡，示意學生表示「再見」。

㈢口語訓練的程序（仿說→自發性的說）

　　例如：1.會發出「聲音」。

　　　　　2.說「見」或「拜」。

　　　　　3.說「再見」。

　　　　　4.說「拜拜」。

　　　　　5.說「○○（圖片內容，如大象、斑馬、花……）再見」。

㈣動作（揮手）和口語提示要同時出現，可依學生不同程度做搭配調整。

階段二：個別教學

準備活動

學生要回家時。

教學流程

㈠教學者：「○○（學生），再見」。

㈡教學者：「○○（學生），要跟老師說什麼呢？」

㈢等待學生回應，時間延宕 3 秒鐘。

㈣協助者給與適當的提示或引導沒有回應的學生。

　　1. 無口語能力者：

　　　⑴將手舉起揮動，示意：「再見」。

　　　⑵使用溝通板、溝通圖卡或溝通簿表示：「再見」。

　　2. 具口語能力者：會發出「聲音」或說出「見」、「再見」、「拜拜」、「○老師，再見！」

㈤學生有回應，表示「再見」，教學者立即點頭並親切微笑說：「有禮貌，好棒！○○（學生），再見！」

㈥每天都要確實的教學（練習），並和在場的每位老師及同學說：「再見！」

㈦同步驟㈡～㈤，直到學生會主動道別。

增強與提示

㈠學生做出回應：教學者立即點頭並親切微笑說：「有禮貌，好棒！○○（學生），再見！」

㈡學生如無回應：協助者適當提示學生回應教學者，且依學生狀況，減少提示的次數，並慢慢褪除提示。

補充說明

㈠協助者要注意並提醒學生眼睛要看著對方（老師或同學）。

㈡動作提示褪除程序

例如：1.協助者輕抓著學生的手揮動並說：「再見！」學生仿說：
「再見！」

2.協助者舉起自己的手，示意學生表示「再見」。

3.協助者用手輕拍學生的手，示意學生表示「再見」。

4.協助者指著「再見」的圖卡，示意學生表示「再見」。

㈢口語訓練的程序（仿說→自發性的說）

例如：1.會發出「聲音」。

2.說「見」或「拜」。

3.說「再見」。

4.說「拜拜」。

5.說：「○○（老師或同學），再見！」

㈣動作（揮手）和口語提示要同時出現，可依學生不同的程度做搭配調整。

階段三：延伸教學──客人要離開

準備活動

有人到班上來找老師，要離開了。

教學流程

㈠教學者提醒學生：「客人要離開了，小朋友要向客人說什麼？」

㈡等待學生反應，時間延宕 3 秒鐘。

㈢協助者給與適當的提示或引導沒有回應的學生。

1.無口語能力者：

⑴將手舉起揮動，示意：「再見」。

⑵使用溝通板、溝通圖卡或溝通簿表示：「再見」。

2.具口語能力者：會發出「聲音」或說出「見」、「再見」、「拜拜」、「○○（老師、阿姨、叔叔……），再見！」

㈣學生回應（表示）「○○（老師、阿姨、叔叔……），再見」時，教學者立即伸出大拇指、點頭並親切微笑說：「小朋友有禮貌，好

棒！」

㈤在不同（人或時間）情境下反覆練習五次。

增強與提示

㈠學生做出回應：教學者立即點頭並親切微笑，同時翻到下一頁。

㈡學生如無回應：協助者適當提示學生回應教學者，且依學生狀況，減少提示的次數，並慢慢褪除提示。

補充說明

㈠協助者要注意並提醒學生眼睛要看著對方（老師、阿姨、叔叔……）。

㈡動作提示褪除程序

例如：1.協助者輕抓著學生的手揮動並說：「再見！」學生仿說：「再見！」

2.協助者舉起自己的手，示意學生表示「再見」。

3.協助者用手輕拍學生的手，示意學生表示「再見」。

4.協助者指著「再見」的圖卡，示意學生表示「再見」。

㈢口語訓練的程序（仿說→自發性的說）

例如：1.會發出「聲音」。

2.說「見」或「拜」。

3.說「再見」。

4.說「拜拜」。

5.說：「○○（老師、阿姨、叔叔……），再見！」

㈣動作（揮手）和口語提示要同時出現，可依學生不同程度做搭配調整。

附圖說明

溝通圖卡：

㈠學生表達需求時（在溝通板、溝通簿、手上拿著圖卡）使用。

㈡教學者用來提示或教學時使用。

㈢依學生不同的能力或進程選用。

圖卡（再見）	圖卡大＋文字小	圖卡小＋文字大	文字

單元主題 7：會指出想要的東西

▶賴伶華◀

🌼 理論基礎

語言發展遲滯為自閉症者的特徵，運用擴大性、替代性及協助性溝通指導自閉症者做自發性表達。

🌼 教學目標

㈠能以正確合宜的方式表達情緒。

㈡能主動表達想要○○（物品）。

㈢能注意接物的禮儀。

🌼 適用對象

低、中功能自閉症者（幼稚園至國小階段）。

🌼 先備能力

學生會用手指物、在學生想要○○（物品）的時機訓練。

🌼 教學材料

用籃子裝學生喜歡的東西（食物或玩具）和不喜歡的東西（食物或玩具）、溝通圖卡。

🌼 教學策略

㈠示範：請動作能力佳的同學示範，如教學步驟。

㈡提示

1.方式：溝通圖卡、口語、肢體動作。

2.次數：依學生狀況，逐漸減少提示的次數，並慢慢褪除。

㈢時間延宕

　　1. 漸進式：逐漸增加延宕的時間，從 0 秒、2 秒、4 秒……最高不超過 10 秒，適用於極度過動的學生。

　　2. 固定式：每次延宕時間都固定，例如 3 秒鐘，計時默數方式 001、002、003。

㈣增強

　　1. 原級增強：選擇學生真的喜歡的食物當作增強，如檸檬夾心酥餅、m&m's 巧克力等。

　　2. 社會性增強：當學生達到教學者的要求，教學者立即點頭並親切微笑。

㈤類化

　　1. 讓學生在不同情境下反覆練習每天至少五次，至少實施二週。

　　2. 在不同活動（例如：上美勞課、喝水、玩玩具、看卡通影片等）的機會或情境下練習，以增強學生類化的能力。

教學步驟

階段一：個別教學

準備活動→

㈠點心時間（學生有點餓的時候）。

㈡準備學生真的喜歡的食物（檸檬夾心酥）和不喜歡的食物（健素糖）並放在工作籃內。

㈢示範的學生坐在椅子上，教學者坐在示範的學生前面，協助者坐在示範的學生右側。

教學流程→

㈠示範

　　1. 將工作籃放在桌上，教學者問：「你要吃什麼？」

　　2. 當示範的學生指出和說出「我要吃餅乾」時，教學者馬上拿餅乾

給示範的學生。

(二)教學

　1.教學者坐在學生的前面，並問：「你要吃什麼？」

　2.等待學生反應，時間延宕 3 秒鐘。

　3.協助者提示（協助）學生做出回應表示「我要吃餅乾」。

　　(1)無口語能力者：

　　　①可用手指餅乾或摸餅乾等方式，表示「我要吃餅乾」。

　　　②使用溝通板、溝通圖卡或溝通簿表示。

　　(2)具口語能力者：會發出「聲音」或說出「我」、「餅」、「餅乾」、「吃餅乾」、「我要吃餅乾」。

　4.學生回應後，教學者點頭並親切微笑，同時將餅乾給學生。

　5.指導學生雙手接物，並說：「謝謝！」

增強與提示

(一)學生做出回應：教學者立即點頭並親切微笑，同時將餅乾給學生。

(二)學生如無回應：協助者適當提示學生回應教學者，且依學生狀況，逐漸減少提示的次數，並慢慢褪除提示。

補充說明

(一)動作提示褪除程序

　例如：1.協助者輕抓著學生的手指餅乾說：「我要吃餅乾」，學生仿說。

　　　　2.協助者用手指著餅乾。

　　　　3.協助者輕拍學生的手。

　　　　4.協助者指著「我要」的圖卡。

　　　　5.協助者用眼神示意。

(二)口語訓練的程序（仿說→自發性的說）

　例如：1.會發出「聲音」。

　　　　2.說「餅」。

　　　　3.說「餅乾」。

　　　　4.說「吃餅乾」。

領域：溝通訓練

5.說「我要吃餅乾」。

㈢動作和口語提示要同時出現，可依學生不同的程度做搭配調整。

階段二：延伸教學——上著色課

準備活動 ⟶

教師準備彩色筆（上課需要的物品）和橡皮擦（上課不需要的物品）並放在工作籃內、畫有圖案的學習單。

教學流程 ⟶

㈠示範

  1.將學習單和工作籃放在學生的工作桌上。

  2.教學者說明：「這一節課要著色練習，你需要什麼？」

  3.當示範的學生指出並說出「我要彩色筆」時，教學者馬上拿彩色筆給示範的學生。

㈡教學

  1.教學者坐在學生的前面，將工作籃放在桌上，並問：「你需要用什麼東西來著色？」

  2.等待學生反應，時間延宕3秒鐘。

  3.協助者提示（協助）學生做出回應表示「我要彩色筆」。

    ⑴無口語能力者：

      ①可用手指彩色筆或拍彩色筆等方式，表示「我要彩色筆」。

      ②使用溝通板、溝通圖卡或溝通簿表示。

    ⑵具口語能力者：會發出「聲音」或說出「筆」、「色筆」、「彩色筆」、「我要用彩色筆」。

  4.學生回應後，教學者點頭並親切微笑，同時將彩色筆給學生。

  5.指導學生雙手接物，並說：「謝謝！」

增強與提示 ⟶

㈠學生做出回應：教學者立即點頭並親切微笑，同時將彩色筆給學生。

㈡學生如無回應：協助者適當提示學生回應教學者，且依學生狀況，
逐漸減少提示的次數，並慢慢褪除提示。

補充說明

㈠動作提示褪除程序

　　例如：1.協助者輕抓著學生的手指彩色筆說：「我要彩色筆」，學
　　　　　　生仿說。

　　　　　2.協助者用手指著彩色筆。

　　　　　3.協助者輕拍學生的手。

　　　　　4.協助者指著「我要」的圖卡。

　　　　　5.協助者用眼神示意。

㈡口語訓練的程序（仿說→自發性的說）

　　例如：1.會發出「聲音」。

　　　　　2.說「筆」。

　　　　　3.說「色筆」。

　　　　　4.說「彩色筆」。

　　　　　5.說「我要用彩色筆」。

㈢動作和口語提示要同時出現，可依學生不同的程度做搭配調整。

階段三：教學延伸──自發性的要求

準備活動

㈠學生已經學會正確的倒開水方法。

㈡上完知動課或體育課後，口渴、流汗了。

教學流程

㈠示範

　　1.教學者請學生們把汗擦乾，並坐下休息。

　　2.教學者將水放在桌上，並請協助者喝水。

　　3.示範的學生有禮貌的向老師說：「老師，我想喝水」。

4. 教學者立即微笑點頭並說：「好！」

5. 請學生拿杯子，倒開水喝。

(二)教學

1. 教學者問學生：「要喝水嗎？」

2. 等待學生反應，時間延宕 3 秒鐘。

3. 協助者提示（協助）學生做出回應表示「我要喝水」。

  (1)無口語能力者：

    ①可用手指杯子或水，或做出喝水動作等方式，表示「我要喝水」。

    ②使用溝通板、溝通圖卡或溝通簿表示「我要喝水」。

  (2)具口語能力者：會發出「聲音」或說出「水」、「喝」、「喝水」、「我要喝水」。

4. 學生反應會渴時，再等待學生表達要喝水，時間延宕 3 秒鐘。

5. 當學生反應：「老師，我要喝水。」

6. 教學者立即微笑點頭並說：「好！」

7. 請學生拿杯子，倒開水喝。

增強與提示

(一)學生做出回應：教學者立即點頭並親切微笑，同時請學生去倒水喝。

(二)學生如無回應：協助者適當提示學生回應教學者，且依學生狀況，逐漸減少提示的次數，並慢慢褪除提示。

補充說明

(一)動作提示褪除程序

  例如：1. 協助者輕抓著學生的手指著杯子說：「我要喝水」，學生仿說：「我要喝水」。

    2. 協助者用手指著杯子並說：「說──」學生接著說：「喝水」。

    3. 協助者做出喝水動作。

    4. 協助者指著「我要」的圖卡。

    5. 協助者用眼神示意。

㈡口語訓練的程序（仿說→自發性的說）

例如： 1.會發出「聲音」。

2.說「水」。

3.說「喝水」。

4.說「我要喝水」。

㈢動作和口語提示要同時出現，可依學生不同的程度做搭配調整。

附圖說明

溝通圖卡：

㈠學生表達需求時（在溝通板、溝通簿、手上拿著圖卡）使用。

㈡教學者用來提示或教學時使用。

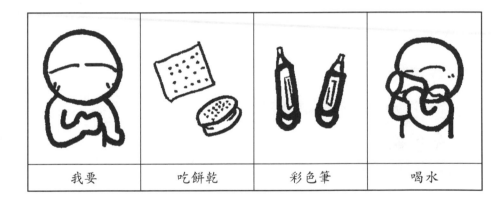

我要	吃餅乾	彩色筆	喝水

單元主題 8：要求物品——會說「我還要」

▶賴伶華◀

🌻 理論基礎

語言發展遲滯為自閉症者的特徵，運用擴大性、替代性及協助性溝通指導自閉症者做自發性表達。教導自閉症者遇到不足時會提出「還要」的要求，避免不適當的情緒出現。

🌻 教學目標

會要求說：「我還要」。

🌻 適用對象

低、中功能自閉症者（幼稚園至國小階段）。

🌻 先備能力

會一對一的對應、會將糖果放於凹陷棋格上。

🌻 教學材料

㈠已包裝的糖果一百顆。
㈡自製凹陷棋格（附圖）。
㈢圖卡（溝通圖卡）。
㈣拉鍊袋。

🌻 教學策略

㈠示範：請口語能力佳的同學示範，如教學步驟。
㈡提示
　1.方式：溝通圖卡、口語、肢體動作。

2. 次數：依學生狀況，逐漸減少提示的次數，並慢慢褪除。

㈢時間延宕

1. 漸進式：逐漸增加延宕的時間，從 0 秒、2 秒、4 秒……最高不超過 10 秒，適用於極度過動的學生。

2. 固定式：每次延宕時間都固定，例如 3 秒鐘，計時默數方式 001、002、003。

㈣增強：使用社會性增強及原級增強。

1. 口頭：「好棒」、「讚」、「很好」、「很厲害哦」等。

2. 手勢：比出大拇指表示好棒、拍手等。

3. 食物：葡萄乾（其他學生喜愛的食物）。

㈤類化

1. 讓學生反覆練習每天至少五次，至少實施二週。

2. 待學生能力增加後，逐漸增加其他活動，例如：喝水、點心時間等。

教學步驟

準備活動

㈠教師準備凹陷棋格、糖果和拉鍊袋。

㈡教師先指導學生把棋格放滿後，裝成一袋。

㈢教會學生使用拉鍊袋。

階段一：個別教學

教學流程

㈠示範

1. 教學者發三顆糖果給示範學生，請學生把糖果放在凹陷棋格上。

2. 教學者問學生：「夠不夠？還要嗎？」

3. 示範學生反應：「不夠，我還要」。

4. 教學者再拿一顆糖果讓學生放在凹陷棋格上。

5. 同步驟 2～4，反覆練習直到棋格放滿為止。

6.將十顆糖果放入拉鍊袋裡。

(二)教學（協助者坐在學生左後方）

　1.教學者發三顆糖果給學生，請學生把糖果放在凹陷棋格上。

　2.教學者問學生：「夠不夠？」

　3.等待學生反應，時間延宕 3 秒鐘，觀察學生是否有反應。

　4.反覆練習直到棋格放滿為止。

　5.將十顆糖果放入拉鍊袋裡裝好。

增強與提示

(一)學生做出回應：學生表示出「不夠」或「我還要」，教學者立刻以
誇大親切的態度說：「哇！真的不夠耶。好棒！」並馬上拿一顆糖
果給學生，並指導放入凹陷棋格上。

(二)學生如無回應

　1.無口語能力者：協助者握著學生的手，引導學生用手指溝通圖卡
或拿溝通圖卡等方式，表示「我還要」。

　2.具口語能力者：協助者示範說：「不夠」，學生仿說：「不夠」。

補充說明

依學生能力調整口語訓練的程序：

(一)協助者示範說：「不夠」，學生仿說：「不夠」。

(二)協助者示範說：「不夠，我還要」，學生仿說：「不夠，我還要」。

(三)協助者示範說：「不夠，──」學生接著說：「我還要」。

(四)協助者示範說：「不夠，我還要糖果」，學生仿說：「不夠，我還
要糖果」。

(五)協助者示範說：「不夠，──」學生接著說：「我還要糖果」。

階段二：延伸教學——小組教學

準備活動

㈠教學者準備學生喜愛吃的小饅頭，放一盤在桌上。

㈡教學者先說明吃完可以再向老師要。

㈢請學生將手洗乾淨。

教學流程

㈠示範

 1. 每人發兩粒小饅頭在學生的小餐盤上。

 2. 教學者說明：「吃完後可以再向老師要」，教學者喊：「開動」。

 3. 觀察學生大都吃完後，協助者暗示示範的學生舉手說：「老師，我還要！」

 4. 教學者立即給示範的學生兩粒小饅頭。

 5. 指導示範的學生有禮貌的說：「謝謝老師！」

 6. 反覆練習五次。

㈡教學

 1. 每人發兩粒小饅頭在學生的小餐盤上。

 2. 教學者說明：「吃完後可以再向老師要」。教學者喊：「開動」。

 3. 觀察學生大都吃完後，教學者問吃完的學生：「你還要嗎？」

 4. 時間延宕 3 秒鐘，等待學生反應。

 5. 當學生表示「我還要」後，教學者立即給學生兩粒小饅頭。

 6. 指導學生有禮貌的說：「謝謝老師！」

 7. 每人反覆練習約五次。

增強與提示

㈠學生做出回應後：教學者立刻以親切的態度回應，並馬上給兩粒小饅頭作為增強。

㈡學生如無回應：協助者適當提示學生回應教學者，且依學生狀況，減少提示的次數，並慢慢褪除提示。

補充說明

（一）無口語能力者：協助者舉起學生的手或引導學生用手指溝通圖卡或拿溝通圖卡等方式，表示「我還要」。

（二）動作提示褪除程序

例如：1.協助者握著學生的手，輕輕的將手舉起。

2.協助者舉起自己的手。

3.協助者輕拍學生的手。

4.協助者指著「還要」的圖卡。

5.協助者用眼神示意。

（三）口語訓練的程序（仿說→自發性的說）

例如：1.會發出「聲音」。

2.說「要」。

3.說「還要」。

4.說「我還要」。

5.說「小饅頭」。

6.說「我還要吃」。

7.說「我還要吃小饅頭」。

（四）動作和口語提示要同時出現，可依學生不同的程度做搭配調整。

附圖說明

溝通圖卡：

（一）學生表達需求時（在溝通板、溝通簿、手上拿著圖卡）使用。

（二）教學者用來提示或教學時使用。

（三）依學生不同的能力或課程選用。

| 凹陷棋格 | 我 | 還要 | 吃 |

單元主題 9：會主動要求（物品或活動）

▶賴伶華◀

理論基礎

語言發展遲滯為自閉症者的特徵，運用擴大性、替代性及協助性溝通指導自閉症者做自發性表達，避免不適當的情緒出現。

教學目標

㈠能以正確合宜的方式表達情緒。
㈡能主動要求想要（做）的事物。

適用對象

低、中功能自閉症者（幼稚園至國小階段）。

先備能力

會用手指物、會用眼睛注視。

教學材料

玩具、溝通圖卡。

教學策略

㈠提示
　1.方式：溝通圖卡、口語、肢體動作。
　2.次數：依學生狀況，逐漸減少提示的次數，並慢慢褪除。
㈡時間延宕
　1.漸進式：逐漸增加延宕的時間，從 0 秒、2 秒、4 秒……最高不超過 10 秒，適用於極度過動的學生。

2. 固定式：每次延宕時間都固定，例如 3 秒鐘，計時默數方式 001、002、003。

㈢增強

　　1. 自然增強：學生正確表達或反應時，就能得到他想要的物品或想做的活動。

　　2. 社會性增強：當學生正確表達或反應時，教學者立即點頭、摸摸學生的頭並親切微笑說「好」或「可以」。

㈣類化

　　1. 在不同情境下反覆練習，每回至少五次，直到學生會主動提出想要（做）的事物或活動。

　　2. 在不同活動（例如：畫圖、聽音樂、玩玩具、看書、寫字等）的機會或情境下練習，以增強學生類化的能力。

教學步驟

階段一：個別教學

準備活動

㈠遊戲時間（學生們玩著風車、風扇、扮家家酒、玩具組等）。
㈡指導學生正確的玩風車（使風車順利的轉動）。
㈢情境：學生在旁觀望、摸著玩具（風車），有想玩的意圖時。

教學流程

㈠教學者走到學生身旁，問：「○○，想要玩風車？」
㈡等待學生反應，時間延宕 3 秒鐘。
㈢協助者提示（協助）學生做出回應表示「我要玩風車」。
　　1. 無口語能力者：
　　　⑴可用手指風車。
　　　⑵使用溝通板、溝通圖卡或溝通簿表示「我要玩風車」。

領域：溝通訓練

2.具口語能力者：

　(1)會發出「聲音」。

　(2)說出「玩」、「車」或「風車」、

　(3)「玩風車」。

　(4)「我要玩風車」。

　(5)「老師，我可以玩風車嗎？」

㈣學生回應後，教學者點頭並親切微笑，同時將風車給學生。

㈤指導學生雙手接物，並說：「謝謝！」

㈥風車借學生玩，數數 1～10 後收回。

㈦反覆步驟㈠～㈥，每回至少五次。直到學生會主動提出要玩的要求。

增強與提示 ➞

㈠學生做出回應：教學者立即點頭並親切微笑說「好」或「可以」，
　同時將風車給學生。

㈡學生如無回應：協助者適當提示學生回應教學者，且依學生狀況，
　減少提示的次數，並慢慢褪除提示。

補充說明 ➞

㈠動作提示褪除程序

　例如：1.協助者輕抓著學生的手指風車說：「我要玩風車」，學生
　　　　　　仿說。

　　　　2.協助者用手指著風車。

　　　　3.協助者輕拍學生的手。

　　　　4.協助者指著「我要玩」的圖卡。

　　　　5.協助者用眼神示意。

㈡口語訓練的程序（仿說→自發性的說）

　例如：1.會發出「聲音」。

　　　　2.說「玩」。

　　　　3.說「風車」。

　　　　4.說「玩風車」。

　　　　5.說「我要玩風車」。

　　6.說：「老師，我可以玩風車嗎？」

㈢動作和口語提示要同時出現，可依學生不同的程度做搭配調整。

階段二：個別教學

準備活動

㈠靜息時間（學生們陸續到校未上課時或放學等家長來接這段時間）。

㈡指導學生做自己喜歡的事，並耐心等待。

㈢情境：學生摸（看）著 CD 音響或錄放音機，想要聽音樂。

教學流程

㈠教學者走到學生身旁，問：「○○，想要聽音樂？」

㈡等待學生反應，時間延宕 3 秒鐘。

㈢協助者提示（協助）學生做出回應表示「我要聽音樂」。

　　1.無口語能力者：

　　　⑴可用手指 CD 音響或錄放音機。

　　　⑵使用溝通板、溝通圖卡或溝通簿表示「我要聽音樂」。

　　2.具口語能力者：

　　　⑴會發出「聲音」。

　　　⑵說出「聽」或「歌」。

　　　⑶「音樂」或「聽歌」。

　　　⑷「我要聽音樂」。

　　　⑸「老師，我可以聽音樂嗎？」

㈣學生回應後，教學者點頭並親切微笑說「好」或「可以」，同時讓
　　學生選擇他喜歡的音樂，並要學生戴上耳機，再放音樂。

㈤聽一首後即按暫停。

㈥反覆步驟㈠～㈤，每回至少練習五次。直到學生會主動提出要求。

增強與提示

㈠學生做出回應：教學者立即點頭並親切微笑說「好」或「可以」，

同時放學生想聽的音樂。

㈡學生如無回應：協助者適當提示學生回應教學者，並依學生狀況，逐漸減少提示的次數，並慢慢褪除提示。

補充說明➔

㈠動作提示褪除程序

例如：*1.*協助者輕抓著學生的手指 CD 音響或錄放音機說：「我要聽音樂」，學生仿說。

*2.*協助者用手指著 CD 音響或錄放音機。

*3.*協助者輕拍學生的手。

*4.*協助者指著「聽音樂」的圖卡。

*5.*協助者用眼神示意。

㈡口語訓練的程序（仿說→自發性的說）

例如：*1.*會發出「聲音」。

*2.*說「聽」。

*3.*說「音樂」或「唱歌」。

*4.*說「聽音樂」。

*5.*說「我要聽音樂」。

*6.*說：「老師，我可以聽音樂嗎？」

㈢動作和口語提示要同時出現，可依學生不同的程度做搭配調整。

❖ 附圖說明

溝通圖卡：

㈠學生表達需求時（在溝通板、溝通簿、手上拿著圖卡）使用。

㈡教學者用來提示或教學時使用。

㈢溝通圖卡可依能力的不同而變化（例如：純圖卡、圖大加字小、圖小加字大或純文字）。

㈣能力漸增後，教學者先指導學生排出完整句子，由教學者說→學生仿說→學生自己說出完整句子。

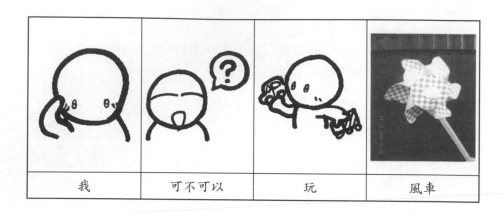

| 我 | 可不可以 | 玩 | 風車 |

| 畫畫 | 聽音樂 | 看書 | 積木 |

單元主題 10：會辨別「有或沒有」

▶賴伶華◀

領域：溝通訓練

✿ 理論基礎

利用自閉症者熟悉的物品及進行過的活動做教學練習，增進其理解及語言學習。

✿ 教學目標

(一)能正確分辨有或沒有。
(二)能在一堆物品中找到想要的東西。
(三)能學會找不到東西時，可以問他人且不哭鬧。

✿ 適用對象

低、中功能自閉症者（幼稚園至國小階段）。

✿ 先備能力

知道常用物品的名稱、學生確實知道做過的活動名稱。

✿ 教學材料

籃子、球、彩色筆、鉛筆、橡皮擦等常用物品和溝通圖卡。

✿ 教學策略

(一)提示
　1.方式：溝通圖卡、口語、肢體動作、照片、影像。
　2.次數：依學生狀況，逐漸減少提示的次數，並慢慢褪除。
(二)時間延宕：每次延宕時間都固定，例如 3 秒鐘，計時默數方式 001、002、003。

055

㈢增強：社會性增強。

當學生反應正確時，教學者立即點頭並伸出大拇指說：「好棒！」或「答對了！」

㈣類化：用不同物品反覆練習，至少五種。至少連續實施三週。

教學步驟

階段一：有和沒有的區辨——小組教學

準備活動

㈠兩個顏色不同的（紅、藍）籃子、球一粒。

㈡學生認識球和籃子。

教學流程

㈠教學者將球放在紅色籃子裡。問學生：「小朋友，籃子裡有沒有球？」

㈡等待學生反應，時間延宕2秒鐘。

㈢協助者提示學生用眼睛看。

㈣教學者將球拿起來，再放入籃子裡。指著球說：「這是球，籃子裡有球」。

㈤指導學生仿說：「籃子裡有球」。

㈥教學者將球拿走（放入抽屜或看不見的地方）。問學生：「小朋友，籃子裡有沒有球？」

㈦等待學生反應，時間延宕2秒鐘。

㈧協助者提示學生用眼睛看。

㈨教學者指著籃子說：「籃子裡沒有球」。

㈩指導學生仿說：「籃子裡沒有球」。

㈠教學者將球放在紅色籃子裡，藍色籃子不放球。隨機指著藍色或紅色的籃子，請學生回答和仿說。

㈡教學者將球放到藍色的籃子裡，紅色籃子不放球。隨機指著藍色或紅色的籃子，請學生回答和仿說。

(土)反覆練習五次，直到學生確實的知道什麼是「有」、什麼是「沒有」。

(土)類化：用不同物品反覆練習，至少五種。至少連續實施三週。

增強與提示

(一)學生做出回應：教學者立即點頭並伸出大拇指說：「好棒！」或「答對了！」

(二)學生如無回應：協助者適當提示學生眼睛看老師。

補充說明

( )動作提示褪除程序

1. 「有」：以點頭表示；「沒有」：以搖頭或搖手表示。

2. 例如：(1)協助者用手扶住學生的臉，使學生看老師或籃子，並說：「看老師（籃子）」。

(2)協助者輕拍學生肩膀，並說：「看老師（籃子）」。

(3)協助者指著老師（籃子），並說：「看老師（籃子）」。

(4)協助者指老師（籃子）。

(二)口語訓練的程序（仿說→自發性的說）

1. 有口語能力者：依學生的能力說：「有（沒有）」、「有（沒有）球」、「籃子裡有（沒有）球」、「紅（藍）色籃子裡有（沒有）球」。

2. 無口語能力者：指導學生正確指出「有」或「沒有」的溝通圖卡。

3. 動作和口語提示要同時出現，可依學生不同的程度做搭配調整。

階段二：在多樣物品中找出指定的物品——小組教學

準備活動

(一)用籃子裝彩色筆、布娃娃、球、汽車、故事書等（附圖）。

(二)學生確實知道所準備物品的名稱。

教學流程

㈠教學者將工作籃放在桌上，並問：「籃子裡有沒有彩色筆？」

㈡等待學生反應，時間延宕 3 秒鐘。

㈢協助者提示學生用眼睛看。

㈣教學者將彩色筆拿起來，再放入籃子裡。指著彩色筆說：「這是彩色筆，籃子裡有彩色筆」。

㈤指導學生仿說：「籃子裡有彩色筆」。

㈥教學者指著工作籃。問學生籃子中沒有的物品，如：「籃子裡有沒有餅乾？」

㈦等待學生反應，時間延宕 3 秒鐘。

㈧教學者將工作籃中物品一一拿出來，找不到餅乾。將物品放回工作籃中，並說：「籃子裡沒有餅乾」。

㈨指導學生仿說：「籃子裡沒有餅乾」。

㈩如步驟㈠～㈨更換問題，請不同學生回答籃中物品「有」或「沒有」的問題；反覆練習五次。

增強與提示

㈠學生做出正確回應：教學者立即點頭並伸出大拇指說：「好棒！」或「答對了！」並請全體為他鼓掌。

㈡學生如無回應：協助者適當提示學生眼睛看老師（工作籃）。

補充說明

㈠動作提示褪除程序

　1.「有」：以點頭表示；「沒有」：以搖頭或搖手表示。

　2.例如：(1)協助者用手扶住學生的臉，使學生看老師或工作籃，並說：「看老師（籃子）」。

　　　　　(2)協助者輕拍學生肩膀，並說：「看老師（籃子）」。

　　　　　(3)協助者指著老師（籃子），並說：「看老師（籃子）」。

　　　　　(4)協助者指老師（籃子）。

㈡口語訓練的程序（仿說→自發性的說）

1. 有口語能力者：依學生的能力說：「有（沒有）」、「有（沒有）○○（物品）」、「籃子裡有（沒有）○○（物品）」。
2. 無口語能力者：指導學生正確指出「有」或「沒有」的溝通圖卡。

(三)動作和口語提示要同時出現，可依學生不同的程度做搭配調整。

(四)當學生為答對者鼓掌時，教學者要適時指導答對者有禮貌的說：「謝謝大家！」

(五)當學生答錯時，教學者請學生將工作籃中物品一一拿出來，找一找○○（物品）有沒有在籃中。並注意其受到挫折時的反應，並給與適當的指導。

階段三：教學延伸──問學生參觀羊場活動所見問題（學生能回憶並自主性回答問題）

準備活動 →

(一)活動錄影帶（或照片）。

(二)學生確實知道教學者所問物品或活動的名稱。

教學流程 →

(一)教學者問學生：「有沒有看到羊？」「有沒有做饅頭？」「有沒有……」等問題。

(二)等待學生反應，時間延宕 3 秒鐘。

(三)如階段二教學流程。

(四)再看一次錄影帶（照片），回顧並檢視回答得對不對。

(五)教學者再做一次統整，學生仿說。

增強與提示 →

如階段二。

補充說明 →

(一)動作提示褪除程序：如階段二。

㈡口語訓練的程序（仿說→自發性的說）（如階段二）。

㈢動作和口語提示要同時出現，可依學生不同的程度做搭配調整。

㈣不要距離做過的活動太久才教學（約二週內）。

附圖說明

㈠學生表達需求時（在溝通板、溝通簿、手上拿著圖卡）使用。

㈡教學者用來提示或教學時使用。

1. 溝通圖卡：

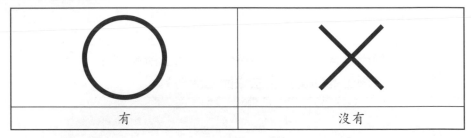

有	沒有

2. 教學圖卡：

籃子裡有球	籃子裡沒有球	藍色的籃子裡有球 紅色的籃子裡沒有球

上課用品放入工作籃裡	將工作籃中物品一一拿出	羊場裡「有」羊我們「有」餵羊喝奶	我們「有」做羊奶饅頭

單元主題 11：會拒絕物品

▶邱采緹◀

領域：溝通訓練

🌼 理論基礎

語言溝通缺陷為自閉症者的特徵，運用擴大性及替代性溝通指導自閉症者以口語、動作、圖卡表達拒絕，以減少情緒與行為問題。

🌼 教學目標

㈠會拒絕物品。
㈡會有禮貌拒絕他人。

🌼 適用對象

低、中功能自閉症者（幼稚園至國小階段）。

🌼 先備能力

能區辨自己喜歡與不喜歡的物品。

🌼 教學材料

階段一：
㈠學生喜歡的水果，香蕉。
㈡學生不喜歡的水果，番茄。
階段二：
㈠學生喜歡的玩具，多向連結方塊（圖一）。
㈡學生不喜歡的玩具，哆啦 A 夢手偶娃娃（圖二）。

🌼 教學策略

㈠示範：請口語能力佳的同學示範，如教學步驟。

㈡提示：依學生狀況，減少提示的次數，並慢慢褪除。

　　1.口語提示。

　　2.示範動作。

　　3.身體提示。

㈢固定式時間延宕：每次延宕時間都固定為5秒鐘，計時默數方式001、002、003、004、005，教學者可依學生過動狀況決定延宕時間的長短，越過動者，延宕時間越短。

㈣增強：學生做出拒絕反應，教學者立即給與正增強。

㈤情境類化：每天於五種不同情境中讓學生練習拒絕。

教學步驟

階段一：個別教學──點心時間

準備活動

㈠教學者先將香蕉與番茄放於餐桌上的盤子內。

㈡於餐桌旁擺設四張椅子，請學生坐於椅子上，教學者坐於學生對面，示範同學坐於學生旁邊，協助者坐於學生後面。

教學流程

㈠示範

　　1.教學者將番茄擺於示範同學眼前說：「給○○吃」。

　　2.示範同學用誇大表情和手勢說：「不要」。

　　3.教學者立即給與示範同學正增強。

㈡教學

　　教學者再拿番茄擺於學生眼前說：「給○○吃」，時間延宕5秒鐘，觀察學生是否做出拒絕反應。

㈢增強與提示

　　1.學生做出拒絕反應後：教學者立即更換香蕉給學生，並給學生吃一小口香蕉。

2.學生如無回應：協助者適當提示學生拒絕教學者，依學生狀況，減少提示的次數，並慢慢褪除。

　(1)無口語能力者：

　　①完全身體提示：協助者輕輕抓著學生雙手下手臂，比出不要手勢（圖三）。

　　②示範動作：協助者站於學生斜前方，比出不要手勢，提示學生自己比出拒絕動作。

　　③部分身體提示：協助者輕輕拍學生的手或肩膀兩下，提示學生自己比出不要手勢。

　(2)具口語能力者：

　　①教學者說：「不要」，學生仿說：「不要」。

　　②教學者說：「說──」學生接著說：「不要」。

㈣學生能力增加後

　1.無口語能力者：指導學生使用不同方式表示不要，例如：「搖頭」、「搖動手掌」或拿「溝通圖卡」等方式來替代。

　2.具口語能力者：

　　(1)指導學生說出完整句子：

　　　①不要吃番茄，要吃香蕉。

　　　②老師我不要吃番茄，我要吃香蕉。

　　(2)會用其他字詞代替不要：例如：「不是」、「不對」或「不喜歡」等。

階段二：個別教學──遊戲時間

準備活動

　教學者站於玩具櫃旁等待學生到玩具櫃拿玩具。

教學流程

　㈠教學

　當學生取出最喜愛的多向連結方塊玩具時，教學者立即將連結方塊

玩具推回玩具櫃中，並將手中學生不喜歡玩的哆啦A夢手偶娃娃遞給學生，時間延宕5秒鐘，觀察學生是否有反應。

㈡增強與提示

1.學生做出拒絕反應後，教學者立即換多向連結方塊玩具給學生。

2.學生如無回應，協助者適當提示學生拒絕教學者，依學生狀況，減少提示的次數，並慢慢褪除。

　⑴無口語能力者：

　　①完全身體提示：

　　　a.「抓」：協助者用手掌扣住學生的五隻手指，引導學生做揮手的動作十下（圖四）。

　　　b.「握」：協助者站於學生背後，輕輕握住學生下手臂，引導學生做揮手的動作十下。

　　②部分身體提示：協助者輕輕拍學生的手或肩膀兩下，提示學生自己做揮手的動作十下。

　⑵具口語能力者：

　　①教學者說：「不是」，學生仿說：「不是」。

　　②教學者說：「說──」學生接著說：「不是」。

㈢加強拒絕禮儀

1.拒絕時，不可以生氣，要微笑。

2.學生接過物品，會說：「謝謝！」例如：老師將手偶娃娃換成方塊玩具拿給學生，學生接過物品會說：「謝謝！」

㈣類化

每天於五種不同情境中讓學生練習拒絕。例如：

1.午餐時間：當學生吃完飯，要盛甜湯時，老師高舉湯匙，故作拿炒青菜盛給學生。

2.下課時間：當學生拿聽音樂溝通圖卡，擺於教學者眼前請求聽音樂，教學者遞給學生一張學習單。

3.電腦課：給學生不會玩的電腦遊戲軟體。

4.工作課：給學生的教具與圖形棋格完全不同。

5.放學時間：教學者發給學生錯誤的書包。

附圖說明

教學材料與拒絕肢體動作示範。

圖一	圖二	圖三	圖四
階段二：學生喜歡的玩具，多向連結方塊。	階段二：學生不喜歡的玩具，哆啦A夢手偶娃娃。	階段一：協助者輕輕抓著學生的雙手，比出不要的手勢。	階段二：協助者用手掌扣住學生的五隻手指，引導學生做揮手動作十下。

單元主題 12：會拒絕他人不友善的行為

▶邱采緹◀

理論基礎

　　自閉症者於人際社會溝通有顯著困難，對於他人不友善的行為，常以逃避、攻擊或不當情緒來表示，運用擴大性及替代性溝通，指導自閉症者做適當拒絕表示與尋求協助。

教學目標

　　㈠會拒絕他人不友善的行為。
　　㈡會尋求他人協助。
　　㈢會保護自身安全。

適用對象

　　低、中、高功能自閉症者（幼稚園至高中職階段）。

先備能力

　　會在意自己喜愛的物品。

教學材料

　　溝通圖卡、玩具（火車）、觸覺球（大、中、小）、球池、球池用小球。

教學策略

　　㈠示範：請口語能力佳的同學示範，如教學步驟。
　　㈡提示：依學生狀況，減少提示的次數，並慢慢褪除。
　　　1.口語提示。

2. 身體提示。

㈢固定式時間延宕：每次延宕時間都固定為 3 秒鐘，計時默數方式 001、002、003。

㈣增強

　1. 正增強：學生做出反應，協助者立即將玩具火車還給學生（階段一使用）。

　2. 負增強：只要學生沒有說：「不要壓」，就會持續被大觸覺球壓（階段二使用）。

㈤行為類化：教學者可於每天下課時間，製造班上同學常會發生的不友善行為，讓學生練習拒絕他人，每天製造五種不同行為，至學生能正確表達拒絕為止，例如：推人、搶玩具、打人、插隊、踢人（踢他人物品：椅子⋯⋯）。

教學步驟

階段一：個別教學——遊戲時間玩具被搶走

教學流程

㈠示範

　1. 教學者將學生帶到示範同學身旁。

　2. 請協助者拿走示範同學正在玩的玩具。

　3. 示範同學走到協助者面前伸出自己的雙手，說：「請還給我」。

　4. 協助者立即給與示範同學正增強。

㈡教學

　協助者搶走學生正在玩的玩具火車，時間延宕 3 秒鐘，觀察學生是否有反應。

㈢增強與提示

　1. 學生做出反應後，協助者立即將玩具火車還給學生。

　2. 學生如無反應，教學者適當提示學生，請求協助者歸還玩具火車，依學生狀況，減少提示的次數，並慢慢褪除。

(1)無口語能力者：

　①完全身體提示：教學者牽著學生的手，走到協助者面前，舉起學生的手，指向玩具火車，再將學生雙手掌心朝上，擺於協助者眼前，請求歸還火車。

　②部分身體＋口語提示：教學者輕輕拍學生肩膀兩下，提示學生自己走到協助者面前，教學者再以口語提示學生，舉起自己的手，指向玩具火車，雙手掌心朝上，擺於協助者眼前，請求歸還玩具火車。

(2)具口語能力者：教學者於學生耳邊小聲提示學生說。

　①「請還給我」，學生仿說：「請還給我」。

　②「請──」學生接著說：「請還給我」。

　③「自己說──」學生接著說：「請還給我」。

㈣學生能力增加後

　1. 當別人靠近並伸手要搶火車時：

　(1)無口語能力者：會馬上伸出雙手保護（擋、壓、緊握……）火車。

　(2)具口語能力者：會馬上伸出雙手保護（擋、壓、緊握……）火車，並大聲的說：「不要拿」。

　2. 會尋求協助：

　(1)無口語能力者：

　　①會拿起火車跑到老師面前，請求協助。

　　②被搶走時，會走到老師面前，牽著老師的手請求協助。

　(2)具口語能力者：會走到老師面前說：「○○，拿我的火車」。

階段二：團體教學──知動課

準備活動

㈠準備大、中、小觸覺球數個。

㈡請學生們到知動教室。

教學流程

(一)示範

　　1. 請學生們靠牆坐下來。

　　2. 教學者推大觸覺球往示範同學身上大力壓。

　　3. 示範同學大聲說：「不要壓」，並用力將大觸覺球推開。

　　4. 教學者立即將大觸覺球移開。

(二)教學

　　教學者推大觸覺球往學生身上大力的壓，時間延宕 3 秒鐘，觀察學生是否有反應。

(三)增強與提示

　　1. 學生做出反應後，教學者立即將大觸覺球移開。

　　2. 學生如無反應，協助者適當提示學生回應教學者，依學生狀況，減少提示的次數，並慢慢褪除。

　　(1)無口語能力者：請全班同學一起幫學生說：「不要壓」。

　　　　①完全身體＋口語提示：

　　　　　a. 協助者用手扣住學生的五隻手指，口語提示學生一起用力將大觸覺球推開（如圖）。

　　　　　b. 協助者握住學生下手臂，輕輕往前推，口語提示學生用力將大觸覺球推開。

　　　　②口語提示：協助者請學生自己用力將大觸覺球推開。

　　(2)具口語能力者：

　　　　①教學者說：「不」，學生仿說：「不」。

　　　　②教學者說：「說——，不」，學生會說：「不」。教學者說「不」時只有嘴型沒有聲音，但學生要說出聲。

　　　　③教學者說：「快點說——」學生會說：「不」。

　　(3)能力增加後，增加詞彙量：

　　　　①教學者說：「不要壓」，學生仿說：「不要壓」。

　　　　②教學者說：「不要壓我」，學生仿說：「不要壓我」。

　　　　③教學者說：「快點說——」學生會說：「不要壓我」。

領域：溝通訓練

㈣由能力佳的示範同學來操控觸覺球。

　　1.教學者發聲：請示範同學推觸覺球去「壓」教學者指定的學生。

　　2.協助者：坐於被壓學生身旁，提示學生拒絕示範同學。

㈤類化

　　1.不要推：

　　　⑴請全班同學站起來，去拿自己喜歡的（中、小）觸覺球來玩。

　　　⑵教學者發聲：請示範同學推大觸覺球「追→推」，教學者指定學生。

　　　⑶協助者：站於被推學生身旁，提示學生說：「不要推」。

　　2.不要丟：

　　　⑴開放球池給學生們玩。

　　　⑵教學者發聲：請示範同學拿球池中的小球輕輕「丟」教學者指定的學生。

　　　⑶協助者：站於被丟學生身旁，提示學生說：「不要丟」。

㈥指導學生當他人對自己做出不友善行為時，會發出聲音求救。

　　1.大聲發出聲音，例如：尖叫。

　　2.大聲呼喚老師。

　　3.大聲呼喊救命。

附圖說明

　　於階段一使用，指導無口語能力者，教學提示步驟如下：

| 教學者牽著學生的手。 | 走到協助者面前。 | 舉起學生的手，指向玩具火車。 | 再將學生雙手掌心朝上，放於協助者眼前，請求歸還火車。 |

於階段二使用，提示學生用力將大觸覺球推開，步驟如下：

協助者用手扣住學生五隻手指，提示學生一起用力將大觸覺球推開。	協助者握住學生下手臂，輕輕往前推，提示學生用力將大觸覺球推開。

單元主題 13：會借物品

▶ 邱采緹 ◀

理論基礎

　　自閉症者因神經心理功能異常而顯現出溝通及社會互動困難，運用擴大性及替代性溝通，指導自閉症者以口語、動作、圖卡向他人借物品，並增進人際互動能力。

教學目標

(一)能知道自己缺少的物品。
(二)會向他人借物品。
(三)會保持良好借物禮儀。

適用對象

　　低、中功能自閉症者（幼稚園至國小階段）。

先備能力

　　能認得日常生活常用之物品。

教學材料

　　溝通圖卡、溝通條、餐具、褲子。

教學策略

(一)示範：請口語能力佳的同學示範，如教學步驟。
(二)提示：依學生狀況，減少提示的次數，並慢慢褪除。
　　1.口語提示。
　　2.手勢提示。

3. 身體提示。

㈢固定式時間延宕：每次延宕時間都固定為 5 秒鐘，計時默數方式 001、002、003、004、005。

㈣增強

1. 正增強：

階段一：小明立即拿一件褲子借給學生。

階段二：教學者立即拿一雙筷子借給學生。

2. 社會性增強：

(1)口頭：好棒！○○會跟小朋友借東西。

(2)手勢：摸摸學生的頭。

㈤練習：每天安排五個不同的活動，讓學生練習向他人借物品。

教學步驟

階段一：個別教學──借褲子

活動說明┌→

學生於整潔工作時間，不小心將褲子弄濕，備用褲子已用畢，須向其他同學借用。

準備活動┌→

㈠製作溝通條與溝通圖卡。

㈡請示範同學帶學生去衣櫃拿褲子。

教學流程┌→

㈠示範

1. 示範同學帶學生拿衣櫃裡的空籃子，走到教學者面前。

2. 教學者指著空籃子說：「沒有褲子，我們去跟小明借」。

3. 請示範同學帶學生，走到小明面前說：「小明，褲子借○○好嗎？」

㈡教學

教學者請學生自己再詢問小明一次：「小明，褲子借○○好嗎？」時間延宕 5 秒鐘，觀察學生是否有詢問。

㈢增強與提示

1. 學生做出詢問後，小明立即拿一件褲子借學生，老師摸摸學生的頭並給與口頭讚美，說：「好棒！○○會跟小朋友借東西」。

2. 學生如無詢問，教學者適當提示學生詢問小明，依學生狀況，減少提示的次數，並慢慢褪除。

(1)無口語能力者：（提示褪除程序）

①完全身體提示（圖一）：教學者將溝通條遞給學生，抓起學生另一隻手，輕輕拉小明手兩下，引起小明注意後，舉起學生拿溝通條的手，將溝通條放於小明眼前，再舉起學生另一隻手指著溝通圖卡。

②部分身體＋口語提示：教學者拍學生手臂兩下，提示學生輕輕拉小明的手兩下，將溝通條放於小明眼前，用手指著溝通圖卡。

③教學者只給與口頭提示。

(2)具口語能力者：

①教學者拿出一張褲子溝通圖卡，貼於溝通條上，指著溝通圖卡說：「褲子」，學生仿說：「褲子」。

②教學者再拿出一張借我溝通圖卡，貼於溝通條上，指著溝通圖卡說：「借我」，學生仿說：「借我」。

③教學者再拿出一張好嗎溝通圖卡，貼於溝通條上，指著溝通圖卡說：「好嗎」，學生仿說：「好嗎」。

④教學者指著溝通條上的溝通圖卡說：「褲子，借我，好嗎？」學生仿說：「褲子，借我，好嗎？」

㈣學生能力增加後

1. 褪除溝通條，給與口語提示。

2. 可將○○（學生名字）改成代名詞「我」。

階段二：團體教學——午餐時間

活動說明 →

早上媽媽來電告知，忘記帶筷子到學校。

準備活動 →

㈠製作圖形棋格為餐具原比例大小。

㈡教學者事先指導示範同學，並告知午餐時間，老師會先將他的筷子收起來，請他當小老師來指導學生借筷子。

執行時間 →

午餐時間。

教學流程 →

㈠示範

　1.請學生將餐具擺於圖形棋格內（圖三）。

　2.教學者詢問學生們是否有人忘記帶筷子。

　3.示範同學走到教學者面前，說：「老師，我沒帶筷子」。

　4.教學者詢問示範同學：「沒帶筷子，怎麼辦？」

　5.示範同學說：「老師，借我一雙筷子好嗎？」

　6.教學者說：「好」，並拿出一雙筷子借給示範同學。

　7.示範同學說：「謝謝老師」。

㈡教學

　教學者再詢問一次：「誰沒有帶筷子」，時間延宕 5 秒鐘，觀察學生是否有回應。

㈢增強與提示

　1.學生做出回應後，教學者立即拿一雙筷子借給學生。

　2.學生如無回應，協助者適當提示學生詢問教學者，依學生狀況，減少提示的次數，並慢慢褪除。

　(1)無口語能力者：

①完全身體提示：協助者抓著學生的手，抽出桌墊下筷子溝通圖卡，牽著學生的手，走到教學者面前，舉起學生拿溝通圖卡的手，將溝通圖卡放於教學者眼前，抓著學生的另一隻手，比出沒有的動作三次（圖二）。

②手勢＋部分身體提示：協助者輕輕敲餐桌上筷子溝通圖卡三下，提示學生拿出桌墊下溝通圖卡，將學生身體轉向教學者，輕輕推學生肩膀一下，提示學生自己走到教學者面前，再輕輕拍學生的手兩下提示學生，將溝通圖卡擺於教學者眼前，並比出沒有的動作三次。

③協助者只給與口頭提示。

(2)具口語能力者：

①教學者詢問：「誰沒有帶筷子？」

　a. 協助者於學生耳邊小聲說：「我沒帶」，學生仿說：「我沒帶」。

　b. 協助者於學生耳邊小聲說：「我——」學生會接著說：「我沒帶」。

　c. 協助者於學生耳邊小聲說：「自己說——」學生會自己說：「我沒帶」。

②教學者詢問：「沒帶筷子，怎麼辦？」

　a. 協助者於學生耳邊小聲說：「借我好嗎？」學生仿說：「借我好嗎？」

　b. 協助者於學生耳邊小聲說：「借——」學生會接著說：「借我好嗎？」

　c. 協助者於學生耳邊小聲說：「自己說——」學生會自己說：「借我好嗎？」

㈣學生能力增加後

　1. 加強借物禮儀：

　(1)要微笑。

　(2)須用雙手掌心朝上接物。

　(3)接過物品後，須向給物者點頭致謝，並說：「謝謝老師」。

2.增加詞彙量：

　　(1)老師，我忘記帶筷子。

　　(2)老師，請借我一雙筷子好嗎？

(五)練習

　　每天設計不同的活動，請學生向他人借物品，例如：

　　1.教學者請學生去找王老師借膠帶。

　　2.教學者請學生去找小明借玩具等。

附圖說明

圖一：階段一，借物溝通條（教師用）。

| 褲子 | 借我 | 好嗎？ |

　　　階段一，借物溝通條（學生用）。

補充說明：

　　(一)借我的圖卡可用學生照片替代。

　　(二)溝通條：用黑色海報紙護貝後重複使用。

　　(三)溝通圖卡：可依教學需要，隨手畫，隨時更換。

圖二：階段二，比出沒有的動作說明。

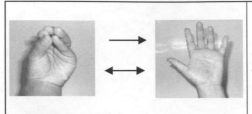

五隻手指頭先合在一起1秒鐘後，再完全張開，重複此動作三次。

圖三：階段二，餐盒圖形棋格。

用數位相機拍下餐盒實物，運用電腦列印出與餐盒實際大小的圖卡，切割成五張圖片，放於桌墊下。

單元主題 14：會請求協助

▶賴伶華◀

理論基礎

與他人互動（溝通）困難是自閉症者的特徵，功能性的溝通訓練有助於改善這種情況，指導自閉症者學習使用圖片溝通或簡單語句尋求協助，以減少不當行為的發生。

教學目標

㈠能以正確合宜的方式表達需求。
㈡能主動請求協助。
㈢能注意請求協助時的禮儀。

適用對象

低、中功能自閉症者（幼稚園至國小階段）。

先備能力

會用手指物、會說或表示「謝謝你」。

教學材料

積木、有旋轉瓶蓋的瓶子。

教學策略

㈠示範：協助的老師示範，如教學步驟。
㈡提示
　1.方式：溝通圖卡、口語、肢體動作。
　2.次數：依學生狀況，逐漸減少提示的次數，並慢慢褪除。

㈢時間延宕

　1.漸進式：逐漸增加延宕的時間，從0秒、2秒、4秒……最高不超過10秒，適用於極度過動的學生。

　2.固定式：每次延宕時間都固定，例如3秒鐘，計時默數方式001、002、003。

㈣增強：

　1.自然增強：完成（得到）他想做的活動（事）。

　2.社會性增強：完成時給與鼓勵。

㈤類化

　1.讓學生反覆練習在不同情境下每天至少五次，本單元至少實施二週。

　2.待學生能力增加後，逐漸增加其他活動。例如：背書包、綁鞋帶、取高物、收拾玩具等。

　3.在各種（不同）需要協助的情境下練習，效果會更佳。

❀❀ 教學步驟

階段一：個別教學

準備活動 ⟶

㈠遊戲時間：學生要玩積木活動。

㈡將學生會用到的小積木放入有旋轉蓋子的瓶子內，並將瓶蓋轉緊。

教學流程 ⟶

㈠示範

　1.協助者選擇要用的積木，卻發現蓋子轉得太緊打不開。

　2.協助者請求旁邊的學生幫忙：「請幫忙打開好嗎？」學生也打不開。

　3.協助者有禮貌的說：「沒關係，謝謝你」。

　4.協助者再請下一位學生幫忙：「請幫忙打開好嗎？」還是打不開。

　5.協助者有禮貌的說：「沒關係，謝謝你」。

　6.協助者再請教學者幫忙：「老師，請幫忙打開好嗎？」

7. 教學者立即親切微笑並點頭說：「好！」並將瓶蓋打開。

8. 協助者有禮貌的說：「老師，謝謝你」。

(二)教學

1. 教學者將放有積木的瓶子拿出來，並說：「遊戲時間開始！」

2. 學生拿起瓶子，卻打不開。

3. 等待學生求助，時間延宕 3 秒鐘。

4. 協助者給與適當的提示或引導學生做回應。

　(1)無口語能力：

　　①將瓶子拿給教學者或用動作，示意：「老師，請幫忙」。

　　②使用溝通板、溝通圖卡或溝通簿表示：「請幫忙」。

　(2)具口語能力：

　　①會發出「聲音」。

　　②說出「開」。

　　③「打開」或「幫忙」。

　　④「請幫忙」。

5. 學生有回應，表示：「老師，請幫忙打開好嗎？」教學者立即點頭並親切微笑說：「好」，同時將瓶蓋打開。

6. 協助者指導學生有禮貌的說：「老師，謝謝！」

7. 在不同情境下反覆練習五次。

增強與提示

(一)學生做出回應：教學者立即點頭並親切微笑，同時協助學生將瓶蓋打開。

(二)學生如無回應：協助者適當提示學生回應教學者，且依學生狀況，逐漸減少提示的次數，並慢慢褪除提示。

補充說明

(一)動作提示褪除程序

　例如：1. 協助者輕抓著學生的手拿瓶子說：「請幫忙打開」，學生仿說：「請幫忙打開」。

　　　　2. 協助者拿起瓶子。

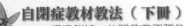

3.協助者用手指著瓶子。

4.協助者指著「幫忙」的圖卡。

(二)口語訓練的程序（仿說→自發性的說）

　　例如：1.會發出「聲音」。

　　　　　2.說「開」。

　　　　　3.說「打開」或「幫忙」。

　　　　　4.說「請幫忙打開」。

　　　　　5.說：「老師，請幫忙打開好嗎？」

(三)動作和口語提示要同時出現，可依學生不同的程度做搭配調整。

階段二：延伸教學——請求協助將書包背好

準備活動

(一)快放學了，收拾好書包。

(二)請口語能力佳，但肢體動作不佳的同學示範。

(三)○○學生需要協助才能順利背好書包。

教學流程

(一)示範

1.教學者：「小朋友，背書包準備放學了」。

2.教學者等待示範的學生背好書包。但示範的學生需要協助才能自己順利背好書包。

3.示範的學生對教學者說「老師，請幫忙」時，教學者立即點頭並親切微笑說：「好！」同時協助學生將書包背好。

4.指導學生有禮貌的說：「老師，謝謝！」

(二)教學

1.教學者請學生背書包準備放學。

2.等待○○學生反應，時間延宕 5 秒鐘。

3.協助者給與適當的提示或引導學生做回應。

(1)無口語能力：

①將書包拿給教學者或用動作，示意：「老師，請幫忙」。

②使用溝通板、溝通圖卡或溝通簿表示：「請幫忙」。

(2)具口語能力：會發出「聲音」或說出「老師」、「幫忙」、「請幫忙」。

4.學生回應（表示）「老師，請幫忙」時，教學者立即點頭並親切微笑說：「好」，同時協助學生將書包背好。

5.指導學生有禮貌的說：「老師，謝謝！」

6.在不同情境下反覆練習五次。

領域：溝通訓練

增強與提示

㈠學生做出回應：教學者立即點頭並親切微笑，同時協助學生將書包背好。

㈡學生如無回應：協助者適當提示學生向教學者提出需要協助的請求，且依學生狀況，逐漸減少提示的次數，並慢慢褪除提示。

補充說明

㈠動作及口語提示褪除程序

例如：1.協助者輕拉著學生的手說：「走，去請老師幫忙」，學生仿說：「請老師幫忙」。

2.協助者輕推學生說：「走，去請老師幫忙」。

3.協助者用手指著老師。

4.協助者指著「幫忙」的圖卡。

5.協助者說：「說──」學生接著說：「請幫忙」。

㈡口語訓練的程序（仿說→自發性的說）

例如：1.會發出「聲音」。

2.說「幫」。

3.說「幫忙」。

4.說「請幫忙」。

5.說：「老師，請幫忙好嗎？」

㈢動作和口語提示要同時出現，可依學生不同的程度做搭配調整。

附圖說明

溝通圖卡：

㈠學生表達需求時（在溝通板、溝通簿、手上拿著圖卡）使用。

㈡教學者用來提示或教學時使用。

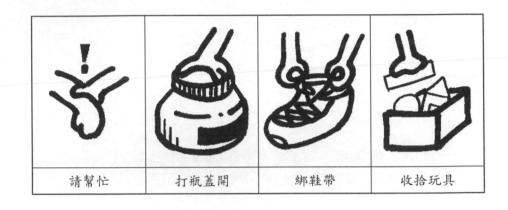

請幫忙	打瓶蓋開	綁鞋帶	收拾玩具

領域：溝通訓練

▶邱采緹◀

❀ 理論基礎

　　自閉症者因神經心理功能異常引起廣泛性發展障礙，具顯著口語、非口語之溝通困難與社會互動困難，透過結構化教學，指導回憶能力，增進語言表達及人際互動。

❀ 教學目標

　㈠會描述過去事件。
　㈡增進回憶的能力。
　㈢培養喜愛自然情操。

❀ 適用對象

　　低、中、高功能自閉症者（幼稚園至高中職階段）。

❀ 先備能力

　㈠能知道已發生過的事情。
　㈡具時間先後順序概念。
　㈢會使用溝通圖卡。

❀ 教學材料

　㈠溝通圖卡。
　㈡自製溝通簿：A4 紙張大小。
　㈢自製活動板（60 公分×40 公分）。

教學策略

(一)示範：請口語能力佳的同學示範，如教學步驟。

(二)提示：依學生狀況，減少提示的次數，並慢慢褪除。

　　1. 口語提示。

　　2. 身體提示。

　　3. 溝通圖卡。

(三)固定式時間延宕：每次延宕時間都固定為 5 秒鐘，計時默數方式 001、002、003、004、005。

(四)增強

　　1. 低功能：使用正增強，給與一顆羊乳片。

　　2. 中、高功能：使用社會性增強。

　　　(1)口頭：「好棒」。

　　　(2)手勢：比出大拇指表示好棒、拍手鼓勵。

(五)練習：每天請學生練習描述過去事件二次，至少連續實施二週，直到學生熟練為止。

教學步驟

階段一：個別教學——會描述今天在學校做過的事

準備活動

(一)教學者將今天要上的所有課程，用溝通圖卡貼於學生 工作表 上。

(二)每一節上課時，學生先到工作表撕溝通圖卡，再將溝通圖卡貼於要上課的位置，例如：獨立學習課，就請學生到轉換區拿籃子，走到獨立學習桌將溝通圖卡貼於獨立學習桌旁。

(三)當學生上完課時，再撕下溝通圖卡貼於自己的溝通簿上（如圖一、圖二）。

活動說明

引導學生會依溝通簿上的圖卡，向他人描述今天在學校上過的課程、活動內容、表現及心情。

執行時間

㈠每堂課結束後。

㈡每天放學前。

㈢於家中做回家作業時。

教學流程

㈠示範

1. 教學者拿溝通簿詢問示範同學：「○○今天做過什麼事？」

2. 示範同學手指溝通簿上的圖卡說：「玩玩具」、「國語課」、「吃點心」、「體育課」、「吃午餐」。

3. 教學者立即給與示範同學社會性增強。

㈡教學

教學者拿溝通簿詢問學生：「○○今天做過什麼事？」時間延宕 5 秒鐘，觀察學生是否有回應。

㈢增強與提示

1. 學生做出回應後，教學者比出大拇指稱讚學生，並給與口頭增強說：「好棒！」

2. 學生如無回應，教學者適當提示學生，依學生狀況，減少提示的次數，並慢慢褪除。

(1)無口語能力者：

教學者準備兩份溝通圖卡，學生只要會配對溝通圖卡即可。例如：「玩玩具」與「玩玩具」溝通圖卡配對（圖一）。

(2)具口語能力者：

①教學者手指溝通圖卡說：「玩玩具」，學生仿說：「玩玩具」。

②教學者手指溝通圖卡說：「玩──」學生接著說：「玩玩具」。

③教學者手指著溝通圖卡，學生會自己說：「玩玩具」。

　　依此類推「國語課」、「吃點心」、「體育課」、「吃午餐」。

(3)具寫字能力者：

　　老師發給學生一張學習單，請學生回憶今天做過的事，並將它寫下來或畫出來。

　94 年 9 月 12 日　　星期一　　天氣：晴　　○○今天做過的事

		國語課	吃點心	體育課	吃午餐
<示範>	課程				

　　＿年＿月＿日　　星期＿　　天氣：＿　　＿＿＿今天做過的事

<練習>	課程				

㈣學生能力增加後

1. 增加課程內容溝通圖卡：

(1)無口語能力者：

　　請學生拿課程內容溝通圖卡與課程做配對。例如：「寫學習單」與「國語課」配對。

(2)具口語能力者：

　　會指著溝通圖卡說：「國語課，寫學習單」。

(3)具寫字能力者：

　　老師發給學生一張學習單，請學生自己回憶今天做過的事，並將課程及課程內容寫下來或畫出來。

2. 增加課堂中的表現：

　　課程＋課程內容＋此堂課的表現（心情）。例如：國語課，寫學

習單，表現很棒。

94 年 9 月 12 日　　星期一　　天氣：晴　　○○今天做過的事

課程	國語課	點心時間	體育課	午餐時間
內容	寫學習單	2 個餅乾 1 瓶鮮奶	跑步 盪鞦韆	肉羹麵
＜示範＞ 表現 （心情）	很棒	喜歡	跌倒	喜歡

＿＿年＿＿月＿＿日　　星期＿＿　　天氣：＿＿　　＿＿＿＿今天做過的事

課程				
內容				
＜練習＞ 表現 （心情）				

補充說明：教學者可依學生能力，變化作業單之呈現方式，例如：可改以剪貼方式呈現。

階段二：團體教學──會描述我們去過哪裡玩

準備活動→

教學者將已舉行過的活動，用活動卡片貼於活動板上，請學生們到

團體學習桌坐好，發給學生每人一張羊場溝通圖卡。

教學流程→

(一)示範

　　1. 教學者指著大溝通圖卡（55公分×40公分），詢問學生們：「我們去過哪裡玩？」（圖三）

　　2. 示範同學將手中羊場小溝通圖卡與活動板上的羊場大溝通圖卡做配對，並說：「去可達羊場」。

　　3. 教學者立即給與正增強。

(二)教學

　　教學者再詢問一次，時間延宕5秒鐘，觀察學生是否有回應。

(三)增強與提示

　　1. 學生做出回應後，教學者立即送學生一顆羊乳片。

　　2. 學生如無回應，協助者適當提示學生回應教學者。

　　　(1)無口語能力者：

　　　　①完全身體提示：協助者輕輕抓著學生的手，拿羊場溝通圖卡，貼於活動板與自己顏色相同的魔鬼氈上。

　　　　②部分身體提示：協助者輕輕拍學生的手或肩膀兩下，提示學生拿羊場溝通圖卡，貼於活動板與自己顏色相同的魔鬼氈上。

　　　(2)具口語能力者：協助者於學生耳邊小聲提示學生。

　　　　①說：「羊場」，學生仿說：「羊場」。

　　　　②說：「去──」學生接著說：「羊場」。

　　　　③說：「自己說──」學生會自己說：「羊場」。

(四)學生能力增加後

　　1. 逐漸增加句子的長度：「去羊場」→「去可達羊場」→「去員山可達羊場」→「去參觀宜蘭員山可達羊場」。

　　2. 增加活動內容（低、中功能適用）：

　　　(1)教學者詢問學生們：「我們去可達羊場做過什麼事？」

　　　(2)學生會用手指著溝通圖卡說：「看羊咩咩」、「做羊奶饅頭」、「餵羊奶」（如圖三）。

　　3. 增加活動日期、時間及天氣（中、高功能適用）：

(1)日期：（94年10月5日星期三）我們去參觀宜蘭員山可達羊場。

(2)時間：94年10月5日星期三（上午9點）我們去參觀宜蘭員山可達羊場。

(3)天氣：94年10月5日星期三上午9點（晴天）我們去參觀宜蘭員山可達羊場。

　　補充說明：因學生能力增加，改採社會性增強，請全班同學與老師給與學生拍手鼓勵。

(五)練習

　1.請學生描述剛剛做過的事。例如：教學者詢問○○剛剛去哪裡，學生會回答說：「上廁所」。

　2.請學生描述昨天（星期日）媽媽帶○○去哪裡玩。

　3.待學生能力增加後，逐漸增加數種其他活動，例如：

　　(1)去參觀可達羊場。

　　(2)去參觀綠色博覽會。

　　(3)去參觀蘇澳港。

附圖說明

圖一：於階段一使用，低功能（精細動作差）學生用溝通簿。

封面： 1.○○今天做過的事。 2.拉鍊袋內裝的卡片是給學生配對用的溝通圖卡。	第一節課上完時，指導學生將卡片貼於第一行的上方。	第二節課上完時，指導學生將卡片貼於第二行的上方。

（接下頁）

（續上頁）

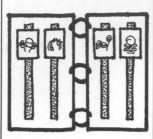 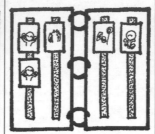 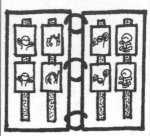

以上類推到上完第四節課時，將體育課跑步溝通圖卡，貼於第四行的上方。	1. 當日課程全部結束，於放學前教學者拿出封面拉鍊袋裡的溝通圖卡，指導學生配對及回憶今天做過的事，例如：玩玩具與玩玩具圖卡配對。 2. 待能力增加後，將溝通簿蓋起來，於無提示下，請學生再描述一遍今天做過的事。

圖二：於階段一使用，中功能（精細動作佳）學生用溝通簿。

封面： 1. ○○今天做過的事。 2. 拉鍊袋內裝的卡片是給學生配對用的溝通圖卡。	第一張卡片：貼課程。 第二張卡片：貼課程內容做了什麼事。 第三張卡片：貼本節課的表現或心情。

（接下頁）

（續上頁）

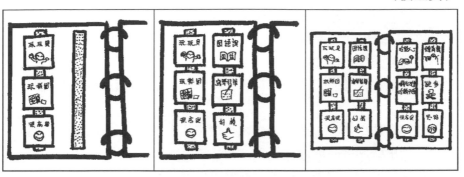

圖三：於階段二使用，自製我們去過哪裡玩活動板。

活動板背面：	活動板正面：
1. 製作一張 55 公分×40 公分大溝通圖卡，吸引學生目光，可依不同活動隨時抽換圖卡內容。	1. 以塑膠瓦楞板當底，黑色線做間隔（採活動式）。
2. 活動板，依教室空間，自行調整大小。	2. 拿出事先做好的溝通圖卡，請學生們一起動手貼。
3. 正方形魔鬼氈一個顏色代表一位學生，用途：	
(1)讓學生做小圖卡與大圖卡的配對。	
(2)點名用。	
(3)訓練學生回憶有哪些人參與戶外教學。	

補充說明：

㊀教學者可依學生能力自行增減內容。

㊁學生回家作業之一，就是拿出溝通簿，與父母親分享今天做過的事。

㊂溝通簿製作說明如下：

1. 精細動作差者：溝通簿採用塑膠瓦楞板當底，利用布膠帶拼成一本書。

2. 精細動作佳者：溝通簿底紙可選擇代表學生顏色的海報紙護貝，利用環釦裝訂成冊。

3. 配對用的卡片裝於拉鍊袋內用魔鬼氈貼於封面。

4. 白色長條為魔鬼氈，一行代表一節課。

5. 圖卡呈現方式，可依學生能力，由圖→圖＋文字→文字。

6. 具寫字能力者：教學者將表格繕打好後印出裝訂成冊。

單元主題 16：會描述未來事件

▶邱采緹◀

理論基礎

　　自閉症者因神經心理功能異常引起廣泛性發展障礙，表現出固定而有限之行為模式，透過結構化教學，預告即將進行的不同活動，減少不當情緒反應，並增進語言表達及生活彈性變化。

教學目標

㈠會描述未來事件。
㈡會回應問題。
㈢會期待即將進行的活動。

適用對象

　　幼稚園至高中職階段。
　　階段一：中、高功能自閉症者。
　　階段二：低、中、高功能自閉症者。

先備能力

㈠能區辨已發生過及未發生的事。
㈡具時間先後順序概念。
㈢具圖卡配對能力。

教學材料

　　工作表、溝通圖卡、溝通簿、自製月曆、海報。

教學策略

㈠示範：請口語能力佳的同學示範，如教學步驟。

㈡提示：依學生狀況，減少提示的次數，並慢慢褪除。

   1.口語提示。

   2.手勢提示。

   3.溝通圖卡提示。

㈢固定式時間延宕：每次延宕時間都固定。

   階段一：6秒鐘，計時默數方式 001、002、003、004、005、006。

   階段二：3秒鐘，計時默數方式 001、002、003。

㈣增強：使用社會性增強。

   1.口頭：「好厲害哦！」「讚！」「好棒！」

   2.手勢：豎起大拇指稱讚學生、摸摸學生的頭。

㈤人物類化：安排不同的人（主任、非班上教師、父母等），詢問學生未來將舉行的活動。

教學步驟

階段一：個別教學——會描述今天即將進行的課程活動

活動說明⟶

    教學者指導學生每天早上到教室門口時，先將書包放好，拿起書包櫃上的溝通圖卡（○○來上課了），貼於自己的工作表上（圖一），到圖片溝通兌換區拿溝通簿（圖二），找出與「功課表」相同的溝通圖卡，自行完成今日工作表內容。

補充說明：

㈠教學者可於每天放學前，先讓學生將明天要上的課程，貼於工作表上。

㈡功課表為工作表的縮小版，類似普通班之功課表簡化版，教學者可依學生能力增減功課表內容。

準備活動

㈠製作溝通圖卡貼於學生溝通簿上。

㈡教學者先將今日所有課程貼於功課表上。

㈢教學者將功課表放於工作表的上方。

教學流程

㈠示範

　　1. 教學者請示範同學帶學生到圖片溝通兌換區拿溝通簿。

　　2. 示範同學於溝通簿裡找出與功課表相同之溝通圖卡貼於工作表上。

　　3. 完成後，請示範同學描述今天即將進行的所有課程活動。

　　4. 示範同學說：「玩玩具、數學課、吃點心、美勞課、吃午餐、坐交通車回家」。

　　5. 教學者立即給與社會性增強。

㈡教學

　　教學者請學生自己試著貼貼看，時間延宕 6 秒鐘，觀察學生是否有反應。

㈢增強與提示

　　1. 學生完成後，教學者立即摸摸學生的頭，說：「好厲害哦！○○會貼工作表了，讚！」並豎起大拇指稱讚學生。

　　2. 學生如無反應，教學者適當提示學生，參照示範同學已貼好的工作表。

　　(1)無口語能力者：

　　　①手勢提示：

　　　　a. 教學者手指著示範同學於工作表上的第一張玩玩具溝通圖卡，請學生於自己的溝通簿裡找出玩玩具溝通圖卡。

　　　　b. 找出後，教學者於學生工作表上點三下提示學生，將手中溝通圖卡貼於自己的工作表上。

　　　　c. 依此類推第二張、第三張……直到坐交通車回家。

　　　②口語提示：

　　　　a. 教學者口頭提示學生看示範同學第一張溝通圖卡貼什麼。

並請學生於自己溝通簿裡找出相同溝通圖卡。

　　b. 找出後，教學者給與口頭提示「對了，貼上去」。

⑵具口語能力者：

　　①肢體動作提示參照無口語能力者。

　　②每貼完一張卡片，請學生跟著教學者唸一次溝通圖卡內容。

　　③待全部溝通圖卡貼好時，再請學生重新描述一次，今天即將展開的全部課程活動。

補充說明：學生能力增加後，指導學生參照「功課表」，自行完成「工作表」。

階段二：團體教學──會描述明天戶外教學活動

準備活動

㈠自製溝通圖卡。

㈡自製月曆。

㈢自製泡溫泉海報。

教學流程

㈠示範

　1.教學者詢問學生們：「我們明天要去哪裡玩？」

　2.示範同學手指月曆上溝通圖卡說：「去礁溪川湯泡溫泉」。

　3.教學者立即給與社會性增強。

㈡教學

　教學者再詢問學生：「我們明天要去哪裡玩？」時間延宕 3 秒鐘，觀察學生是否有回應。

㈢增強與提示

　1.學生做出回應後，教學者立即豎起大拇指稱讚學生並給與口頭增強說：「好棒！○○答對了」。

　2.學生如無回應，教學者與協助者適當提示學生，依學生狀況，減少提示的次數，並慢慢褪除。

　　①教學者手指月曆上的泡溫泉溝通圖卡（圖三）。

②協助者於學生身旁：

　　a. 引導無口語能力者，會走到月曆前，指出月曆上泡溫泉溝通
　　　圖卡。

　　b. 指導具口語能力者，會說：「去礁溪泡溫泉」。

㈣預告明日泡溫泉活動流程

　1. 教學者拿出事先已貼好泡湯流程圖卡的活動板說：「我們來看看，
　　明天去礁溪川湯可以做什麼事？」

　2. 教學者手指著溝通圖卡說：「泡湯」、「坐按摩椅」、「沖 SPA」、
　　「到遊戲區玩」、「吃午餐」、「睡石板床」、「玩大溜滑梯」。

　　補充說明：教學者可依學生能力，決定初次呈現泡湯流程圖卡的
　　張數，例如：學生能力較差時，一次只出現一張溝通圖卡。

　3. 請示範同學描述一遍。

　4. 再請學生們大家一起說一遍。

　5. 教學者將溝通圖卡拿下，分給學生每人一張溝通圖卡。

　6. 教學者給與口語提示，請學生們將溝通圖卡組合回活動板上，每
　　貼回一張溝通圖卡，請學生們一起說出圖卡內容，重複數次，逐
　　漸褪除提示。

　7. 最後，請學生們大家再一起描述一次明日活動流程。

㈤會描述明日泡溫泉必備用品

　1. 教學者將小男生海報貼於白板上，指著海報說：「我們來看明天
　　泡溫泉要穿什麼？」

　2. 教學者拿出「泳帽」圖卡，貼於海報上說：「泳帽」，請學生們
　　仿說。

　3. 依此類推「蛙鏡」、「浮手」、「泳衣」、「泳褲」。

　4. 教學者將圖卡拿下，分給學生們每人一張圖卡。

　5. 教學者給與口語＋手勢提示（例如教學者說：「泡溫泉時頭要戴
　　什麼？」並將雙手擺於頭上輕輕拍三下），請學生們將溝通圖卡
　　組合回去，每貼回去一張，就請學生們說一次圖卡內容，重複數
　　次，逐漸褪除圖卡提示。

　6. 最後，只給與手勢提示學生，請學生們大家再一起描述一次。

㈥類化

放學回到家中，請父母或兄弟姊妹輪流詢問學生明天要去哪裡？要帶哪些物品？

附圖說明

圖一：工作表。

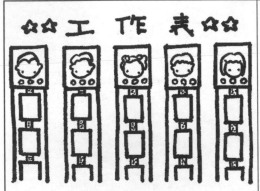

1. 工作表上貼的溝通圖卡，代表學生今天所要完成的每一件事，每撕掉一張卡片，就代表已完成一件事，直到所有的溝通圖卡都撕完後才可以回家。
2. 一個顏色代表一位學生。

圖二：圖片溝通兌換區。

1. 圖片溝通兌換區，是口語表達能力不佳學生與老師溝通的橋梁，當學生有需求，又不知如何表達時，可到此區尋找學生所要的溝通圖卡找老師做表達。
2. 教學者可於溝通簿放：
   (1)工作表須用的課程溝通圖卡。
   (2)日常生活所需溝通圖卡。
3. 溝通圖卡：依學生能力分成：
   （圖）→（圖＋字）→（字）。

圖三：自製月曆。

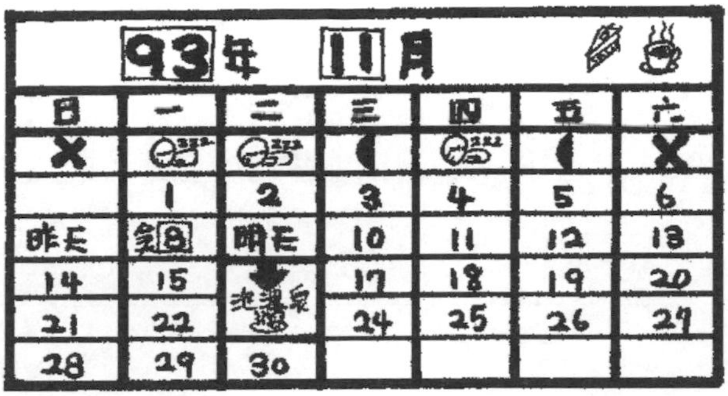

93年 11月						
日	一	二	三	四	五	六
X						X
	1	2	3	4	5	6
昨日	今日	明日	10	11	12	13
14	15	泡溫泉	17	18	19	20
21	22		24	25	26	27
28	29	30				

1. 於月曆貼上溝通圖卡，預告戶外教學時間。
2. 預告時間的選擇：
   (1)月初時告知。
   (2)舉辦日的一個星期前告知。

圖四：泡溫泉流程圖。

1.泡湯	2.坐按摩椅	3.沖 SPA	4.到遊戲區

5.吃午餐	6.睡石板床	7.玩大溜滑梯	補充說明：照片擷取自川湯溫泉養生館網站（http://www.chuangtang.com.tw/）。

圖五：自製泡溫泉用品教具。

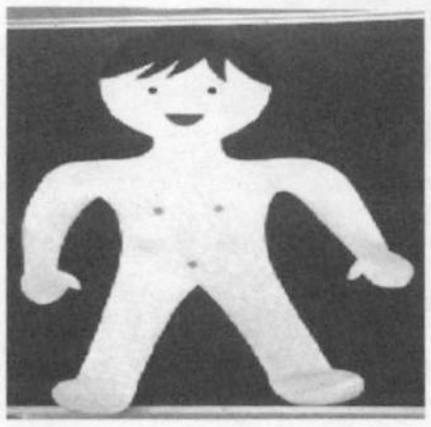 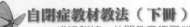			
教學者自製半開海報大小人物，吸引學生並加深記憶。	泳帽	蛙鏡	浮手
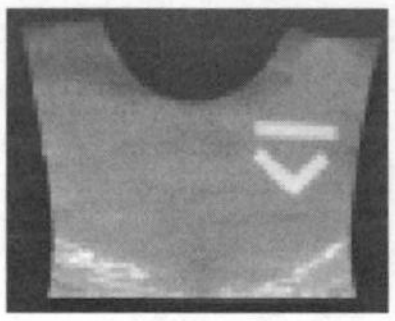			
泳衣	泳褲	低、中功能者只要為海報人物穿上泡湯裝備即可。	高功能學生須為裝備做文字配對。

單元主題 17：會描述天氣

▶ 邱朵緹 ◀

領域：溝通訓練

理論基楚

　　自閉症者無法將外界所給與的感官（視覺、聽覺及觸覺）刺激加以統合，導致學習困難，運用電腦教學，給與多重感官刺激，提高自閉症者的興趣及專注能力，增進語言表達。

教學目標

(一)會描述晴天及雨天的景象。
(二)會觀察晴天與雨天的不同。
(三)會自我約束，雨天不到戶外嬉戲。

適用對象

　　低、中、高功能自閉症者（幼稚園至國小階段）。

先備能力

(一)能分辨乾與濕。
(二)會辨識圖卡。
(三)能對應相同的實物與圖卡。

教學材料

　　電腦、PowerPoint軟體、自製活動小書、水、玩具灑水器、雨傘、布娃娃兩個、椅子兩張、大水桶。

教學策略

(一)示範：請口語能力佳的同學示範，如教學步驟。

103

㈡提示：依學生狀況，減少提示的次數，並慢慢褪除。

　1.口語提示。

　2.手勢提示。

　3.示範動作。

　4.身體提示。

㈢固定式時間延宕：每次延宕時間都固定為 3 秒鐘，計時默數方式 001、002、003。

㈣增強

　1.社會性增強：學生做出回應後。

　　⑴口頭：教學者立即對學生說「好棒！」（階段一、二使用）。

　　⑵手勢：請全班小朋友為學生「鼓掌」（階段一使用）。

　2.正增強：學生做出回應後，給與玩一次灑水器（階段二使用）。

㈤類化：利用時間類化及情境類化增進學生描述天氣變化的能力。

❀ 教學步驟

階段一：個別教學──會描述晴天

準備活動┝→

　使用 PowerPoint 軟體，設計晴天聲音動畫景象。

執行時間┝→

　晴天。

教學流程┝→

㈠觀察

帶學生到戶外，實地觀察晴天景觀，讓學生對晴天有初步印象，再回到教室使用電腦教學訓練學生語言表達。

補充說明：影子教學對於低功能自閉症學生較難理解，可請協助者抓著學生擺一個簡單的動作，教學者拿粉筆於地上畫出學生的影子，

再請學生們相互畫對方的影子，可加深學生對影子的理解。

㈡示範

　1.教學者打開電腦晴天檔案說：「我們來看晴天會看見什麼？」

　2.示範同學用手指著電腦螢幕說：「太陽」、「影子」、「白雲」、「很熱」、「地上乾乾的」。

　3.教學者立即給與示範同學社會性增強。

㈢教學

　教學者再將電腦重新播放一次說：「我們再看一次，晴天會看見什麼？」時間延宕 3 秒鐘，觀察學生是否有回應。

㈣增強與提示

　1.學生做出回應後：教學者立即請全班小朋友為學生鼓掌，並給與口頭增強：「好棒！」

　2.學生如無回應：教學者適當提示學生，依學生狀況，減少提示的次數，並慢慢褪除。

　　(1)無口語能力者：

　　　①完全身體提示：教學者抓著學生的手，指向電腦螢幕上的太陽。

　　　②手勢＋口語提示：教學者用手指向螢幕上的太陽，並給與口語提示，請學生伸出自己的手指向太陽。

　　　③口語提示：請學生伸出自己的手指向螢幕上的太陽。

　　(2)具口語能力者：當電腦螢幕出現太陽時。

　　　①教學者手指著太陽說：「太陽」，學生仿說：「太陽」。

　　　②教學者手指著太陽說：「晴天會看見什麼？」學生會說：「太陽」。

　　　③依此類推「白雲」、「影子」、「很熱」、「地上乾乾的」。

㈤讓學生輪流操作電腦晴天檔案。

㈥指導學生晴天可以做什麼事：

　1.到操場上體育課。

　2.下課時，可以到外面玩：

　　(1)溜滑梯。

　　(2)盪鞦韆。

　　(3)球。

領域：溝通訓練

3.可以去戶外教學。

4.要澆花。

補充說明：教學者可依學生能力，製作人手一冊晴天小書。

階段二：團體教學──雨天

準備活動 →

㈠使用 PowerPoint 軟體，設計雨天聲音動畫景象。

㈡準備水、雨傘、布娃娃兩個、椅子兩張、灑水器、大水桶。

執行時間 →

雨天。

教學流程 →

㈠觀察

　　帶學生到戶外，實地觀察雨天景觀，讓學生對雨天有初步印象，再回到教室使用電腦教學訓練學生語言表達。

　1.帶學生於戶外擺好兩張椅子，各放一個布娃娃，一個有撐雨傘，一個沒撐雨傘，讓學生觀察其中的不同。

　2.帶學生於校園內走動，觀察雨天景象。

㈡示範

　1.教學者拿出護貝好的黑雲大圖卡，於圖卡背後用小灑水器製造下雨情景，詢問學生們：「怎麼了？」

　2.示範同學說：「下雨」。

　3.教學者立即給與示範同學正增強及社會性增強。

㈢教學

　　教學者請示範同學再製造一次下雨情景，詢問學生：「怎麼了？」時間延宕 3 秒鐘，觀察學生是否有回應。

㈣增強與提示

　　1.學生做出回應後：教學者立即給與學生口頭增強說：「好棒！」
　　並讓學生玩一次灑水器。

　　補充說明：灑水器內的水量由老師控制。

　　2.個案如無回應：協助者適當提示學生回應教學者，依學生狀況，
　　減少提示的次數，並慢慢褪除。

　　⑴無口語能力者：

　　　①示範＋完全身體提示：教學者站於學生面前比出下雨動作，
　　　協助者站於學生背後，舉起學生雙手，比出下雨動作。

　　　②示範＋部分身體提示：協助者輕輕拍學生手掌一下，提示學
　　　生模仿教學者，做出下雨動作。

　　　③口語提示：協助者於學生耳邊，小聲的提示學生，比出下雨
　　　動作。

　　⑵具口語能力者：動作提示同無口語能力者。

　　　①協助者於學生耳邊說：「下雨」，學生仿說：「下雨」。

　　　②協助者於學生耳邊說：「自己說——」學生接著說：「下
　　　雨」。

㈤使用電腦呈現雨天景象

　　1.黑黑的雲。

　　2.下雨。

　　3.外面牆壁會濕濕的。

　　4.地上會積水。

　　5.下雨時會有滴滴答答的聲音。

　　補充說明：可依學生能力，製作人手一冊雨天小書。

㈥指導學生雨天不用、不可以做什麼事

　　1.不用澆花。

　　2.不可以到外面玩。

㈦指導學生雨天要出門怎麼辦

　　1.拿雨傘。

　　2.穿雨衣。

　　3.穿雨鞋。

㈧指導學生雨天要出門沒有穿戴雨具會如何

帶學生再到戶外觀看先前已擺放的兩個布娃娃，並描述出有、沒有穿戴雨具的差異。例如：沒有撐雨傘的娃娃怎麼了？

1. 頭髮會濕掉。

2. 衣服會濕掉。

3. 鞋子會濕掉。

補充說明：教學者可依學生能力，自行取捨教學內容。

㈨類化

1. 情境類化：引導學生於不同的情境中（例如：操場、家裡⋯⋯），描述該地點的天氣。

2. 時間類化：

⑴於一天當中不同的時段（上午、下午與晚上），引導學生描述當時的天氣。

⑵於每天月曆教學時間，引導學生描述當日的天氣。

附圖說明

圖一：階段一，晴天小書範例。

（接下頁）

（續上頁）

補充說明：教學者使用 PowerPoint 軟體，設計晴天景象時，於每一個物件及文字，加上動畫和音效，可增加學生的學習興趣及專注度。

圖二：階段二，雨天小書範例。

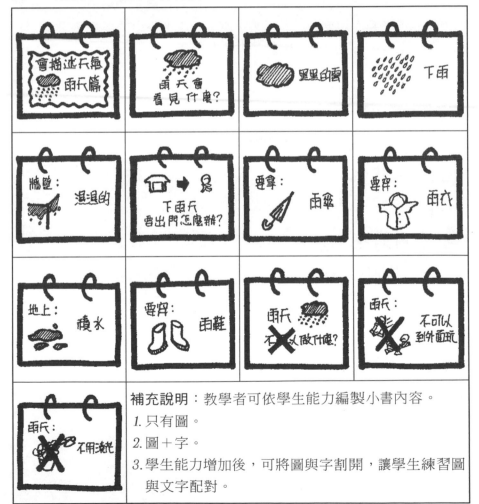

補充說明：教學者可依學生能力編製小書內容。

1. 只有圖。
2. 圖＋字。
3. 學生能力增加後，可將圖與字割開，讓學生練習圖與文字配對。

單元主題 18：會描述「耶誕節」

▶賴伶華◀

◆ 理論基礎

語言發展遲滯為自閉症者的特徵，利用節日到來和環境佈置的改變指導自閉症者觀察環境並用語言表達出來，增進學生的理解和學習。

◆ 教學目標

㈠能說出「耶誕節是 12 月 25 日」。
㈡能正確說出「耶誕樹」、「耶誕老公公」、「雪人」等應景名稱。
㈢收到禮物時，會有禮貌的道謝。

◆ 適用對象

中、高功能自閉症者（國小至國中階段）。

◆ 先備能力

具口語能力、能以所見線索形容事物、會認讀字。

◆ 教學材料

耶誕節活動照片、溝通圖卡。

◆ 教學策略

㈠提示
    1. 方式：溝通圖卡、口語、肢體動作。
    2. 次數：依學生狀況，逐漸減少提示的次數，並慢慢褪除。
㈡時間延宕
    1. 漸進式：逐漸增加延宕的時間，從 0 秒、2 秒、4 秒……最高不超

過 10 秒，適用於極度過動的學生。

2.固定式：每次延宕時間都固定，例如 3 秒鐘，計時默數方式 001、002、003。

㈡增強

1.自然增強：學生正確表達或反應時，就能得到耶誕老公公送的禮物。

2.社會性增強：當學生正確表達或反應時，教學者立即拍手並以誇張的口吻說：「好棒，答對了！」

㈣類化

1.在不同情境下反覆練習，每回至少五次，直到學生會敘述有關耶誕節的主題。

2.在不同活動（例如：耶誕晚會等）的機會或情境下練習，以增強學生類化的能力。

教學步驟

階段一：認識耶誕節及景觀佈置的名稱——小組教學

準備活動

㈠教學當週休息時間即播放有關耶誕節的音樂或兒歌。

㈡校園內佈置耶誕節景觀的隔天，帶學生到校園繞一圈。

㈢拍攝耶誕節有關的景觀佈置。如：雪人、耶誕樹、耶誕櫥窗等。

教學流程

㈠教學者問：「剛才你們在校園內看到了什麼？」

㈡等待學生反應，時間延宕 3 秒鐘。

㈢協助者提示地點，學生回應表示「我看到雪人（或耶誕樹）」。

㈣等待學生反應，時間延宕 3 秒鐘。

㈤教學者將照片一一播放出來，並介紹其名稱：

1.教學者說：「這是雪人」，學生仿說。

2.教學者說：「這是耶誕樹」，學生仿說。

3.教學者說：「這是聖誕紅」，學生仿說。

4.教學者說：「窗戶上有雪」，學生仿說。

㈥教學者說：「學校佈置得好漂亮，是因為耶誕節快到了」。

㈦教學者在月曆上標示出 12 月 25 日星期六（視實際更動）的位置，並說：「12 月 25 日是耶誕節」；並請學生仿說：「12 月 25 日是耶誕節」。

㈧教學者隨機播放照片。問：「這是什麼？」

㈨待學生回應，時間延宕 3 秒鐘。

㈩協助者給與適當的提示或引導學生做回應：

　　1.做出正確回應表示：「那是耶誕樹（聖誕紅、雪人或耶誕老公公）」；教學者立即拍手並以誇張的口吻說：「好棒，答對了！這是○○」；並請學生仿說：「這是○○」。

　　2.學生如無回應或做錯誤的回應時，協助者適當提示學生做出正確的回應。並要學生仿說：「這是○○」。

㈠教學者問：「耶誕節是幾月幾日？」

㈡待學生回應，時間延宕 3 秒鐘。

㈢協助者給與適當的提示或引導學生做回應：

　　1.做出正確回應表示：「耶誕節是 12 月 25 日」；教學者立即拍手並以誇張的口吻說：「好棒，答對了！耶誕節是 12 月 25 日」；並請學生仿說：「耶誕節是 12 月 25 日」。

　　2.學生如無回應或做錯誤的回應時，協助者適當提示學生做出正確的回應。並要學生仿說：「耶誕節是 12 月 25 日」。

㈣反覆隨機練習步驟㈧～㈢至少五次，直到熟悉景觀佈置的名稱為止。

㈤用溝通簿做句子的統整練習。至少實施二週或到景觀撤除。「耶誕節是 12 月 25 日，學校有耶誕樹、雪人和聖誕紅的佈置」（附圖）。

增強與提示

㈠學生做出正確回應：教學者立即拍手並以誇張的口吻說：「好棒，答對了！」

㈡學生如無回應：協助者適當提示學生回應教學者，並依學生狀況，逐漸減少提示的次數，並慢慢褪除提示。

補充說明

(一)口語提示褪除方式

1.(1)協助者小聲的說：「那是耶誕樹」。

(2)協助者小聲的說第一個字：「那是耶○○」，後面的字只有口型，但不發出聲者。

(3)協助者小聲的說第一個字：「那是耶——」並拉長要學生接著說：「誕樹」。

(4)指著照片說：「那是——」接著由學生自己說：「耶誕樹」。

(5)只有口型不發出聲音。

2.(1)協助者指著月曆小聲的說：「12 月 25 日」。

(2)協助者指著月曆小聲的說：「12 月○○」，後面的「25 日」只有口型，但不發出聲者。

(3)協助者指著月曆小聲的說：「12 月——」並拉長要學生接著說：「25 日」。

(4)協助者指著月曆，學生自己說：「12 月 25 日」。

(5)只有「12 月 25 日」的口型，不發出聲音。

(二)景觀名稱視各校實際情況更換教學內容。

(三)在教學過程中延伸孩子的回應：

例如： 1.耶誕節是 12 月 25 日。

2.耶誕節是 12 月 25 日，學校有耶誕樹。

3.耶誕節是 12 月 25 日，學校有耶誕樹、雪人。

4.耶誕節是 12 月 25 日，學校有耶誕樹、雪人和聖誕紅的佈置。

階段二：佈置耶誕樹——小組教學

準備活動

(一)佈置耶誕樹前一星期先預告。

(二)預備材料：耶誕樹、燈泡、晶亮彩帶、禮物飾品、星星等飾品。

(三)指導學生完成耶誕樹的佈置。

教學流程 ⌐→

㈠教學者指著耶誕樹，問：「小朋友，這是什麼？」

㈡等待學生反應，時間延宕 3 秒鐘。

㈢學生做回應表示「這是耶誕樹」：

　　1.學生做出正確回應表示：「這是耶誕樹」；教學者立即拍手並以誇張的口吻說：「好棒，答對了！這是耶誕樹」；並請學生仿說：「這是耶誕樹」。

　　2.學生如無回應或做錯誤的回應時，協助者適當提示學生做出正確的回應。並要學生仿說：「這是耶誕樹」。

㈣教學者問：「耶誕樹是誰佈置的？」

㈤協助者提示並帶領小朋友說：「小朋友和老師佈置的」。

㈥教學者統整並說：「小朋友和老師一起佈置耶誕樹」，請小朋友仿說。

㈦重複步驟㈣～㈥五次，直到熟練為止。

㈧教學者問：「耶誕樹上有什麼？」

㈨等待學生反應，時間延宕 3 秒鐘。

㈩教學者指著飾品一一介紹其名稱：

　　1.教學者說：「有雪人」，學生仿說。

　　2.教學者說：「有燈泡」，學生仿說。

　　3.教學者說：「有小禮物」，學生仿說。

　　4.教學者說：「有耶誕老公公」，學生仿說。

㈪教學者問：「耶誕樹上有什麼？」

㈫等待學生反應，時間延宕 3 秒鐘。

㈬學生做回應表示「有○○」：

　　1.學生做出正確回應表示：「有○○」；教學者立即拍手並以誇張的口吻說：「好棒，答對了！有○○」；並請學生們給與鼓掌。

　　2.學生如無回應或做錯誤的回應時，協助者適當提示學生做出正確的回應。並要學生仿說：「有○○」。

㈭重複步驟㈪～㈬，直到答案都說出為止。

㈮教學者手指著飾品統整說：「耶誕樹上有雪人、小禮物、耶誕老公公、卡片」；請學生仿說五次（教學者手要跟著指飾品），以加深

印象。

㈥教學者問：「燈一閃一閃漂亮嗎？」

㈦協助者提示並帶領小朋友說：「漂亮！」

㈧教學者統整：「燈一閃一閃真漂亮！」請學生仿說五次。

㈨使用溝通簿做句子的統整練習。至少實施二週或到耶誕樹撤除。「耶誕樹上有雪人、小禮物、耶誕老公公、卡片，燈一閃一閃真漂亮！」（附圖）

增強與提示

㈠學生做出正確回應：教學者立即拍手並以誇張的口吻說：「好棒，答對了！有○○」；並請學生們給與鼓掌。

㈡學生如無回應：協助者適當提示學生回應教學者，且依學生狀況，逐漸減少提示的次數，並慢慢褪除提示。

補充說明

㈠口語提示褪除程序

1. ⑴協助者小聲的說：「有○○（雪人、燈泡、小禮物或耶誕老公公）」。

⑵協助者小聲的說第一個字：「有雪○」，後面的字只有口型，但不發出聲音。

⑶協助者小聲的說第一個字：「有雪——」並拉長要學生接著說：「人」。

⑷協助者指著耶誕樹上的雪人說：「有——」接著由學生自己說：「雪人」。

⑸只有口型不發出聲音。

2. 協助者要同時指著耶誕樹上的小飾品提示，以加深學生的理解。

㈡視耶誕樹上佈置的飾品更換教學內容。

㈢在教學過程中延伸孩子的回應：

例如：1. 耶誕樹上有雪人。

2. 耶誕樹上有雪人、小禮物。

3. 耶誕樹上有雪人、小禮物、耶誕老公公。

4. 耶誕樹上有雪人、小禮物、耶誕老公公、燈泡。

5. 耶誕樹上有雪人、小禮物、耶誕老公公、卡片，燈一閃一閃真漂亮！

階段三：耶誕老公公送來禮物——收到禮物時，會有禮貌的道謝

準備活動

㈠耶誕老公公送禮物來的前一天先預告。

㈡耶誕老公公送禮物來了。

教學流程

㈠教學者指導學生熱烈的拍手歡迎耶誕老公公的來訪。說：「耶誕快樂！」學生仿說：「耶誕快樂！」

㈡耶誕老公公：「耶誕快樂！」等待學生反應，時間延宕 2 秒鐘。

㈢學生做回應表示：「耶誕快樂！」

　1. 學生做出正確回應表示：「耶誕快樂！」耶誕老公公即將禮物送給學生。

　2. 學生如無回應時，教學者指導學生表示：「耶誕快樂！」

㈣當學生收到禮物時，等待學生反應，時間延宕 2 秒鐘。

㈤學生做回應表示：「謝謝！」

　1. 學生做出正確回應表示：「謝謝！」耶誕老公公立即摸摸學生的頭，並親切的說：「不客氣」。

　2. 學生如無回應時，教學者指導學生表示：「謝謝！」

㈥教學者帶領學生說：「謝謝，耶誕老公公！」

㈦耶誕老公公以不同的理由（例如：太小聲、不夠熱烈、再來一次等），使學生反覆練習五次。

㈧耶誕老公公高興的說：「好棒！小朋友很有禮貌；明年耶誕節，耶誕老公公會再來送禮物喔！再見，耶誕節快樂！」

㈨教學者帶領學生說：「再見，耶誕節快樂！」學生仿說。

㈩協助者指導無回應的學生表示：「再見，耶誕節快樂！」

1. 動作提示：

　(1)抓著學生的手揮動。

　(2)輕拍學生的手。

　(3)協助者揮動自己的手提示學生。

2. 口語提示：

　(1)協助者說：「再見，耶誕節快樂！」學生仿說。

　(2)說：「再見！」

　(3)說：「再見，快樂！」

　(4)說：「再見，耶誕節快樂！」

增強與提示

㈠學生做出正確回應

　1. 自然增強：收到耶誕老公公送的禮物。

　2. 社會性增強：耶誕老公公立即摸摸學生的頭，並親切的說：「不客氣。」「好棒！小朋友很有禮貌。」

㈡學生如無回應：協助者適當提示學生回應教學者，且依學生狀況，逐漸減少提示的次數，並慢慢褪除提示。

補充說明

㈠動作和口語的提示視學生的情形給與適當的提示。

㈡肢體動作和口語同時出現以加深學生學習的印象。

階段四：統整

準備活動

㈠溝通圖卡。

㈡溝通簿。

㈢月曆。

㈣階段一、二使用過的照片。

㈤階段三的活動照片。

教學流程

㈠教學者問：「耶誕節是幾月幾日？」
㈡等待學生反應，時間延宕 3 秒鐘。
㈢學生做回應表示「耶誕節是 12 月 25 日」。
（如階段一教學流程(十三)）
㈣教學者將「耶誕節是 12 月 25 日」的句子呈現在溝通簿上。
㈤學生反覆練習說五次。
㈥教學者問：「耶誕節時，學校有什麼佈置？」
㈦等待學生反應，時間延宕 3 秒鐘。
㈧學生做回應表示：「學校有耶誕樹、雪人和聖誕紅的佈置」。
（如階段一教學流程(十四)）
㈨教學者將「學校有耶誕樹、雪人和聖誕紅的佈置」的句子呈現在溝通簿上。
㈩學生反覆練習說五次。
(十一)教師指著溝通簿，範讀：「耶誕節是 12 月 25 日；學校有耶誕樹、雪人和聖誕紅的佈置」。
(十二)學生仿讀五次。
(十三)教學者問：「耶誕樹上有什麼飾品？」
(十四)等待學生反應，時間延宕 3 秒鐘。
(十五)學生做回應表示：「耶誕樹上有雪人、小禮物、耶誕老公公、卡片，燈一閃一閃好漂亮！」（如階段二教學流程(十九)）
(十六)教學者將：「耶誕樹上有雪人、小禮物、耶誕老公公、卡片，燈一閃一閃好漂亮！」的句子呈現在溝通簿上。學生反覆練習五次。
(十七)教師指著溝通簿，範讀：「耶誕節是 12 月 25 日；學校有耶誕樹、雪人和聖誕紅的佈置。耶誕樹上有雪人、小禮物、耶誕老公公、卡片，燈一閃一閃好漂亮！」
(十八)學生仿讀五次。
(十九)教學者問：「耶誕節誰會送禮物給小朋友？」
(二十)等待學生反應，時間延宕 3 秒鐘。
(二十一)學生做回應表示：「耶誕老公公會送禮物給小朋友」

1. 學生做出正確回應表示：「耶誕老公公會送禮物給小朋友」；教學者立即拍手並以誇張的口吻說：「好棒，答對了！」
2. 學生如無回應或做錯誤的回應時，協助者適當提示學生做出正確的回應。並要學生仿說：「耶誕老公公會送禮物給小朋友」。

㈤教學者將「耶誕老公公會送禮物給小朋友」的句子呈現在溝通簿上。學生反覆練習五次。

㈥教師指著溝通簿，範讀：「耶誕節是 12 月 25 日；學校有耶誕樹、雪人和聖誕紅的佈置。耶誕樹上有雪人、小禮物、耶誕老公公、卡片，燈一閃一閃好漂亮！耶誕老公公會送禮物給小朋友」。

㈦學生仿讀五次。

㈧教學者將溝通簿一一展示在黑板上或佈置在教室內。學生在下課或上課時可以練習。每天至少反覆練習五次；至少實施四週。

增強與提示

㈠學生做出正確回應：教學者立即給與口頭增強，如：「真厲害，答對了！」……

㈡學生如無回應：協助者適當提示學生回應教學者，且依學生狀況，逐漸減少提示的次數，並慢慢褪除提示（參照階段一～階段三的提示）。

補充說明

㈠句子的呈現可依學生能力的不同選擇圖卡或字卡。

㈡學生仿讀句子時，教學者要用手指著讀到的圖卡或字卡。

㈢完成的句子能展示在教室內，以便學生練習和複習。

㈣以重複和延伸句子的方式教學。

附圖說明

活動照片、溝通圖卡：

㈠學生練習表達時（在溝通板、溝通簿、手上拿著圖卡）使用。

㈡教學者用來提示或教學時使用。

㈢溝通圖卡或照片可依能力的不同而變化配置。

㈣能力漸增後，教學者先指導學生排出完整句子，教學者範讀→學生
仿讀→學生自己說出完整句子。

「活動照片」校園佈置。

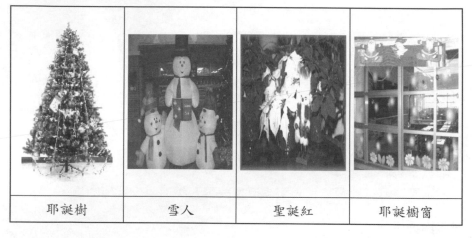

耶誕樹	雪人	聖誕紅	耶誕櫥窗

耶誕老公公送禮	耶誕樹	雪人	耶誕老公公

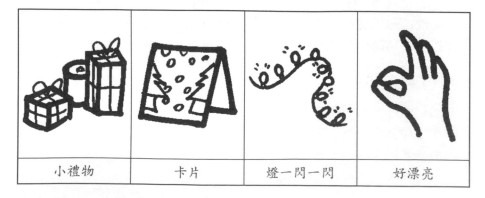

小禮物	卡片	燈一閃一閃	好漂亮

溝通簿上字卡。

(1)

耶誕節	是	12 月	25 日

(2)

學校有				的佈置

(3)

耶誕樹上有	雪人	小禮物	耶誕老公公	卡片

燈一閃一閃	好漂亮

(4)

耶誕老公公	會	送	禮物	給小朋友

單元主題 19：會問「這是什麼」

▶ 邱采緹 ◀

❀ 理論基礎

　　自閉症者因神經心理功能異常而顯現出溝通、社會互動、行為及興趣表現上有嚴重問題，運用擴大性及替代性溝通，引發學生好奇心，提高學習興趣，增進口語表達。

❀ 教學目標

　　㈠具「這是什麼」概念。
　　㈡會說「這是什麼」。
　　㈢會詢問「這是什麼」。

❀ 適用對象

　　中、高功能自閉症者（幼稚園至國小階段）。

❀ 先備能力

　　㈠具仿說能力。
　　㈡認識喜愛的食物（如蘋果、蓮霧、葡萄等）及物品名稱。

❀ 教學材料

　　蘋果數顆、蓮霧數顆、葡萄數顆、日曆紙、摸彩箱、有聲與無聲玩具、食物數種。

❀ 教學策略

　　㈠示範：請口語能力佳的同學示範，如教學步驟。
　　㈡提示：依學生狀況，減少提示的次數，並慢慢退除。

1. 口語提示。

2. 手勢提示。

3. 溝通圖卡。

㈢固定式時間延宕：每次延宕時間都固定為 3 秒鐘，計時默數方式 001、002、003。

㈣增強：學生做出正確反應，教學者立即給與正增強。

㈤練習：設計不同的活動，讓學生練習詢問：「這是什麼？」

教學步驟

階段一：具「這是什麼」概念

準備活動→

準備蘋果數顆、水果刀、盤子、免洗竹叉。

教學流程→

㈠示範

1. 教學者高舉手中的蘋果，詢問學生們：「這是什麼？」

2. 示範同學回答說：「蘋果」。

3. 教學者立即給與示範同學正增強。

㈡教學

教學者再高舉手中的蘋果，詢問學生們：「這是什麼？」時間延宕 3 秒鐘，觀察學生是否有回應。

㈢增強與提示

1. 學生做出回應後，教學者立即切一小片蘋果請學生吃。

2. 學生如無回應，適當提示學生，依學生狀況，減少提示的次數，並慢慢褪除。

(1)教學者走到學生身旁，將蘋果擺於學生眼前，詢問學生：「這是什麼？」

(2)協助者於學生耳邊提示學生說：「蘋果」。

(3)學生只要有反應（例如：動作或仿說），即可得到增強。

　　①動作：眼神會注視蘋果或摸蘋果。

　　②仿說：「蘋果」。

階段二：會說「這是什麼？」

準備活動 ➞

㈠用日曆紙包裝學生喜愛吃的水果（蘋果數顆、蓮霧數顆與葡萄數顆）。

㈡製作「這是什麼？」大溝通圖卡（如圖）。

教學流程 ➞

㈠教學者拿出「這是什麼？」大溝通圖卡，貼於黑板上，指導學生們認識圖卡內容。

㈡教學者再拿出已包裝過的水果放於黑板「這是什麼？」圖卡圓圈內，引導學生們詢問：「這是什麼？」

㈢學生詢問後，教學者立即將已包裝過的水果送給學生。

㈣學生如無回應，教學者適當提示學生，提示程序如下：

　　1.教學者拿下黑板上的溝通圖卡，擺於學生眼前指著圖卡說：「這是什麼？」並指導學生仿說：「這是什麼？」

　　2.教學者手再指著圖卡，引導學生自己說出：「這是什麼？」

　　3.教學者拿出一顆已包裝過的水果，於學生眼前左右晃兩下，待學生追視後，將蘋果放於圖卡圓圈內，引導學生詢問：「這是什麼？」

階段三：會詢問「這是什麼？」

教學流程 ➞

㈠教學者拿出一個摸彩箱，裡面裝有聲、無聲玩具及食物數種。

㈡於全班同學眼前刻意將摸彩箱搖動發出聲響，吸引學生注意及興趣。

㈢教學者高舉摸彩箱，詢問學生們：「這是什麼？」

1. 示範同學舉手回答說：「摸彩箱」。
2. 教學者立即讓示範同學摸彩一次。
3. 摸出後，請示範同學高舉手中摸出的物品，詢問全班同學：「這是什麼？」
4. 請全班同學們一起說出物品名稱。

㈣讓學生們輪流摸彩並詢問：「這是什麼？」

㈤練習

1. 老師發給學生每人一個不透光塑膠袋，請學生自己放一個物品於袋內，不可以告訴其他人放什麼，引導學生們詢問：「這是什麼？」
2. 午餐時間，老師刻意不介紹學生們不認識的菜色，讓學生們練習詢問：「這是什麼菜？」

❖ 附圖說明

溝通圖卡及摸彩箱說明。

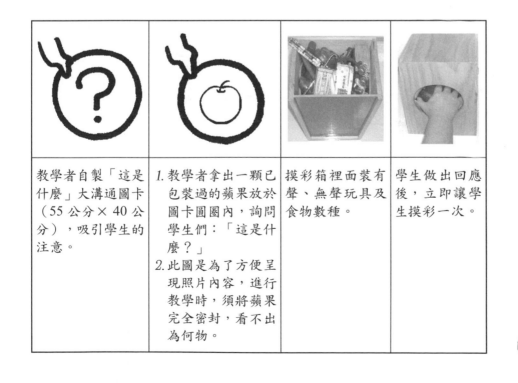

教學者自製「這是什麼」大溝通圖卡（55公分×40公分），吸引學生的注意。	1. 教學者拿出一顆已包裝過的蘋果放於圖卡圓圈內，詢問學生們：「這是什麼？」 2. 此圖是為了方便呈現照片內容，進行教學時，須將蘋果完全密封，看不出為何物。	摸彩箱裡面裝有聲、無聲玩具及食物數種。	學生做出回應後，立即讓學生摸彩一次。

單元主題 20：發問問題——
「○○在做什麼？」

▶ 李佳玟 ◀

❖ 理論基礎

　　自閉症者常對周遭的人事物漠不關心，藉由教導自閉症者對於未知的事情發問，增進互動機會與瞭解環境的變動。

❖ 教學目標

　　㈠會說：「○○在做什麼？」
　　㈡會主動發問。
　　㈢會運用於生活中。

❖ 適用對象

　　低、中、高功能自閉症者（幼稚園至國小階段）。

❖ 先備能力

　　會使用溝通圖卡，且眼神接觸至少 5 秒鐘以上。

❖ 教學材料

　　㈠動作圖片。
　　㈡溝通圖卡：圖卡、圖＋字卡、字卡。
　　㈢故事繪本。

❖ 教學策略

　　㈠示範：請協助者或口語能力佳的同學示範，如教學步驟。

㈡提示

　　1. 方式：溝通圖卡、口語、肢體動作。

　　2. 次數：依學生狀況，減少提示的次數，並慢慢褪除。

㈢時間延宕

　　1. 漸進式：逐漸增加延宕的時間，從 0 秒、2 秒、4 秒……最高不超過 10 秒鐘，適用於極度過動的學生。

　　2. 固定式：每次延宕時間都固定，例如 3 秒鐘，計時默數方式 001、002、003。

㈣增強

　　1. 高功能自閉症者可使用社會性增強。

　　　(1)口頭：「好棒」、「讚」、「很厲害哦」等。

　　　(2)手勢：比出大拇指表示好棒、摸摸學生的頭等。

　　2. 中功能自閉症者可使用代幣增強系統。

　　3. 低功能自閉症者可使用食物作為增強。

教學步驟

階段一：個別教學

準備活動

　　教學者將五張動作圖片呈現在黑板上。

教學流程

㈠示範

　　1. 請協助者指著圖片說：「他在做什麼？」

　　2. 教學者立即給與增強，並告知圖片內容：「跑步」。

㈡增強與提示

　　1. 時間延宕 3 秒鐘，觀察學生是否有回應。

　　2. 依學生能力給與適度的提示。

　　3. 學生做出反應後：學生正確說出「他在做什麼？」或以溝通圖卡

來表示「他在做什麼？」，教學者立即給與增強，並告知圖片內
容：「好棒，他在跳舞」。

4.學生如無反應：協助者適當提示學生回應教學者。

　　(1)無口語能力者：協助者輕輕拍著學生的手或肩膀，提示學生指
　　　　向溝通圖卡、摸溝通圖卡或拿溝通圖卡等方式，表示：「他在
　　　　做什麼？」

　　(2)具口語能力者：請協助者用手指溝通圖卡，或口語提示學生說：
　　　　「他在做什麼？」

㈢練習

　　1.請學生逐張指動作圖片，並說：「他在做什麼？」

　　2.教學者視學生反應給與增強，或請協助者給與適當提示。

階段二：團體教學

準備活動

教學者請學生圍成圓圈，與他人保持適當的距離。

㈠引起動機

　　1.教學者先播放音樂——如果你很快樂，你就說哈囉（說哈囉可換
　　　　成摸摸頭、拍拍手、跳跳舞……）。

　　2.請學生跟著音樂做動作（老師示範）。

㈡示範

　　1.教學者先將音樂暫停，請學生向後轉。

　　2.請示範同學到圓圈裡面，音樂繼續播放，示範同學跟著音樂做動作。

　　3.教學者提示其他同學一起說：「你在做什麼？」

　　4.示範同學回答：「我在摸摸頭」。

㈢練習

　　1.教學者請學生輪流站在圓圈裡面，跟著音樂做動作。

　　2.其他學生一起說：「你在做什麼？」

　　3.教學者視學生反應給與增強，或請協助者給與適當提示。

　　4.學生能力增加後，慢慢褪除增強與提示。

階段三：延伸活動

準備活動

教學者呈現故事繪本，不告知學生故事內容。

教學流程

(一)示範

請示範同學指著故事繪本裡的主角說：「他在做什麼？」教學者立即給與增強，並告知學生故事繪本主角的動作。

(二)時間延宕

時間延宕 3 秒鐘，觀察學生是否有回應。

(三)增強與提示

1. 學生做出反應後：學生正確說出「他在做什麼？」或以溝通圖卡來表示「他在做什麼？」，教學者立即給與增強，並告知故事繪本主角的動作。

2. 學生如無反應：協助者適當提示學生回應教學者。

　(1)無口語能力者：協助者輕輕拍著學生的手或肩膀，提示學生指向溝通圖卡、摸溝通圖卡或拿溝通圖卡等方式，表示：「他在做什麼？」

　(2)具口語能力者：請協助者用手指溝通圖卡，或口語提示學生說：「他在做什麼？」

(四)練習

1. 教學者逐頁翻故事繪本，請學生指著主角或人物問：「他們在做什麼？」

2. 學生能力增加後，慢慢褪除增強與提示。

 附圖說明

圖一：溝通圖卡——可依學生能力選擇適當的溝通圖卡，例如下圖：

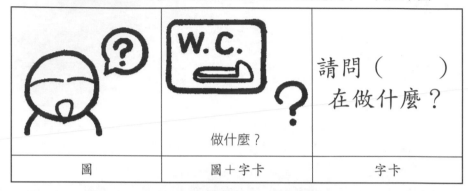

圖	圖＋字卡	字卡

圖二：動作圖卡——將以下各圖製成單張圖卡（約半張 A4 紙張大小），
　　　陳列在黑板上，在學生發問後，再告知圖片的內容。

單元主題21：會問在哪裡

▶邱采緹◀

領域：溝通訓練

❀ 理論基礎

　　語言溝通缺陷為自閉症者的特徵，除了運用擴大性及替代性溝通外，也可以用電腦及口語教學指導自閉症者詢問物品位置，進而增進其語言溝通能力。

❀ 教學目標

㈠會說「在哪裡」。
㈡能在引導下詢問「物品，在哪裡」。

❀ 適用對象

　　低、中、高功能自閉症者（幼稚園至國小階段）。

❀ 先備能力

㈠能認識自己的物品及熟悉物品擺放位置。
㈡具配對能力。
㈢具口語能力。

❀ 教學材料

　　視覺記憶軟體、聯絡簿、籃子。

❀ 教學策略

㈠示範：請口語能力佳的同學示範，如教學步驟。
㈡提示：依學生狀況，減少提示的次數，並慢慢褪除。
　　1. 口語提示。

2.手勢提示。

㈢固定式時間延宕：每次延宕時間都固定為5秒鐘，計時默數方式001、002、003、004、005。

㈣增強：

　　1.正增強：學生做出詢問後，給與操控電腦點選一次（階段一使用）。

　　2.社會性增強：學生做出詢問後，教學者立即給與口頭增強。

㈤練習：每天練習二次，連續實施二週，以增加學生詢問物品位置的能力。

㈥類化：安排不同的情境引導學生詢問「物品，在哪裡」。

✿ 教學步驟

階段一：團體教學——會説「在哪裡？」

活動說明→

　　運用電腦軟體教學帶給學生視覺及聽覺刺激，吸引學生專注及興趣。

準備活動→

　　開啟視覺記憶軟體（如圖）。

教學流程→

㈠示範

　　1.教學者點選一張（蘋果）圖卡，詢問學生們另一張蘋果圖卡在哪裡，並請學生仿說：「在哪裡？」

　　2.示範同學說：「在哪裡？」

　　3.教學者立即給與示範同學正增強。

㈡教學

　　教學者再點另一張（西瓜）圖卡，詢問學生們另一張西瓜圖卡在哪裡，時間延宕5秒鐘，觀察學生是否有詢問：「在哪裡？」

㈢增強與提示

　　1.學生做出詢問後，教學者立即將滑鼠交給學生，點選一次。

　　2.學生如無回應，教學者適當提示學生，依學生狀況，減少提示的次數，並慢慢褪除。例如：教學者指著電腦螢幕的西瓜說：

　　⑴「西瓜，在哪裡」，學生仿說：「西瓜，在哪裡」。

　　⑵「西瓜——*在哪裡*」（教學者說「在哪裡」時，只出現嘴型沒有聲音），學生會接著說：「在哪裡」。

㈣練習

　　自製小卡，運用淺色不透光海報紙切割成撲克牌大小，隨手畫上學生喜愛的物品，讓學生於下課時間與能力佳的同學或小義工一起玩，由能力佳同學或小義工主控，要求學生說出「在哪裡」。

階段二：個別教學——能在引導下說出「物品——在哪裡」

活動說明

　　教學者刻意更換學生已熟悉物品（聯絡簿）擺放的地點，請學生將聯絡簿找出來。

教學流程

㈠教學者請學生於平日放聯絡簿籃子內，拿聯絡簿給老師。

㈡時間延宕 5 秒鐘，觀察學生是否有反應。

㈢學生做出詢問後，教學者立即給與學生增強。

　　1.口頭增強：「好棒，○○會問老師聯絡簿在哪裡？」

　　2.提示物品擺放位置：聯絡簿在獨立學習桌。

㈣學生如無回應，協助者適當提示學生，依學生狀況，減少提示的次數，並慢慢褪除。

　　1.協助者給與口語提示：「找不到聯絡簿？」

　　2.引導學生走回教學者面前。

　　3.於學生耳邊引導學生說：「聯絡簿，在哪裡？」

㈤學生能力增加後，指導學生能有禮貌詢問教學者：「請問老師聯絡

簿在哪裡？」

㈥類化

1. 於不同課程中，教學者刻意將學生工具箱內所須使用之物品藏起來，引導學生詢問「物品，在哪裡」。

2. 於放學時間，將學生的鞋子、書包等物品藏起來，引導學生詢問「鞋子，在哪裡」等。

附圖說明

階段一：視覺記憶軟體。

補充說明：

1. 翻出兩張相同卡片時，電腦會給與回饋：

　(1)圖卡會消失。

　(2)給與動畫＋音效歡呼。

2. 視覺記憶軟體之取得：

　(1)教學者可於網路上搜尋相似軟體。

　(2)宜蘭特教資源中心視知覺訓練軟體。

單元主題 22：會分辨白天、晚上

▶ 李佳玟 ◀

理論基礎

時間對自閉症者而言是相當抽象的概念，藉由白天及晚上主要的活動來教導自閉症者分辨白天及晚上，進而理解時間遞移與變化。

教學目標

(一)會分辨白天、晚上。
(二)會說出白天與晚上的活動。
(三)會理解白天、晚上的不同。

適用對象

低、中、高功能自閉症者（幼稚園至國小階段）。

先備能力

會眼神接觸至少 5 秒鐘，且能辨識活動圖卡。

教學材料

(一)有關日、夜的圖片及書籍。
(二)生活順序圖卡。
(三)活動圖卡。

教學策略

(一)示範：由教學者或口語能力佳的同學示範，如教學步驟。
(二)提示
　　1.方式：口語、肢體動作。

2.次數：依學生狀況，減少提示的次數，並慢慢褪除。

㈢練習：為避免學生失去耐心與厭煩，單回練習次數至少五次，若學生已開始厭煩活動，則可採少次多回的方式，直到完全熟練為止。

㈣分類：讓學生練習將白天和晚上的圖片分類，以確定學生可以真正區分白天和晚上。

教學步驟

準備活動

教學者準備白天與晚上的圖片、書籍及活動圖卡。

教學流程

㈠講解說明

1.教學者利用圖片、書籍分別介紹白天及晚上的活動、生活型態及風景，讓學生加深認識。

2.請學生說一說白天及晚上會做什麼活動。

3.若學生無口語能力可改以圖卡來表示會做的活動。

㈡增強與提示

1.教學者呈現上課圖卡，例如：國語課、數學課、朝會等，問學生這是白天還是晚上會做的事？

2.學生做出反應後：學生正確說出「白天」，教學者立即給與增強。

3.學生如無反應：協助者適當提示學生回應教學者。

(1)無口語能力者：協助者輕輕拍著學生的手或肩膀，提示學生指向白天圖卡。

(2)具口語能力者：協助者用手指白天圖卡，或口語提示學生說：「是什麼時間呢？」「要說什麼呢？」

4.教學者呈現其他活動圖卡，讓學生把白天的活動排在一起，晚上的活動排在一起。

㈢操作練習

1.教學者呈現生活圖卡，逐一解說每一張圖卡，並強調哪些是白天的活動，哪些是晚上的活動。

2. 教學者可在圖卡用 ☀☾ 的記號或是黑（晚上）白（白天）的
　　顏色，來提示學生這個活動是白天或晚上的活動。

3. 讓學生反覆練習每天五遍，實行二週，直到學生熟練為止。

❀ 附圖說明

㈠白天及晚上圖片——在教學流程㈠時，可利用以下圖片來說明白天
　　與晚上，或是利用坊間書籍、照片，加深學生印象。

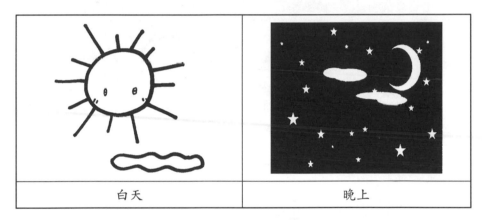

| 白天 | 晚上 |

㈡活動圖卡——在教學流程㈡時，將學生常做的活動製作成圖卡，讓
　　學生想一想要排在白天或晚上。

白天	晚上
黏貼圖卡處	黏貼圖卡處
黏貼圖卡處	黏貼圖卡處

吃早餐	上學	放學	睡覺
吃晚餐	刷牙	洗澡	吃午餐
看電視	打球	朝會	爬山

領域：溝通訓練

㈢生活順序圖卡——可依學生的日常活動，製作圖卡，讓學生明白自己的活動是在白天或晚上進行。

起床	→刷牙	→洗臉	→吃早餐
上學	→朝會	→上課	→吃午餐
上課	→放學	→洗澡	→寫作業
吃晚餐	→看電視	→睡覺	

單元主題 23：會表達冷熱

▶邱采緹◀

理論基礎

語言發展遲滯為自閉症者特徵，藉由觸覺及味覺刺激，讓學生體驗不同的感覺，增進口語表達能力，並運用擴大性及替代性溝通指導自閉症者做自發性身體感覺表達。

教學目標

㈠會說出冰冰的感覺。
㈡會說出熱熱的感覺。
㈢會區分冷熱的差別。
㈣會表達身體的感覺。

適用對象

低、中、高功能自閉症者（幼稚園至國小階段）。

先備能力

㈠能使用觸覺及味覺分辨冷熱。
㈡具仿說能力。

教學材料

㈠冷的：奶茶、布丁、豆花、果醬、水果、鋁箔包飲料、冰枕、電風扇。
㈡熱的：熱開水、小瓦斯爐、吹風機、電暖器、暖暖包。
㈢溝通圖卡。

教學策略

㈠示範：請口語能力佳的同學示範，如教學步驟。

㈡提示：依學生狀況，減少提示的次數，並慢慢褪除。

　1.口語提示。

　2.溝通圖卡。

㈢固定式時間延宕：每次延宕時間都固定為 3 秒鐘，計時默數方式001、002、003。

㈣增強

　1.負增強：只要學生沒有說出感覺，鋁箔包飲料就持續放於學生臉頰上（階段一使用）。

　2.正增強：學生說出感覺後，給與喝一小口奶茶（階段三使用）。

㈤類化：安排人物類化及情境類化，指導學生能做出自發性身體感覺表達。

教學步驟

階段一：會表達冷冷的感覺（低、中功能）

準備活動

　教學前一天，將鋁箔包飲料放於冰箱內冷藏。

教學流程

㈠示範

　1.請學生們站於冰箱前。

　2.教學者打開冰箱，拿出一瓶飲料。

　3.教學者將飲料放於示範同學臉頰上，詢問示範同學：「有什麼感覺？」

　4.示範的同學說：「冰冰的」。

　5.教學者立即將飲料移開。

㈡教學

教學者再將飲料放於學生臉頰上，詢問學生：「有什麼感覺？」時間延宕 3 秒鐘，觀察學生是否有回應。

㈢增強與提示

1. 學生做出回應：教學者立即將飲料移開。

2. 學生如無回應：教學者適當提示學生，依學生狀況，減少提示的次數，並慢慢褪除。例如：教學者將飲料放於學生臉頰上口語提示：

(1)「冰冰的」，學生仿說：「冰冰的」。

(2)「感覺是——」學生接著說：「冰冰的」。

㈣練習

教學者再打開冰箱，拿出五種不同的東西，讓學生用手摸摸看有什麼感覺？例如：布丁、豆花、果醬、水果、鮮奶。

㈤詢問學生東西放進冰箱後，會變得如何？

階段二：會表達熱熱的感覺（低、中功能）

教學流程

㈠會說熱熱的

1. 教學者請學生們拿杯子，站於飲水機前。

2. 教學者倒給每位學生一杯溫熱開水，請學生到餐桌坐好。

3. 教學者詢問學生們：「杯子摸起來有什麼感覺？」

㈡使用不同的器具，讓學生體驗熱熱的感覺，並要求學生說出感覺。例如：吹風機、電暖器、暖暖包。

補充說明：

1. 口語教學步驟，請參照階段一。

2. 熱水、吹風機及電暖器的使用須注意溫度控制，避免學生燙傷。

階段三：讓學生比較冷、熱（低、中功能）

教學流程

(一)觸覺

　　1.冰枕與暖暖包。

　　2.電風扇與吹風機。

　　3.摸冷水與摸熱水。

(二)觸覺＋味覺

　　1.先讓學生摸尚未加熱過的食品，並要求學生說出感覺，例如：

　　　(1)教學者先倒一小杯冰奶茶給學生。

　　　(2)請學生用手摸摸看有什麼感覺。

　　　(3)學生會說出冰冰的，教學者立即讓學生喝一小口冰奶茶。

　　2.拿出小瓦斯爐，於學生眼前現場示範，將冰奶茶加熱。

　　　(1)倒給每一位學生一小杯熱奶茶。

　　　(2)請學生摸摸看有什麼感覺。

　　　(3)學生會說出熱熱的，教學者立即讓學生喝一小口熱奶茶。

　　3.請學生再比較兩杯奶茶有什麼不同，並說出感覺。

　　4.學生說出正確感覺後，立即給與正增強，提示學生手中奶茶喝完時可再續杯，並可自行選擇要喝冰的或熱的奶茶。

　　補充說明：教學者須注意每次倒給學生奶茶量不要太多，讓學生有一再續杯的欲望，可增加口語訓練次數，進而增進學生口語表達能力。

階段四：會表達身體的感覺（中、高功能）

準備活動

　　製作很熱、脫衣服、電風扇溝通圖卡。

教學流程

(一)安排動態活動：教學者請學生到跑步機跑步 20 分鐘。

(二)引導學生說出感覺：跑完後，詢問學生有什麼感覺，學生如無回應，教學者拿出很熱溝通圖卡引導學生說：「流汗很熱」。

(三)提示學生處置方法：很熱要怎麼辦？學生如無回應，教學者拿出溝通圖卡提示學生很熱可以做什麼事。

　1.脫衣服。

　2.吹電風扇。

(四)類化

　1.人物類化：於學校或家裡安排不同的人（班上同學、小義工、父母、兄弟姊妹等），詢問學生物品摸起來或喝起來有什麼感覺。

　2.情境類化：安排不同的活動，讓學生練習表達，至學生能做出自發性身體感覺表達為止。

附圖說明

階段四溝通圖卡。

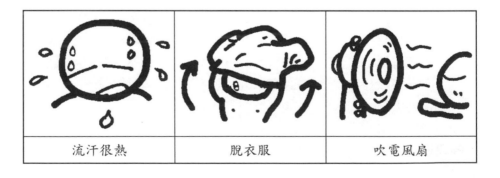

流汗很熱	脫衣服	吹電風扇

補充說明：學生說出感覺後，馬上讓溝通圖卡與實物結合。例如：學生說：「流汗很熱」，選擇電風扇溝通圖卡，教學者立即帶學生去開電風扇。

單元主題24：休閒活動——輪流

▶賴伶華◀

領域：溝通訓練

理論基礎

　　社會互動困難為自閉症者的特徵，運用擴大性、替代性及協助性溝通指導自閉症者等待及輪流的觀念，增進其人際互動。

教學目標

(一)能學會等待。
(二)會表達「換我」的要求（依功能會說或拿圖卡……）。
(三)能和他人輪流做活動。

適用對象

　　低、中功能自閉症者（幼稚園至國小階段）。

先備能力

　　會唱數 1～10。會用手壓、貼。

教學材料

(一) 1～10 的數字貼紙（如附圖）。
(二)溝通圖卡：圖、圖＋文字、純文字（如附圖）。
(三)數字學習單（如附圖）。

教學策略

(一)示範：老師示範，如教學步驟。
(二)提示
　　1.方式：溝通圖卡、口語、肢體動作。

145

2.次數：依學生狀況，逐漸減少提示的次數，並慢慢褪除。

㈢時間延宕

1.漸進式：逐漸增加延宕的時間，從 0 秒、2 秒、4 秒……最高不超過 10 秒，適用於極度過動的學生。

2.固定式：每次延宕時間都固定，例如 3 秒鐘，計時默數方式 001、002、003。

㈣增強

1.自然增強：

⑴學生得到下一號的數字貼紙（由教學者控管，學生不可以自己拿）（階段一）。

⑵玩遊戲軟體（階段二）。

2 社會性增強：當學生有回應（說或示意「換我」），教學者立即給與口頭讚美：「嗯，你好棒！」（階段一、二）

㈤類化

1.讓學生在不同情境下反覆練習每天至少五次，至少實施二週。

2.待學生能力增加後，逐漸增加其他活動。例如：換我丟球、換我玩、換我跳等等。

❖ 教學步驟

階段一：個別教學

準備活動→

㈠在一個不受干擾的環境，教學者與學生相對而坐，協助者坐在學生旁邊。

㈡ 1～10 的數字貼紙。

㈢數字學習單。

教學流程→

㈠示範：由教學者和協助者依序示範。

1. 教學者說：「1」，並撕下「1」的數字貼紙，黏貼在學習單上。

2. 協助者輕拍胸前說：「換我，2」，教學者撕下「2」的數字貼紙，協助者將數字貼紙黏貼在學習單上。

3. 教學者輕拍胸前說：「換我，3」，並撕下「3」的數字貼紙，黏貼在學習單上。

4. 協助者輕拍胸前說：「換我，4」，教學者撕下「4」的數字貼紙，協助者將數字貼紙黏貼在學習單上。

5. 教學者、協助者依序輪流示範，直到協助者說：「換我，10」，教學者撕下「10」的數字貼紙給協助者。協助者將數字貼紙黏貼在學習單上。

(二)教學

1. 教學者先說：「1」，撕下「1」的數字貼紙，再黏貼在學習單上。

2. 等待學生反應，時間延宕 3 秒鐘。

3. 協助者提示（協助）學生做出回應表示「換我，2」。

　(1)無口語能力者：

　　①可用手指溝通圖卡、或拍溝通圖卡、拿溝通圖卡等方式，表示「換我」（依學生的能力選擇圖卡、圖＋文字或純文字）。

　　②用手按溝通板（錄音機），使發出「換我」的聲音。

　(2)具口語能力者：會發出「聲音」或說出「我」、「換我」、「換我貼」。

4. 教學者說：「嗯，你好棒！」並撕下「2」的數字貼紙，請學生黏貼在學習單上。

5. 教學者輕指著自己，說：「換我，3」，再撕下「3」的數字貼紙，黏貼在學習單上。

6. 等待學生反應，時間延宕 3 秒鐘。

7. 協助者握著學生的手輕輕指著學生，說：「換我，4」。

8. 教學者說：「嗯，你好棒！」並撕下「4」的數字貼紙，請學生黏貼在學習單上。

9. 教學者、學生依序說出：「換我，5」、「換我，6」、「換我，7」、「換我，8」、「換我，9」、「換我，10」。

增強與提示

㈠學生做出回應：教學者立即給與口頭讚美：「嗯，你好棒！」並給
與數字貼紙。

㈡學生如無回應：協助者適當提示學生回應教學者，且依學生狀況，
逐漸減少提示的次數，並慢慢褪除提示。

補充說明

㈠動作提示褪除程序

例如：1.協助者握著學生的手輕輕的舉起學生的手。

2.協助者舉起手（提示、暗示學生）。

3.協助者輕拍學生的手。

4.協助者指著「換我」的圖卡。

5.協助者用眼神示意。

㈡口語訓練的程序（仿說→自發性的說）

例如：1.會發出「聲音」。

2.教學者說：「換我貼」，學生仿說：「換我貼」。

3.教學者說：「換——」（並輕拍胸前）學生接著說：
「我」。

4.教學者輕拍胸前，學生說：「換我」或「換我貼（玩）」。

5.教學者貼好數字貼紙，學生會自發性的說：「換我」或「換
我貼（玩）」。

㈢動作和口語提示要同時出現，可依學生不同的程度做搭配調整。

階段二：延伸活動——小組教學

準備活動

㈠學生熟悉且喜愛玩的「青蛙過河」遊戲軟體。

㈡說明遊戲規則

1.每位學生過一關後就換人玩。

2.輪到的學生要表示「換我」後才能玩。

㈢請活潑且口語能力佳的學生示範。

教學流程

㈠示範

1.由班長（或其他指定者）玩遊戲軟體。

2.班長過關後，教學者問：「換誰玩？」

3.示範的學生即舉手，並回答：「換我玩」。

㈡教學

1.當示範的學生過關後，教學者問：「換誰玩？」

2.教學者請最快表示「換我」的學生玩。

3.依前面步驟輪流二、三個學生後，教學者問：「換誰玩？」

4.等待還未玩者的回應，時間延宕 3 秒鐘。

5.協助者提示並鼓勵未玩者要表示「換我玩」。

　(1)無口語能力者：

　　①可用手指溝通圖卡、或拍溝通圖卡、拿溝通圖卡等方式，表示「換我」（依學生的能力選擇圖卡、圖＋文字或純文字）。

　　②用手按溝通板（錄音機），使發出「換我」的聲音。

　(2)具口語能力者：會發出「聲音」或說出「我」、「換我」、「換我玩」。

6.當學生表示「換我玩」時，教學者要以親切且誇大的口吻：「嗯，○○最快（第一）。換他玩」。

7.直到每位學生都玩過。

8.依此步驟順序反覆練習五種不同的遊戲項目。

增強與提示

㈠學生做出回應：教學者立即以親切且誇大的口吻說：「嗯，○○最快（第一）。換他玩」的自然增強。

㈡學生如無回應：協助者適當提示學生回應教學者，直依學生狀況，逐漸減少提示的次數，並慢慢褪除提示。

補充說明

(一)動作提示褪除程序

例如：1.協助者握著學生的手輕輕舉起學生的手。

2.協助者舉起自己的手（提示、暗示學生）。

3.協助者輕拍學生的手。

4.協助者指著「換我」的圖卡。

5.協助者用眼神示意。

(二)口語訓練的程序（仿說→自發性的說）（如階段一）。

(三)動作和口語提示要同時出現，可依學生不同的程度做搭配調整。

附圖說明

溝通圖卡：

(一)學生表達需求時（在溝通板、溝通簿、手上拿著圖卡）使用。

(二)教學者提示或教學時使用。

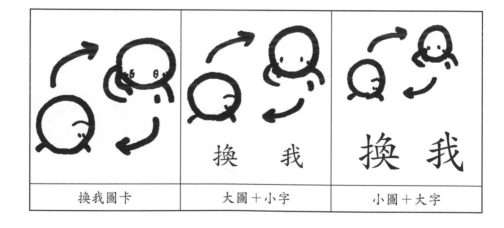

換我圖卡	大圖＋小字	小圖＋大字

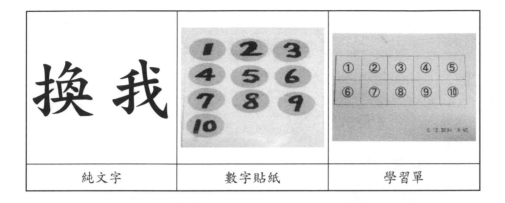		
純文字	數字貼紙	學習單

單元主題 25：會訂購外送披薩

▶ 賴伶華 ◀

理論基礎

與他人互動（溝通）困難是自閉症者的特徵，指導自閉症者如何訂購物品（披薩），可以增進良好的人際互動及社會適應。

教學目標

㈠能以正確合宜的方式訂購披薩（物品）。
㈡能養成接聽電話的禮儀。

適用對象

高功能具口語能力自閉症者（國中至成人階段）。

先備能力

會打電話、會說家裡的住址和電話號碼、認識 100 元鈔票和 10 元、5 元硬幣。

教學材料

披薩點餐單。

教學策略

㈠示範：帶學生至披薩店由教學者示範訂購方式。
㈡教學
　1. 在教室演練教學。
　2. 打電話訂購。

㈢提示

　1.方式：紙條、錢幣棋格、肢體動作。

　2.次數：依學生狀況，逐漸減少提示，並慢慢褪除。

㈣時間延宕

　給學生充分的時間考慮想要吃的披薩口味約 1～2 分鐘，最多不超過
　5 分鐘。

㈤增強：社會性增強。

　教學者用讚賞誇張的表情說：「很棒，你會選自己想要的披薩了！」

㈥類化

　1.反覆練習五次；直到學生熟練為止。

　2.教學者用不同的詢問方式反覆練習至少五次。

　3.一次只練習一種披薩直到熟悉後再延伸其他種類。

教學步驟

階段一：現場體驗、基本資料練習

準備活動▶

㈠前一天先預告明天帶小朋友到外送披薩店訂購披薩。

㈡披薩點餐單。

㈢介紹大、中披薩分別可供幾個人食用（給與實物，並讓學生有吃披
　薩的經驗）。

㈣說明訂購的流程（說電話號碼、姓名→要○○口味→告知送貨地址→
　準備錢→付錢）。

教學流程▶

㈠示範

　1.請學生先決定要吃什麼口味的披薩。

　2.教學者帶學生到披薩店點餐。

　3.服務人員：「小姐（先生），請問電話幾號？」

4. 教學者：「953○○○○」。

5. 服務人員：「小姐（先生），請問什麼名字？」

6. 教學者：「我是○○○」。

7. 服務人員：「小姐（先生），請問你要什麼口味？」

8. 教學者：「我要大的○○口味；請幫我送到○○○○……地址，謝謝！」

9. 服務人員：「小姐（先生），總共 550 元」。

10. 教學者付錢：「麻煩你了，謝謝！」

11. 帶學生離開。

㈡教學演練

1. 教學者問：「請問你叫什麼名字？」

2. 學生回答：「我叫○○○。」

3. 反覆練習步驟 1、2 五次。

4. 教學者問：「請問你的電話是幾號（多少）？」

5. 學生回答：「我的電話是 95○○○……」。

6. 反覆練習步驟 4、5 五次。

7. 教學者問：「請問你住在哪裡？」

8. 學生回答：「我住在○○○……」

9. 反覆練習步驟 7、8 五次。

10. 發披薩點餐單給學生。

11. 教學者：「小朋友，先想好你想吃什麼口味的披薩？」

12. 等待學生回應，時間延宕 1 分鐘。

13. 協助者給與適當的提示或引導沒有回應的學生。

14. 學生有回應，教學者立即重複說：「要一個大的○○口味披薩」；學生複誦三遍。

15. 準備點餐單上說的錢（540 元）。

　　⑴教學者說明要拿 5 張 100 元；4 個 10 元。

　　⑵教學者準備棋格線索請學生將錢放在棋格線上。

16. 反覆練習五次；直到學生熟練為止。

增強與提示 →

(一)學生做出回應：教學者用讚賞誇張的表情說：「很棒，你會選自己想要的披薩了！」

(二)學生如無回應：協助者指著點餐單介紹並喚醒以往嘗過的口味經驗。介紹披薩口味時，手指著點餐單每個口味的圖片及內容成分部分引導學生仔細看。

補充說明 →

(一)協助者指導學生確實每一份餐都看一次再挑選。

(二)問姓名、電話、住址時教學者可更換不同的問法，讓學生熟悉不同的詢問方式。例如：「請問你叫什麼名字？」「請問你是誰？」「請問你的電話是幾號？」「請問你的電話是多少？」

(三)一次只練習一種披薩直到熟悉後再延伸其他種類。

階段二：演練教學──個別教學

準備活動 →

(一)準備披薩點餐單。

(二)準備兩部玩具電話。

(三)將披薩店電話號碼、學生姓名、學校電話號碼、學校地址等寫在紙上。

(四)流程表

　　1.打披薩店電話→ 2.說：「你好，我要訂披薩。」→ 3.說：「要大的○○口味。」→ 4.說電話號碼、姓名→ 5.告知送貨地址→ 6.說：「謝謝你！」→ 7.準備錢→ 8.等待送披薩來→ 9.付錢。

(五)告訴學生「演練」的目的：學會以後，○○活動（慶生會、同樂會……）可以請他幫忙訂購披薩。

教學流程

(一)教學

1. 請學生先決定要吃什麼口味的披薩。

2. 等待學生回應，時間延宕 1 分鐘。

3. 協助者給與適當的提示或引導沒有回應的學生。

4. 學生有回應，教學者立即重複說：「要一個大的○○口味披薩」；學生複誦三遍；並將它寫在紙條上。

5. 教學者請學生打披薩店電話。

   (1)協助者在一旁協助或提示。

   (2)學生做出正確回應後，協助者立即伸出大拇指表示讚美與肯定。

6. 教學者拿起另一部電話，說：「你好，這裡是○○○（披薩店名）」。

7. 學生：「你好，我要大的○○口味一個」。

8. 教學者：「請問你的電話是幾號？」

9. 學生：「電話是 959○○○○」。

10. 教學者：「請問你是誰（什麼名字）？」

11. 學生：「我是○○○」。

12. 教學者：「請問要送到哪裡？」

13. 學生：「請送到○○……住址」。

14. 教學者複誦：「○先生（小姐）你點的是一個大的○○口味披薩，送到○○……住址。是（對）嗎？」

15. 協助者指導學生看著紙條，並用手指著一一核對是否正確。

16. 學生：「是的，謝謝你！」

17. 教學者：「總共 550 元。大約 30 分鐘後會送到。謝謝！」

18. 學生：「謝謝，再見！」掛上電話。

19. 協助者指導學生準備 550 元；及耐心等待。

   (1)教學者說明要拿 5 張 100 元；5 個 10 元。

   (2)教學者準備棋格線索請學生將錢放在棋格線上。

20. 30 分鐘後，教學者送披薩來。

21. 協助者指導學生接過披薩，並說：「這是 550 元」；等待點收。

22.教學者：「對了，謝謝你」。

23.學生：「不客氣，再見！」

24.教學者用不同的詢問方式反覆練習至少五次。

增強與提示

(一)學生做出回應：協助者立即伸出大拇指表示讚美與肯定。

(二)學生如無回應：協助者指著紙張上正確的答案處要學生說出。

補充說明

(一)扮演時，教學者盡量能裝扮像披薩店服務人員。如穿上圍裙或背心、戴同樣顏色的帽子等。

(二)每一種的詢問方式熟練後，再換另一種詢問方式練習。

　　例如：詢問名字「請問你是誰？」「你是？」「怎麼稱呼？」

(三)協助者指導學生當發現教學者複誦錯誤時，能再告訴對方一次。

(四)指導學生等待時，可以指著時鐘告訴他長針走到哪裡就是 30 分鐘到了或使用計時器。

(五)錢幣的組合可視情況改變，教學者依學生的需求做錢幣棋格。

(六)注意並指導學生接物時的方法和應對的禮節。

階段三：打電話訂購

準備活動

(一)準備披薩點餐單。

(二)將披薩店電話號碼、學生姓名、學校電話號碼、學校地址等寫在紙上。

(三)流程表： 1.打披薩店電話→ 2.你好，我要訂披薩→ 3.要大的○○口味→ 4.電話號碼、姓名→ 5.告知送貨地址→ 6.謝謝你！→ 7.準備錢→ 8.等待送披薩來→ 9.付錢。

教學流程

(一)教學

1.請學生先決定要吃什麼口味的披薩。

2.等待學生回應，時間延宕 1 分鐘。

3.協助者給與適當的提示或引導沒有回應的學生。

4.學生有回應，教學者立即重複說：「要一個大的○○口味披薩」；
學生複誦三遍；並將它寫在紙條上。

5.如階段二教學流程 1～24。

增強與提示

(一)學生做出回應：教學者立即點頭並伸出大拇指表示讚美與肯定。

(二)學生如無回應：教學者指著紙張上正確的答案處要學生說出。

補充說明

(一)教學者可利用活動式分機適時指導學生做出正確反應。

(二)教學者指導學生當發現服務人員複誦錯誤時，能再告訴對方一次。

(三)指導學生等待時，可以指著時鐘告訴他長針走到哪裡就是 30 分鐘到
了；或使用計時器。

(四)注意並指導學生接拿物品時的方法和應對的禮節。

(五)學生熟練後，經家人同意可在家自行訂購。

附圖說明

提示字卡：

(一)學生回答問題時（手上拿著或放在桌上）使用。

(二)教學者和協助者用來提示或教學時使用。

「字卡」

(1)披薩店電話號碼：952○○○○○

(2)我要一個大的○○口味披薩

(3)我是：○○○

(4)電話號碼：959○○○○○

(5)地址：送到○○……住址

「錢幣棋格」

(1)

$100　$100

$100　$100

$100

⑩ ⑩ ⑩ ⑩ ⑩

(2)

$500　　50

領域：溝通訓練

單元主題 26：會為他人歡呼

▶賴伶華◀

❀ 理論基礎

　　與他人互動（溝通）困難是自閉症者的特徵，功能性的溝通訓練有助於改善這種情況，指導自閉症者當看見他人有好表現時能為他人喝采，合宜的表達情緒，並可以增進良好的人際互動。

❀ 教學目標

　　㈠能以正確合宜的方式為他人歡呼。
　　㈡能主動為他人歡呼。
　　㈢適時的表達自己的情緒。

❀ 適用對象

　　低、中、高功能自閉症者（幼稚園至國中階段）。

❀ 先備能力

　　大肢體動作靈活、會用眼睛注視。

❀ 教學材料

　　學生熟悉的遊戲軟體（過關後會有歡呼聲和慶賀畫面）。

❀ 教學策略

　　㈠教學：如教學步驟。
　　㈡提示
　　　1.方式：溝通圖卡、口語、肢體動作。
　　　2.次數：依學生狀況，逐漸減少提示的次數，並慢慢褪除。

㈢時間延宕

　　1. 漸進式：逐漸增加延宕的時間，從 0 秒、2 秒、4 秒……最高不超
　　　過 10 秒，適用於極度過動的學生。

　　2. 固定式：每次延宕時間都固定，例如 3 秒鐘，計時默數方式 001、
　　　002、003。

㈣增強

　　1. 自然增強：可以玩遊戲軟體（過一關）。

　　2. 社會性增強：當學生能主動表示「哇，你真棒！」時，教學者立
　　　即以誇張表情並點頭拍手說：「哇，你真棒！」「哇，你真厲
　　　害！」「哇，你好棒！」「不錯喔！」

㈤類化

　　1. 讓學生在不同情境下，每天反覆練習至少五次，至少持續實施二
　　　週，直到學生看見他人有好表現時，會主動為他人歡呼。

　　2. 待學生逐漸內化後，增加不同情境的活動。例如：玩遊戲、看完
　　　表演、他人有好表現（唱歌、說故事、示範……）時等。

教學步驟

階段一：小組教學

準備活動

㈠學生熟悉的遊戲軟體。

㈡將電腦的音箱聲音關掉。

教學流程

㈠示範

　　1. 學生玩遊戲軟體過關了，沒有以往的慶賀聲。

　　2. 教學者：「沒有聲音，沒關係！」

　　3. 教學者馬上為學生配上音效。

　　　例如：⑴熱烈的掌聲加上歡呼聲或「哇，你真棒！」「哇，你真

厲害！」「哇，你好棒！」「不錯喔！」

 ⑵將手掌放在學生臉旁做閃爍狀加上歡呼聲或「哇，你真棒！」「哇，你真厲害！」「哇，你好棒！」「不錯喔！」

4. 請另一位學生闖關，過關了。

5. 教學者馬上為學生配上音效。

6. 再請另一位學生闖關。

7. 如步驟 3～6 至少反覆三次（剛開始兩、三次歡呼方式一樣；逐漸的可以和上一次不一樣）。

㈡教學

1. 由教學者挑戰過關了。

2. 教學者說：「沒有聲音。小朋友，你們要怎麼替老師歡呼？」

3. 等待學生回應，時間延宕 3 秒鐘。

4. 協助者給與適當的提示或引導沒有回應的學生。

 ⑴無口語能力者：

  ①拍拍手表示：「好棒！」

  ②手掌放在老師臉旁做閃爍狀。

  ③使用溝通板、溝通圖卡或溝通簿表示：「好棒！」

 ⑵具口語能力者：

  ①會發出「聲音」。

  ②說出「棒」。

  ③說：「好棒」。

  ④說：「你真棒！」

  ⑤說：「哇，你真厲害！」「哇，你好棒！」或「不錯喔！」（並加上拍手或手掌放在老師臉旁做閃爍狀。）

5. 學生有回應（表示歡呼之意），教學者立即鞠躬並親切微笑說：「謝謝大家！」並換學生闖關一次。

6. 同上步驟，反覆練習至少選五位學生闖關成功；其他學生練習為闖關成功者歡呼。

增強與提示 →

(一)學生做出回應：教學者（或闖關成功的學生）鞠躬並親切微笑說：「謝謝大家！」同時換另一位學生闖關。

(二)學生如無回應：協助者適當提示學生為他人歡呼，並依學生狀況，逐漸減少提示的次數，並慢慢褪除提示。

補充說明 →

(一)協助者要注意並提醒學生為他人歡呼時眼睛要看著對方。

(二)動作提示褪除程序

例如：*1.*協助者輕抓著學生的手拍手說：「你好棒！」學生仿說：「你好棒！」

*2.*協助者做拍手狀（閃爍狀或伸出大拇指），示意學生拍手（閃爍狀或伸出大拇指）表示：「你好棒！」

*3.*協助者用手輕拍學生的手，示意學生表示：「你好棒！」

*4.*協助者指著「好棒」的圖卡，示意學生表示：「你好棒！」

(三)口語訓練的程序（仿說→自發性的說）

例如：*1.*會發出「聲音」。

*2.*說「棒」或「好」。

*3.*說「好棒」。

*4.*說「你好棒」、「你真棒」。

*5.*說：「○○，你真（好）棒！」

(四)指導學生如何熱烈拍手。

(五)動作（拍手或閃爍狀）和口語提示要同時出現，可依學生不同的程度做搭配調整。

階段二：延伸教學──當同學有好表現時

準備活動 →

(一)上知動課時，老師請小朋友做動作或玩遊戲。

㈡準備平衡木。

教學流程

㈠教學者示範走平衡木。

㈡教學者說：「○○（學生），請你來走一次」。

㈢指導○○（學生）順利走過平衡木。

㈣教學者熱烈鼓掌並說：「你好棒哇！小朋友，我們一起為○○（學生）歡呼」。

㈤等待學生回應，時間延宕3秒鐘。

㈥協助者給與適當的提示或引導沒有回應的學生。

　1. 無口語能力者：

　　⑴拍拍手表示：「好棒！」

　　⑵手掌放在○○（學生）臉旁做閃爍狀。

　　⑶使用溝通板、溝通圖卡或溝通簿表示：「好棒！」

　2. 具口語能力者：

　　⑴會發出「聲音」。

　　⑵說出「棒」。

　　⑶說：「好棒」。

　　⑷說：「你真棒！」

　　⑸說：「哇，你真厲害！」「哇，你好棒！」或「不錯喔！」（並加上拍手或手掌放在老師臉旁做閃爍狀。）

㈦學生有回應（表示歡呼之意），教學者立即指導○○（學生）鞠躬並親切微笑說：「謝謝大家！」並換另一位學生練習走平衡木。

㈧同上步驟，至少選五位學生練習走平衡木，其他學生為通過平衡木者歡呼。直到會主動為他人歡呼。

增強與提示

㈠學生做出回應：教學者（或闖關成功的學生）鞠躬並親切微笑說：「謝謝大家！」同時換另一位學生闖關。

㈡學生如無回應：協助者適當提示學生為他人歡呼，並依學生狀況，逐漸減少提示的次數，並慢慢褪除提示。

補充說明 →

(一)協助者要注意並提醒學生為他人歡呼時眼睛要看著對方。

(二)動作提示褪除程序

　　例如：1.協助者輕抓著學生的手拍手說：「你好棒！」學生仿說：

　　　　　　「你好棒！」

　　　　　2.協助者做拍手狀（閃爍狀或伸出大拇指），示意學生拍手

　　　　　　（閃爍狀或伸出大拇指）表示：「你好棒！」

　　　　　3.協助者用手輕拍學生的手，示意學生表示：「你好棒！」

　　　　　4.協助者指著「好棒」的圖卡，示意學生表示：「你好棒！」

(三)口語訓練的程序（仿說→自發性的說）

　　例如：1.會發出「聲音」。

　　　　　2.說「棒」或「好」。

　　　　　3.說「好棒」。

　　　　　4.說「你好棒」、「你真棒」。

　　　　　5.說「○○，你真（好）棒」。

(四)指導學生如何熱烈拍手。

(五)動作（拍手、閃爍狀或伸出大拇指）和口語提示要同時出現，可依

　　學生不同的程度做搭配調整。

❀ 附圖說明

　　溝通圖卡：

(一)學生表達需求時（在溝通板、溝通簿、手上拿著圖卡）使用。

(二)教師用來提示或教學時使用。

(三)依學生不同的能力或進程選用。

	好棒	好　棒	好棒
圖卡（好棒）	圖大＋文字小	圖小＋文字大	文字

單元主題27：（你）是誰

▶黃昭蓉◀

理論基礎

　　語言發展遲滯為自閉症者的特徵，運用其視覺優勢介入圖形溝通，並透過自然情境教學的模式，引導自閉症者做自發性的口語表達。

教學目標

㈠能主動詢問：「（你）是誰？」
㈡得到東西時能表示謝意。
㈢能注意接聽電話的禮儀，並詢問來電者姓名。

適用對象

　　中、高功能自閉症者（幼稚園至國小階段）。

先備能力

　　具備口語能力、聽力正常、會使用溝通圖卡、會開關教室的門。

教學材料

　　自製插卡式工作序列條、溝通圖卡、字卡、電話。

教學策略

㈠示範：請口語能力佳的同學示範，如教學流程。
㈡提示：依學生狀況，逐漸減少提示的次數，並慢慢將提示褪除。
　　1. 視覺提示：工作序列之溝通文字圖卡。
　　2. 肢體提示：當學生無回應時，教學者拉起學生的手指著圖卡，並要求學生按照文字圖卡上的指令做反應。

3.口頭提示：對於口語能力較好的學生，當他無回應時，教學者則使用口語說：「說──」以提示學生接著回答。

㈢固定式時間延宕：每次延宕時間都固定，如 3 秒鐘，計時默數方式001、002、003。

㈣增強

 1.負增強：只要學生沒說出「（你）是誰？」，就持續被蒙住眼睛（階段一）。

 2.正增強：選擇學生喜歡的食物當作增強，如 m&m's 巧克力等（階段一、二）。

 3.社會性增強：當學生達到教學者的要求，教學者立即給與口頭讚美：如：「謝謝你，你好棒！」（階段三）

㈤類化

 1.人物的類化：變換不同的人（老師、同學、父母等），與學生做互動，引發其主動發問。

 2.情境的類化：設計不同情境的對答活動，如教室、家裡等，讓學生能在適當的情境做正確的反應。

教學步驟

階段一：個別教學

準備活動

  在一個安全的環境，示範同學坐在椅子上，教學者站在示範同學的正後面，協助者站在示範同學的右側。

教學流程

㈠示範

 1.教學者站在示範同學的背後，並以雙手將示範同學的雙眼蒙住。

 2.當示範同學說出「（你）是誰？」時，教學者馬上把雙手放開。

㈡教學

　　教學者站在學生的背後，並以雙手將學生的雙眼蒙住，時間延宕 5
秒鐘，觀察學生是否有回應。

㈢增強與提示

　　1.學生做出回應：教學者立即放開雙手，並走到學生面前，看著學
　　　生說：「我是○老師」，並馬上給與一顆 m&m's 巧克力，當作增
　　　強。

　　2.學生如無回應：協助者適當提示學生回應教學者，且依學生狀況，
　　　減少提示的次數，並慢慢褪除提示。

　　　⑴學生口語能力較差或剛開始練習時，協助者在學生耳邊說：
　　　　「（你）是誰？」讓學生仿說：「（你）是誰？」

　　　⑵學生口語能力較好或已練習多次時，協助者在學生耳邊說：
　　　　「說——」讓學生接著說：「（你）是誰？」

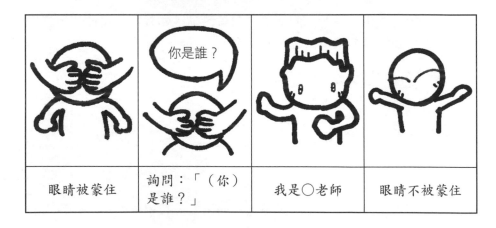

眼睛被蒙住	詢問：「（你）是誰？」	我是○老師	眼睛不被蒙住

補充說明：主動詢問句「（你）是誰？」，可依學生能力，調整口語訓
練的程序，能力由低至高：例如：*1.*「誰？」→ *2.*「是誰？」→ *3.*「你
是誰？」

階段二：小組教學

準備活動

㈠在一般教室中，教學者與學生在教室內的座位上等待，協助者與其他同學（約五人）排隊站在教室門外，每個同學手中拿著一顆包裝的 m&m's 巧克力。

㈡協助者事先指導教室門外的同學，敲門三下，等待教室內的學生問「（你）是誰？」後，回答：「我是○○○」。

教學流程

㈠示範

當示範同學聽到敲門聲時，主動說出：「（你）是誰？」等待教室門外的同學回答「我是○○○」後，示範同學再打開教室門，門外的同學便將手上的 m&m's 巧克力送給示範同學。示範同學雙手接到 m&m's 巧克力後，能向同學表達謝意，並將教室門關上。

㈡教學

教學者提示學生聽到敲門聲時，說出「（你）是誰？」（時間延宕 5 秒鐘，觀察學生是否有回應），待教室門外的同學回答「我是○○○」後，引導學生打開教室門。同學便將手上的 m&m's 巧克力送給學生。學生雙手接到 m&m's 巧克力後，能向同學表達謝意，並將教室門關上。

㈢增強與提示

　　1. 學生正確反應後：能得到同學手上的 m&m's 巧克力。

　　2. 學生如無回應：教學者手指著「（你）是誰？」的圖卡或字卡並在學生耳邊說：「說──」學生接著說：「（你）是誰？」

㈣等待與練習

學生將教室門關上後，能在座位上安靜等待下一位同學敲門，並重複練習教學流程㈡五次。

補充說明：

㈠提醒學生要輕輕的開關門。

㈡提醒學生要雙手接物，並表達謝意（說謝謝、手語、點點頭等）。

教學流程圖卡：教師用。

1	2	3	4
			你是誰？
學生坐在教室內等待	其他同學排隊站在教室門外	教室門外的同學敲門三下	學生站起來並詢問：「（你）是誰？」

5	6	7	8
我是○○○			
教室門外的同學回答：「我是○○！」	學生打開門，得到同學的巧克力	把門關上	坐下等待

工作序列圖卡：學生用。

1	2	3	4
學生坐在教室內等待	教室門外的同學敲門三下	學生站起來並詢問：「（你）是誰？」	學生打開門，得到同學的巧克力
5	6		
把門關上	坐下等待		

工作序列條

補充說明：

1. 教學者先將溝通圖卡按照順序插於工作序列條上。

2. 當學生每完成一個步驟，便將工作序列條上的卡片翻面，代表完成該步驟。

階段三：教學延伸──接電話

準備活動

請協助者從其他地方撥電話到教室。

教學流程

㈠示範

　　1.當電話鈴聲響起時，示範同學主動接起電話說：「喂，請問你是誰？」示範同學須注意聆聽對方說話後，回答：「請等一下！」並請老師聽電話。

　　2.教學者立即給與口頭讚美：「謝謝你，你好棒！」

㈡教學

　　當電話鈴聲再響起時，教學者手指向電話，請學生接電話，時間延宕5秒鐘，觀察學生是否有正確詢問。

㈢增強與提示

　　1.學生做出回應後：老師立即給與口頭讚美：「謝謝你，你好棒！」

　　2.學生如無回應：

　　　⑴教學者在學生的耳邊小聲的說：「喂，請問你是誰？」學生仿說：「喂，請問你是誰？」

　　　⑵教學者在學生的耳邊小聲的說：「喂」，學生接著說：「請問你是誰？」

　　3.學生能力增加後：教學者可依學生的能力延伸教學內容，例如：「請問你要找誰？」「請等一下！」……如教學流程㈠～㈢。

㈣類化

　　1.教室情境：學生負責接聽教室的電話。

　　2.家裡情境：由學生負責接聽家裡的電話。

工作序列圖卡：學生用。

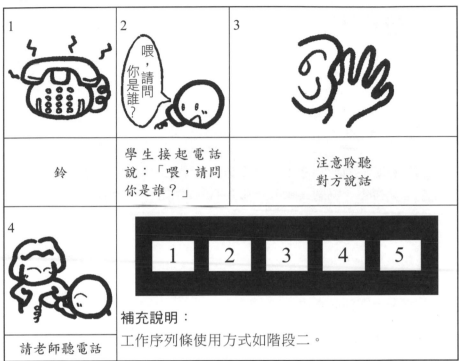

1	2 喂，請問你是誰？	3
鈴	學生接起電話說：「喂，請問你是誰？」	注意聆聽對方說話
4	1 2 3 4 5	
請老師聽電話	補充說明：工作序列條使用方式如階段二。	

單元主題 28：描述位置——裡外

▶黃昭蓉◀

理論基礎

運用自閉症者於視覺處理的優勢，以顏色、圖片、文字等將空間、工作程序結構化，協助其瞭解外在空間位置與活動的程序。

教學目標

(一)能辨識裡面、外面。
(二)能正確說出裡面、外面。
(三)能跟著音樂活動身體。

適用對象

中、高功能自閉症者（幼稚園至國小階段）。

先備能力

具備口語能力、聽力正常、會使用溝通圖卡。

教學材料

(一)個別教學：視覺提示卡片、透明的箱子、裡面立牌、外面立牌、學生喜歡的食物或玩具（球、洋娃娃）。
(二)小組教學：站立式白板、個人照片（全部學生）、球池、錄放音機。
(三)教學延伸：工作序列圖卡。

教學策略

(一)示範：請口語能力佳的同學示範正確的語言與動作，如教學流程。
(二)提示：依學生狀況，逐漸減少提示的次數，並慢慢褪除。

領域：溝通訓練

1. 視覺提示：方位字卡、工作序列圖卡。

2. 口語配合肢體動作：口語提示，並輕拉學生的手指出正確位置或工作序列的圖卡。

㈢時間延宕：漸進式逐漸增加延宕的時間，從 0 秒、2 秒、4 秒……最高不超過 10 秒。依學生學習情況選擇延宕時間。越過動的學生，延宕時間要越短。

㈣增強

1. 正增強：當學生正確說出位置，教學者立即將位置上的物品給與學生玩 2 分鐘（階段一）。

2. 負增強：只要學生未正確說出「我在裡面」，就不能離開球池（階段二）。

3. 社會性增強：當學生說出適當的回答，教學者立即給與口頭讚美，如：「答對了，你好棒！」（階段三）

㈤類化

情境的類化：設計不同情境的裡外辨識活動，如盒子的裡外、球池的裡外、廁所的裡外等，空間由小到大。

❀ 教學步驟

階段一：個別教學

準備活動→

教學者將 裡面 立牌放在箱子裡面，把 外面 立牌放在箱子外面。

教學流程→

㈠辨識位置

1. 教學者以手指 裡面 標籤對學生說：「裡面」，以手指著 外面 標籤對學生說：「外面」。

2. 當教學者說「裡面」後，隨即拉著學生的手，指出 裡面 的標籤；當教學者說「外面」後，隨即拉著學生的手，指出 外面 的標籤。

以此反覆練習，直到學生聽到口令能做出正確反應後，再進行下一活動。

3. 待學生能依教學者的指令，正確指出裡面與外面的位置後，再由教學者以手指出 裡面 的標籤，並等待學生說出：「裡面」；教學者以手指出 外面 的標籤，並等待學生說出：「外面」。以此反覆練習，直到學生能清楚辨識裡面與外面的位置。

(二)教學

1. 教學者將球放在箱子裡（ 裡面 的立牌旁邊），將洋娃娃放在箱子外（ 外面 的立牌旁邊）。

2. 教學者一面說：「球在——」一面輕拉學生的手，指著 裡面 的立牌，並等待（時間延宕）學生說出：「裡面」。

3. 教學者一面說：「洋娃娃在——」一面輕拉學生的手，指著 外面 的立牌，並等待（時間延宕）學生說出：「外面」。

(三)增強與提示

1. 學生做出回應：教學者立即對著學生說：「球在裡面（洋娃娃在外面）。」並將球（洋娃娃）拿給學生玩 2 分鐘。

2. 學生如無回應：協助者適當提示學生回應教學者，且依學生狀況，減少提示的次數，並慢慢褪除提示。

(1)協助者輕拉學生的手，指著裡面立牌（外面立牌）說：「裡面（外面）」，學生仿說：「裡面（外面）」。

(2)協助者輕拉學生的手，指著裡面立牌（外面立牌）說：「說——」學生接著說：「裡面（外面）」。

補充說明：

(一)立牌內容可依學生能力調整口語訓練的程序（能力由低至高），例如：

1. 裡面 → 2. 在裡面 → 3. 在箱子裡面 → 4. 球在箱子裡面 。

1. 外面 → 2. 在外面 → 3. 在箱子外面 → 4. 洋娃娃在箱子外面 。

(二)教學者可使用各種能分辨裡外的物品或空間帶入活動中。例如：糖果在盒子裡面、餅乾在盒子外面；蘋果在袋子裡面、香蕉在袋子外面。

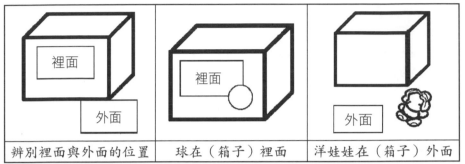

辨別裡面與外面的位置	球在（箱子）裡面	洋娃娃在（箱子）外面

階段二：小組教學

準備活動

在一安全平坦的空間，教學者準備一個球池，並站在球池旁邊。請一位學生躲進球池裡面。協助者和其他學生手牽手圍繞在球池外面。

教學流程

(一)遊戲

1. 在球池外面的學生手牽手圍在球池外面，教學者播放「誰在裡面」歌曲，學生一面跟著唱一面轉圈。

2. 當歌曲結束時，教學者問：「誰在裡面？」外面的小朋友要說出「○○○在（球池）裡面」。

3. 在球池裡的學生要說出「○○○在裡面」，當他完全說對了，才可離開球池，與另一位學生交換位置。

4. 重複練習數次。

(二)教學

1. 協助者和球池外面的學生手牽手一起活動，並引導學生配合音樂轉圈和歌唱。

2. 當歌曲結束時，教學者手指著球池並問全部學生：「誰在裡面？」一面指著球池內學生的照片提示全部學生要說出「○○○在裡面」。

3. 當全部學生正確回答後，教學者協助球池內學生離開球池，由他自己選擇一位外圈學生的照片交給教學者，並與照片中的學生擊

掌交換位置。

㈢增強與提示

　　1.球池內的學生做出回應後：能離開球池。

　　2.球池內學生如無回應：教學者手指著球池內學生的照片，並提示學生說：「○○○（我）」，而學生接著說：「○○○（我）在裡面」。

㈣等待與練習

　　1.球池內的學生尚未完成反應時，須安靜地在球池內等待。

　　2.其他學生尚未被選擇進入球池時，能跟著音樂一起唱，並回答「○○○在裡面」，當被選擇交換位置時，不能拒絕。

　　3.以此方式輪流練習。至少讓每一位學生都有機會進入球池。

補充說明：

㈠提醒學生與其他同學擊掌交換位置時，要有眼神接觸並注意禮貌。

㈡當學生熟悉「○○○在裡面」的位置後，再進行「○○○在外面」活動（一個學生在球池外面，其他學生在球池裡面，唱「誰在外面」，如上步驟做問答練習）。

㈢回答內容可依學生能力做調整：口語能力較好者，可明確回答出誰在何空間裡面或運用人稱代詞，例如：「○○○在球池裡面」、「我在球池裡面」等。

㈣教學者可使用各種能分辨裡外的空間帶入活動中。

階段三：教學延伸──等待上廁所

準備活動

㈠在班級的廁所，教學者和一個學生在廁所內並將廁所門關起來，協助者和其他學生在廁所外面排隊等待準備上廁所。

㈡教學者將學生的工作序列貼在廁所門上，提示學生反應動作，當學生完成一動作，便可將卡片翻面。

教學流程➞

㈠示範與教學

　　1. 廁所外的示範同學敲廁所的門三下，詢問：「誰在裡面？」並安靜地在門外等待廁所內的學生回答。

　　2. 廁所內的學生聽到詢問，須回答：「○○○（我）在裡面」。等待 5 秒鐘後，廁所內的學生再將廁所門打開，走出廁所排到隊伍後面，換示範同學進入廁所，並將廁所門關上。

㈡增強與提示

　　1. 學生做出回應後：教學者及協助者立即給與學生口頭讚美：「你好棒！」

　　2. 學生如無回應：教學者手指工作序列圖卡提醒學生做適當反應。

㈢類化

　　請家長協助，學生在家中要上廁所時，能依實際情境練習對話。

❖ **附圖說明**

工作序列圖卡。

1	2	3
排隊等待	敲門三下	問：「誰在裡面？」
4	5	6
等待	進入廁所	關門

單元主題 29：描述位置──上下

▶ 黃昭蓉 ◀

理論基礎

運用自閉症者於視覺處理的優勢，以顏色、圖片、文字等將空間、工作程序結構化，協助其瞭解外在空間位置與活動的程序。

教學目標

(一)能辨識上下位置。
(二)能正確描述上面、下面的位置。
(三)能體驗上下不同的高度。

適用對象

中、高功能自閉症者（幼稚園至國小階段）。

先備能力

具備口語能力、聽力正常、會使用溝通圖卡。

教學材料

自製插卡式工作序列條、溝通圖卡、字卡、立牌、學生喜歡的食物或玩具（糖果、飲料）。

教學策略

(一)示範：請口語能力佳的同學示範正確的語言和動作，如教學流程。
(二)提示：依學生狀況，逐漸減少提示的次數，並慢慢褪除。
　1. 視覺提示：方位字卡、工作序列圖卡。
　2. 口語配合肢體動作：口語提示，並輕拉學生的手指出正確位置或

工作序列的圖卡。

㈢漸進式時間延宕

　　逐漸增加延宕的時間，從 0 秒、2 秒、4 秒……最高不超過 10 秒。依學生學習情況選擇延宕時間。越過動的學生，延宕時間要越短。

㈣增強

　　1.正增強：選擇學生喜歡的食物當作增強，如糖果、飲料等（階段一）。

　　2.負增強：只要學生沒說出「我在（球的）下面」，必須持續被壓在大龍球下（階段二）。

　　3.社會性增強：當學生達到教學者的要求，教學者立即給與口頭讚美：「答對了，你好棒！」（階段三）

㈤類化

　　情境的類化：設計不同情境的上下辨識活動，如桌子的上下、樓層的上下、物體的上下等空間位置。

❀ 教學步驟

階段一：個別教學

準備活動

　　教學者將 上面 立牌放在桌子上面，把 下面 立牌放在桌子下面。

教學流程

㈠辨識位置

　　1.教學者以手指著 上面 的立牌說：「上面」；再以手指著 下面 的立牌說：「下面」。

　　2.當教學者說「上面」後，隨即拉著學生的手指出 上面 的立牌；當教學者說「下面」後，隨即拉著學生的手指出 下面 的立牌。以此反覆練習，直到學生能做出正確反應後，再進行下一活動。

　　3.待學生能依教學者的指令正確指出上面與下面的位置後，再由教

學者以手指 上面 的立牌，並等待（時間延宕）學生說出「上面」；教學者以手指 下面 的立牌，並等待（時間延宕）學生說出「下面」。以此反覆練習，直到學生能做出正確反應，清楚辨識上面與下面的位置。

(二)教學

1. 教學者將糖果放在 上面 立牌的旁邊，將飲料放在 下面 立牌的旁邊。

2. 教學者一面說：「糖果在──」一面輕拉學生的手，指著 上面 的立牌，並等待（時間延宕）學生說出「上面」。

3. 教學者一面說：「飲料在──」一面輕拉學生的手，指著 下面 的立牌，並等待（時間延宕）學生說出「下面」。

(三)增強與提示

1. 學生做出反應：教學者立即對著學生說：「糖果在上面（飲料在下面）」，並將糖果（飲料）送給學生。

2. 學生如無回應：協助者以肢體配合口語提示學生回應教學者，且依學生狀況，減少提示的次數，並慢慢褪除提示。

　(1)協助者指著 上面 立牌（ 下面 立牌）說：「上面（下面）」，學生仿說：「上面（下面）」。

　(2)協助者輕拉學生的手，指著 上面 立牌（ 下面 立牌）說：「說──」學生接著說：「上面（下面）」。

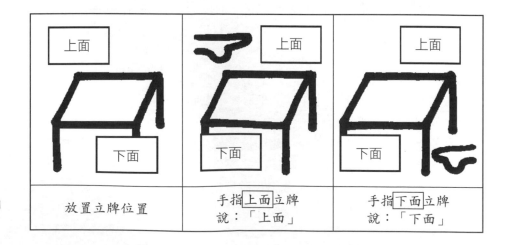

| 放置立牌位置 | 手指 上面 立牌
說：「上面」 | 手指 下面 立牌
說：「下面」 |

糖果放在 上面 立牌旁 飲料放在 下面 立牌旁	問：「糖果在——」 回答：「上面」	教學者複述： 「糖果在桌子上面」	學生得到糖果

補充說明：

(一)立牌內容可依學生能力調整口語訓練的程序（能力由低至高），例如：

1. 上面 → 2. 在上面 → 3. 在桌子上面 → 4. 糖果在桌子上面 。

1. 下面 → 2. 在下面 → 3. 在桌子下面 → 4. 飲料在桌子下面 。

(二)教學者可使用各種能清楚分辨上、下的物品或空間帶入活動中。例如：球在椅子上面、球在椅子下面；書包在櫃子上面、鞋子在櫃子下面等。

階段二：小組教學

準備活動

在一安全有軟墊的教室中，示範的學生平躺在地墊上，教學者將一個大龍球輕壓在學生身上。其他學生圍坐在一旁。

教學流程

(一)示範

教學者問學生：「誰在（球的）下面？」學生們要回答：「〇〇〇在（球的）下面」。而被壓在球下的示範同學要回答：「我在（球的）下面」。當示範同學正確反應後，教學者便將大龍球移開，示範同學起身走到另一個學生面前擊掌交換位置。

（二）教學

學生平躺在地墊上，教學者將學生輕壓在大龍球下，教學者問學生：
「誰在（球的）下面？」其他學生們要回答：「○○○在（球的）
下面。」並等待（時間延宕）被壓在球下的學生回答：「我在（球
的）下面。」觀察學生是否做出正確反應。

（三）增強與提示

1. 學生做出回應後：能不被壓在球下，並與其他人交換位置。

2. 學生如無回應：教學者手指著「我在（球的）下面」的圖卡或字卡，
並在學生耳邊說：「我——」學生接著說：「我在（球的）下面。」

（四）等待與練習

學生尚未被選擇時，須安靜坐在一旁等待，當教學者詢問「誰在（球
的）下面？」時，能清楚知道正被壓在大龍球下的是誰，並回答：
「○○○在（球的）下面。」當被選擇交換位置時，不能拒絕。以
此方式輪流練習至少五次。

補充說明：

（一）提醒學生與其他同學擊掌交換位置時，要有眼神接觸並注意禮貌。

（二）待學生熟悉「在（球的）下面」的位置後，再進行「在（球的）上
面」活動（學生趴在大龍球上，做問答練習）。讓學生實際體驗上
下的位置、上下高度的不同。

教學流程圖卡：教師用。

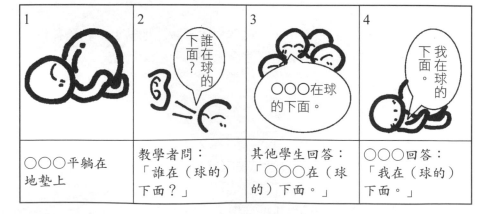

1	2	3	4
○○○平躺在地墊上	教學者問：「誰在（球的）下面？」	其他學生回答：「○○○在（球的）下面。」	○○○回答：「我在（球的）下面。」

領域：溝通訓練

5	6	7	8
○○○好棒！	○○○站起來	○○○與同學擊掌	交換位置

工作序列圖卡：學生用。

1	2	3	4
平躺在地墊上	聽	回答：「我在（球的）下面。」	站起來

5	6
與同學擊掌	交換位置

185

| 1 | 2 | 3 | 4 | 5 | 6 |

→工作序列條

補充說明：

㈠教學者先將溝通圖卡按照順序插於工作序列條上。

㈡當學生每完成一個步驟，便將工作序列條上的卡片翻面，代表完成該步驟。

階段三：教學延伸──看圖説話

準備活動→

㈠準備一張大壁報紙，紙上畫上下兩個大框框，代表是兩層樓的房子。上面的框框標示 樓上 ，下面的框框標示 樓下 。

㈡另準備各種人物的圖卡，有爸爸（看報紙）、媽媽（掃地）、弟弟（玩球）、姊姊（寫功課）、哥哥（做運動）、奶奶（睡覺）等。將圖卡背後黏貼磁鐵或魔鬼氈，以便黏貼。

教學流程→

㈠示範

　1.教學者隨意將一人物圖卡黏貼到壁報紙的樓上或樓下，詢問示範同學，「哥哥在哪裡？」示範同學依壁報紙樓上的人物圖卡回答說：「哥哥在樓上（樓下）」。

　2.教學者立即給與口頭讚美：「答對了，你好棒！」

㈡教學

　教學者隨意將一人物圖卡黏貼到壁報紙的樓上或樓下，詢問學生：「誰在哪裡？」等待（時間延宕）並觀察學生是否有反應。

㈢增強與提示

　1.學生做出回應後：老師立即給與口頭讚美：「答對了，你好棒！」

　2.學生如無回應：

(1)教學者指著人物圖卡並在學生的耳邊小聲的說：「哥哥在樓上
（樓下）」，學生仿說：「哥哥在樓上（樓下）」。

(2)教學者指著人物圖卡提示學生說：「哥哥在——」學生接著說：
「樓上（樓下）」。

㈣延伸句子

1. 教學者隨意將一人物圖卡黏貼到壁報紙的樓上或樓下，詢問學生：
「○○在哪裡？」學生能依圖卡位置回答「○○在樓上（樓下）」
後，教學者再問：「○○在樓上（樓下）做什麼？」學生能依圖
卡動作回答：「○○在樓上（樓下）做運動」。例如：哥哥在樓
上做運動。

2. 教學者依學生學習狀況，變換不同人物及空間位置做練習。

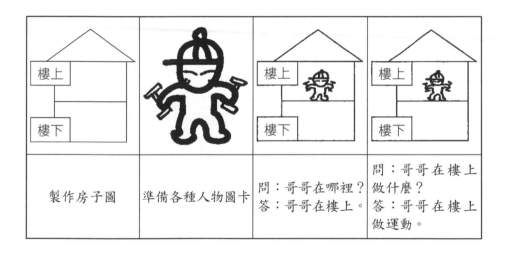

領域：溝通訓練

單元主題 30：回應個人的問題

▶黃昭蓉◀

理論基礎

　　自閉症者在溝通上欠缺運用語言的能力，與他人對話時，慣於鸚鵡式的仿說，無法與他人做有意義的交談。運用圖片與文字的視覺提示，教導自閉症者換人說話的時機及與他人對話的情境。

教學目標

㈠能知道自己的相關訊息。
㈡能適當回答他人問題。
㈢能與他人交談。

適用對象

　　中、高功能自閉症者（幼稚園至國小階段）。

先備能力

　　具備口語能力、會使用溝通圖卡。

教學材料

　　各類圖卡（個人相關訊息、配合問題的選項圖卡）、對話書、老師的大頭照、學生的大頭照。

教學策略

㈠提示：依學生狀況，逐漸減少提示的次數，並慢慢褪除。
　　1.視覺提示：各種溝通字圖卡。
　　2.肢體提示：當學生無回應時，教學者則拉起學生的手選擇圖卡、

貼上圖卡後並要求完整唸出 回答頁 上的句子。

　　3.口頭提示：對於口語能力較好的學生，當他無回應時，教學者則使用口語說：「說——」以提示學生接著回答。

(二)漸進式時間延宕

　　逐漸增加延宕的時間，從 0 秒、2 秒、4 秒……最高不超過 10 秒，以強化學生自發語言的獲得。而對於專注時間越短的學生，時間延宕要越短。

(三)增強

　　1.正增強：選擇學生喜歡的食物（巧克力……）、物品（電風扇……）或活動（旋轉椅子……）當作增強。

　　2.社會性增強：當學生達到教學者的要求，教學者立即給與口頭讚美：「說對了，你好棒！」

(四)類化

　　1.人物的類化：每天變換不同的人與學生進行練習，以增加學生與他人對話的能力與熟練度。

　　2.待學生熟練後，逐漸增加不同領域的提問與選項。

教學步驟

階段一：個別教學——固定答案

準備活動

(一)教學者先製作一本對話簿。

(二)對話簿內頁，左面為 問題頁 ，右面為 回答頁 。

(三) 問題頁 以黃色為底頁， 回答頁 以綠色為底頁。以不同的底頁顏色來區分問與答的關係。

(四)每一頁 問題頁 上面均貼上老師的大頭照，代表 問題頁 是由老師問。每一頁 回答頁 上面均貼上學生的大頭照，代表 回答頁 是由學生說。

教學流程

(一)教學

　　1. 教學者以手指著 問題頁 的問題，並面對學生問 問題頁 的問題。

　　2. 當教學者說完問題後，隨即拉著學生的手指著 回答頁 的答案，並引導學生說出 回答頁 的答案。

(二)增強與提示

　　1. 學生做出回應：教學者立即給與學生增強。

　　2. 學生如無回應：協助者適當提示學生回應教學者，且依學生狀況，減少提示的次數，並慢慢褪除提示。

　　　(1)協助者拉著學生的手，指著 回答頁 上的字與圖卡，完整說出回答句，以引導學生跟著仿說。

　　　(2)協助者拉著學生的手指著 回答頁 說：「說──」學生接著說出回答句。

(三)練習

　　1. 同一問題練習至學生能清楚瞭解自己該回答的話，並能接續教學者的問題適當回答。

　　2. 待學生學會問題一後，再繼續練習問題二。以此類推。

(四)類化

　　人物的類化：變換不同的人（老師、同學、父母等），與學生做問答互動，引發其針對問題主動回應的能力。

問題一 →

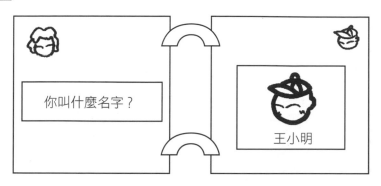

你叫什麼名字？

王小明

問題二 →

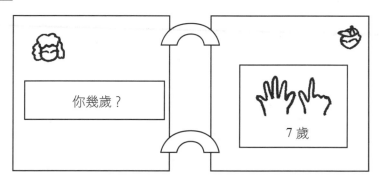

你幾歲？

7 歲

問題三 →

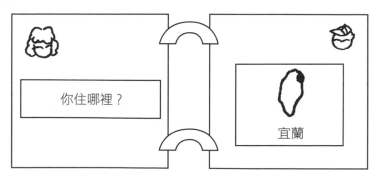

你住哪裡？

宜蘭

問題四 →

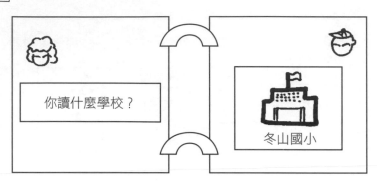

你讀什麼學校？

冬山國小

問題五 →

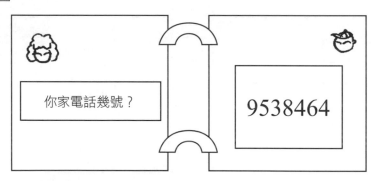

你家電話幾號？

9538464

階段二：個別教學──選擇性答案

準備活動 →

㈠教學者先製作一本回答問題溝通簿。

㈡溝通簿內頁，左面為 問題頁 ，右面為 回答頁 。

㈢ 問題頁 以黃色為底頁， 回答頁 以綠色為底頁。

㈣每一頁 問題頁 上面均貼上老師的大頭照，代表 問題頁 是由老師問。每一頁 回答頁 上面均貼上學生的大頭照，代表 回答頁 是由學生說。

教學流程

(一)教學

1. 教學者以手指著 問題頁 的問題，並看著學生說出 問題頁 的問題。

2. 當教學者說完問題後，隨即拉著學生的手選擇 回答頁 下方的答案圖卡，由學生自己選擇他想回答的答案圖卡，貼到 回答頁 中間的方格中，再引導學生說出自己選擇的答案。

(二)增強與提示

1. 學生做出回應：教學者立即給與學生一顆巧克力當作獎勵（增強物依學生的喜好選擇）。

2. 學生如無回應：協助者適當提示學生回應教學者，且依學生狀況，減少提示的次數，並慢慢褪除提示。

(1)協助者拉著學生的手，選擇 回答頁 上的一張答案圖卡，貼在 回答頁 中間的方格中，再指著 回答頁 說出回答句，要學生跟著仿說。

(2)協助者拉著學生的手指著 回答頁 說：「說——」學生接著說出回答句。

(三)練習與類化

1. 同一問題練習至學生能清楚瞭解自己該回答的話，並能接續教學者的問題適當回答。

2. 引導學生選擇不同的答案圖卡練習回答。

3. 待學生學會問題一後，再繼續練習問題二。以此類推。

4. 學生熟練對話模式後，可更換不同的人和學生進行對話練習。

問題一

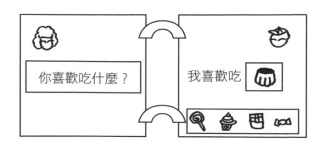

你喜歡吃什麼？　我喜歡吃

問題二 →

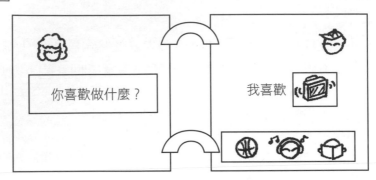

你喜歡做什麼？

我喜歡

問題三 →

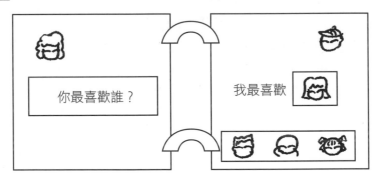

你最喜歡誰？

我最喜歡

問題四 →

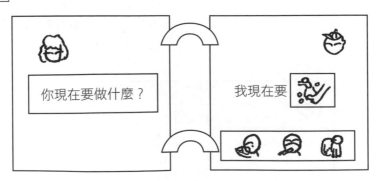

你現在要做什麼？

我現在要

問題五 →

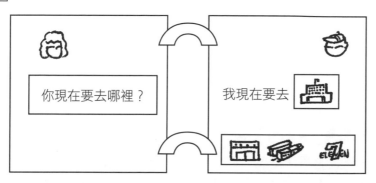

問題六 →

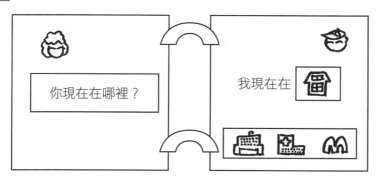

補充說明：

㈠剛開始學習對話練習時，回答頁上的答案先以圖片呈現，待學生熟練後，再加上文字呈現。

㈡溝通對話的內容須依學生需求做調整。

　1.口語功能較差者，以學生能選擇出適當的圖卡，並說出圖卡語詞即可。

　2.口語功能較好者或學生能力增加後，漸要求學生以完整句型回答。

㈢教學者可針對學生日常生活需求，編輯不同主題的對話練習本。

單元主題31：描述動作

▶黃昭蓉◀

理論基礎

　　自閉症者的語言發展大都出現顯著遲緩和障礙，對於各種動作的辨識與命名較為困難，運用電腦輔助教學引發學生的學習興趣，重複學習以達精熟。以圖卡、文字的配對練習與視覺提示，教導孩子正確描述動作。

教學目標

　　㈠能辨識各種動作。
　　㈡能說出各種動作的名稱。
　　㈢會模仿動作。

適用對象

　　中、高功能自閉症者（幼稚園至國小階段）。

先備能力

　　具備口語能力、聽力正常、肢體動作協調、會使用溝通圖卡。

教學材料

　　自編電腦動作教材、各種動作圖卡（跑、跳、拍）、動作溝通板、跑步機等。

教學策略

　　㈠電腦輔助教學。
　　㈡視覺提示。
　　㈢操作練習。

教學步驟

階段一：認識動作名稱

準備活動

　　教師先以簡報軟體製作一動作教材，並配合動畫錄製聲音。如以滑鼠點選電腦上「跑」的動畫，會同時出現人跑步的動畫與聲音。

教學流程

(一)仿讀

　　教學者以滑鼠點選電腦上跑步的動畫，當圖片、文字與聲音出現時，提醒學生專注看著螢幕上「跑」的動作，並跟著電腦仿讀：「跑」。仿讀練習至少五次，以加深學生的印象。

(二)對應

　　學生跟著電腦仿讀五次後，能在動作溝通板上正確拿出「跑」的圖卡與電腦螢幕上的動畫做對應。

(三)動作練習

　　學生正確對應後，教學者便引導學生拿著「跑」的圖卡貼在跑步機上，並到跑步機上練習跑步 10 秒鐘。

(四)增強與提示

　　當學生跑完 10 秒鐘，跑步機停止後，教學者手指著「跑」的圖卡，並引導學生說出「跑」。

　1. 學生做出正確反應：馬上給與口頭鼓勵：「你說對了！好棒！」並允許學生回到座位上休息。

　2. 學生如無回應：教學者手指著「跑」的圖卡一面說「跑」，一面示範「跑」的動作。再引導學生將「跑」的圖卡撕下，貼回電腦旁的動作溝通板上，請學生依步驟(一)～(三)再練習一次。

補充說明：

教學者運用電腦輔助教學及設計相關活動，依教學流程(一)～(四)引導學生學習各種動作的名稱。

教學流程圖卡

(一)跑

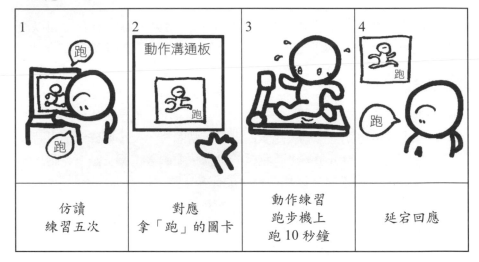

1	2	3	4
仿讀 練習五次	對應 拿「跑」的圖卡	動作練習 跑步機上 跑 10 秒鐘	延宕回應

(二)跳

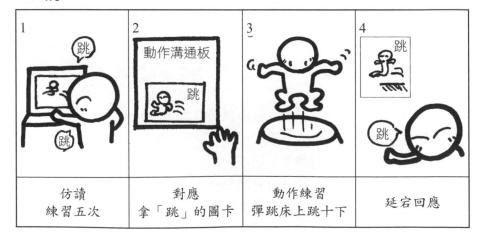

1	2	3	4
仿讀 練習五次	對應 拿「跳」的圖卡	動作練習 彈跳床上跳十下	延宕回應

（三）踢

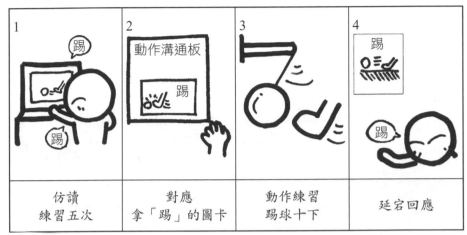

1	2	3	4
仿讀 練習五次	對應 拿「踢」的圖卡	動作練習 踢球十下	延宕回應

（四）拍

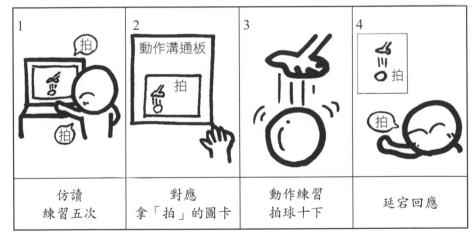

1	2	3	4
仿讀 練習五次	對應 拿「拍」的圖卡	動作練習 拍球十下	延宕回應

領域：溝通訓練

㈤轉開

1	2	3	4
仿讀 練習五次	對應 拿「轉開」的圖卡	動作練習 轉開五個瓶蓋	延宕回應

單元主題 32：描述何人做何事

▶ 黃昭蓉 ◀

領域：溝通訓練

理論基礎

自閉症者的語言發展大都出現顯著遲緩和障礙，尤其對於語句的理解更顯困難，在與他人溝通時無法完整表達自己的想法。運用圖卡、文字的配對練習與視覺提示，教導孩子使用完整語句，以提升溝通品質。

教學目標

㈠能眼神專注看電腦。
㈡能辨識他人和活動。
㈢能描述誰在做什麼。

適用對象

中、高功能自閉症者（幼稚園至國小階段）。

先備能力

具備口語能力、聽力正常、肢體動作協調、會使用溝通圖卡、能辨識老師與同學、能說出他人的名字。

教學材料

攝影機、老師及同學的照片、各種動作圖卡（畫圖）、動作溝通板。

教學策略

㈠多媒體輔助教學。
㈡視覺提示。
㈢操作練習。

教學步驟

準備活動

教師先用攝影機錄製老師與同學的動作，並配合動畫錄製聲音。

教學流程

（一）仿讀練習

教學者點選電腦上老師畫圖的動畫，當圖片、文字與聲音出現時，提醒學生能專注看著螢幕上的動作，並跟著電腦仿讀：「老師畫圖」。仿讀練習五次，以加深學生的印象。

（二）對應練習

學生跟著電腦仿讀五次後，能在溝通板上正確拿出老師的照片及「畫圖」的圖卡與電腦螢幕上的動畫做對應。並將老師的照片及「畫圖」的圖卡貼在對話簿上。

（三）對話練習

學生正確對應後，教學者指著影片問學生：「這是誰？在做什麼？」接著引導學生指著對話簿上的圖卡回答：「老師在畫圖」。

（四）情境練習

教學者安排班上同學進行畫圖課。教學者指著一位正在畫圖的同學，詢問學生：「這是誰？在做什麼？」教學者可指著照片與圖片，提示學生回答問題。當學生有正確反應時，立即給與增強。練習至學生不須提示而能正確反應為止。

補充說明：

教學者運用電腦輔助教學及設計相關活動，依教學流程（一）～（四）引導學生學習描述什麼人在做什麼活動。

附圖說明

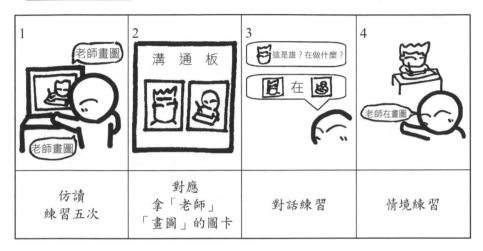

1	2	3	4
仿讀 練習五次	對應 拿「老師」 「畫圖」的圖卡	對話練習	情境練習

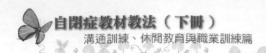

單元主題 33：會看圖描述完整句子㈠

▶ 黃昭蓉 ◀

理論基礎

　　自閉症者的語言發展大都出現顯著遲緩和障礙，尤其對於語句的理解更顯困難，在與他人溝通時無法完整表達自己的想法。運用圖卡、文字的配對練習與視覺提示，教導孩子使用完整語句，以提升溝通品質。

教學目標

　㈠能眼神專注看圖。
　㈡能說出圖中的地點與生物名稱。
　㈢能描述何地方有何物。

適用對象

　　中、高功能自閉症者（幼稚園至國小階段）。

先備能力

　　有口語能力、能辨識及使用字卡、圖卡。

教學材料

　　磁鐵白板（規格為 A4 大小）、海底情境圖片（圖片大小與磁鐵板同）、圓形圖片（海底、鯨魚、螃蟹、烏龜）、字卡（海底、鯨魚、螃蟹、烏龜）。

教學策略

　㈠提示：依學生狀況，減少提示的次數，並慢慢褪除。
　　1.視覺提示：各種溝通字卡、圖卡。

2. 肢體提示：當學生無回應時，教學者則拉起學生的手選擇圖卡，貼上圖卡後並完整唸出句型板上的句子。

3. 口語提示：對於口語能力較好的學生，當他無回應時，教學者則使用口語說：「說——」以提示學生接著回答。

㈡增強

當學生達到教學者的要求，教學者立即給與口頭讚美：「說對了，你好棒！」

㈢類化

待學生能力增加後，逐漸增加其他不同情境的練習。

教學步驟

階段一：認識地點、物品

準備活動

教師準備海底情境圖及鯨魚、螃蟹、烏龜等圖片與文字字卡。

教學流程

㈠仿讀

老師以電腦播放情境圖、鯨魚、螃蟹、烏龜等圖片，當圖片文字與聲音出現時，學生能跟著電腦仿讀。

㈡配對

學生能將圖片與字卡做配對。

㈢對應

學生聽到地點名稱，能指出正確圖片或拿出字卡對應。

㈣唸名

老師指著圖片，學生能正確說出名稱。

形狀	長方形	圓形	圓形	圓形
圖卡				
字卡	海裡	烏龜	海豚	螃蟹

階段二：句型練習

準備活動 ➝

㈠教學者以磁鐵板製作一句型練習板。

㈡左面為情境佈置板，右面為句型板。

㈢將海底情境圖片放大成 A4 大小，放置在左面為情境佈置板。

㈣海底、海豚、螃蟹、烏龜等圖卡背面黏貼磁鐵備用。

教學流程 ➝

㈠佈置情境

教學者請學生拿烏龜的圖卡貼在海底的情境圖上。

㈡情境配對圖卡

1. 教學者引導學生依照情境佈置板，找出長方形情境圖卡和圓形的烏龜圖卡。

2. 教學者引導學生將長方形情境圖卡貼在句型板的長方形框中，將圓形的烏龜圖卡貼在句型板的圓形框中。

3. 教學者一面指著句型板上的圖卡一面唸：「海裡有烏龜」。

4. 教學者拉著學生的手，指著句型板上的圖卡，提示學生唸：「海裡有烏龜」。

㈢圖卡配對字卡

　1. 教學者指著句型板上海裡的圖卡，並引導學生找出海裡的字卡黏貼在海裡圖卡下方的方格中。

　2. 教學者指著句型板上烏龜的圖卡，並引導學生找出烏龜的字卡黏貼在烏龜圖卡下方的方格中。

　3. 教學者一面指著句型板上的字卡一面唸：「海裡有烏龜」。

　4. 教學者拉著學生的手，指著句型板上的字卡，提示學生唸：「海裡有烏龜」。

㈣褪除句型板

　1. 當學生能熟練的唸出句子後，教學者便將句型板褪除。

　2. 教學者手指情境佈置板，並提示說：「海裡有──」學生接著說：「烏龜」。

　3. 當學生反應能力增加時，教學者逐漸減少提示，如：「海裡有──」→「海裡──」→「海──」→「說──」。

㈤替換練習

　1. 當學生已熟悉「海裡有烏龜」之基本句型後，教學者可請學生將情境佈置板上的烏龜圖卡換成螃蟹或海豚，做語詞替換練習。

　2. 按教學流程㈠～㈣進行句型練習。

圖一：佈置情境

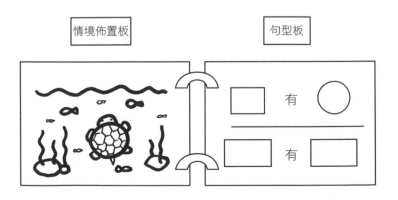

圖二：依情境配對圖卡

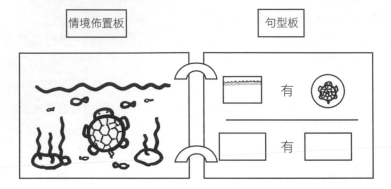

圖三：文字與圖卡配對

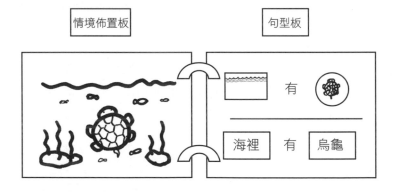

圖四：褪除句型板

圖五：替換練習

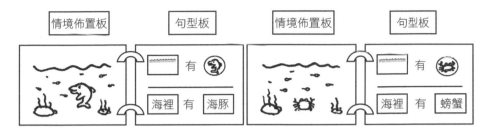

領域：溝通訓練

階段三：短句加長

教學流程

㈠佈置情境

　　教學者請學生依序拿烏龜、海豚、螃蟹的圖卡貼在海底的情境圖上。

㈡情境配對圖卡

　　1. 教學者引導學生依照情境佈置板，找出長方形情境圖卡和圓形的烏龜、海豚、螃蟹的圖卡。

　　2. 教學者引導學生將長方形情境圖卡貼在句型板的長方形框中，將圓形的烏龜、海豚、螃蟹圖卡貼在句型板的圓形框中。

　　3. 教學者一面指著句型板上的圖卡一面唸：「海裡有烏龜、海豚和螃蟹」。

　　4. 教學者拉著學生的手，指著句型板上的圖卡，提示學生唸：「海裡有烏龜、海豚和螃蟹」。

㈢圖卡配對字卡

　　1. 教學者指著句型板上海裡的圖卡，並引導學生找出海裡的字卡黏貼在海裡圖卡下方的方格中。

　　2. 教學者指著句型板上烏龜的圖卡，並引導學生找出烏龜的字卡黏貼在烏龜圖卡下方的方格中。

　　3. 教學者指著句型板上海豚的圖卡，並引導學生找出海豚的字卡黏貼在海豚圖卡下方的方格中。

4. 教學者指著句型板上螃蟹的圖卡，並引導學生找出螃蟹的字卡黏貼在螃蟹圖卡下方的方格中。

5. 教學者一面指著句型板上的字卡一面唸：「海裡有烏龜、海豚和螃蟹」。

6. 教學者拉著學生的手，指著句型板上的字卡，提示學生唸：「海裡有烏龜、海豚和螃蟹」。

㈣褪除句型板

1. 當學生能熟練的唸出句子後，教學者便將句型板褪除。

2. 教學者手指情境佈置板上的圖卡，並提示說：「海裡有——」學生接著說：「烏龜、海豚和螃蟹」。

3. 當學生反應能力增加時，教學者逐漸減少提示，如：「海裡有——」→「海裡——」→「海——」→「說——」。

㈤替換練習

1. 當學生已熟悉「海裡有烏龜、海豚和螃蟹」之基本句型後，教學者可請學生將情境佈置板上的圖卡換成另外三種不同海底生物的圖卡，做語詞替換練習。

2. 按教學流程㈠～㈣進行句型練習。

圖一：佈置情境

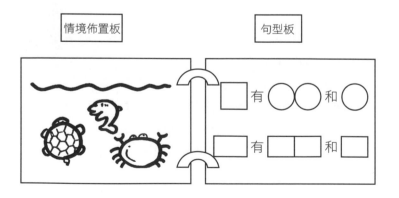

領域：溝通訓練

圖二：依情境配對圖卡 →

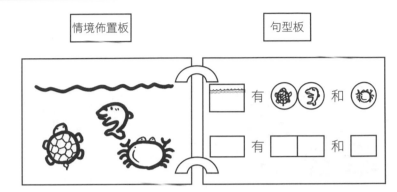

圖三：文字與圖卡配對 →

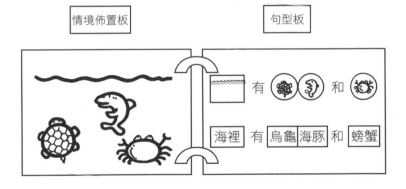

圖四：褪除句型板 →

圖五：替換練習 →

情境佈置板　　　　　　　　句型板

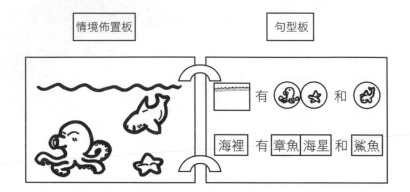

單元主題 34：會看圖描述完整句子(二)

▶黃昭蓉◀

領域：溝通訓練

理論基礎

自閉症者的語言發展大都出現顯著遲緩和障礙，尤其對於語句的理解更顯困難，在與他人溝通時無法完整表達自己的想法。運用圖卡、文字的配對練習與視覺提示，教導孩子使用完整語句，以提升溝通品質。

教學目標

㈠能眼神專注看圖。
㈡能說出圖中的人物與活動名稱。
㈢能描述誰在做什麼。

適用對象

中、高功能自閉症者（幼稚園至國小階段）。

先備能力

有口語能力、能辨識及使用字卡、圖卡。

教學材料

磁鐵白板（規格為A4大小）、操場情境圖片（圖片大小與磁鐵板同）、圓形圖片（我——跑步、同學——做操、老師——打球）、字卡（我、同學、老師、跑步、做操、打球）。

教學策略

㈠提示：依學生狀況，減少提示的次數，並慢慢褪除。
　1.視覺提示：各種溝通字卡、圖卡。

213

2.肢體提示：當學生無回應時，教學者則拉起學生的手選擇圖卡，
　貼上圖卡後並完整唸出句型板上的句子。

3.口頭提示：對於口語能力較好的學生，當他無回應時，教學者則
　使用口語說：「說──」以提示學生接著回答。

（二）增強

當學生達到教學者的要求，教學者立即給與口頭讚美：「答對了，
你好棒！」

（三）類化

1. 人物的類化：變換不同的單一人物（哥哥、姊姊……）或團體（一
　 年級學生、他們……）做同一種活動。

2. 情境的類化：待學生能力增加後，逐漸增加其他不同情境的練習。

❀ 教學步驟

階段一：認識地點、人物、活動名稱

準備活動 →

教師準備操場情境圖及 我 、 跑步 、 同學 、 做操 、 老師 、 打球
等圖片與文字字卡。

教學流程 →

（一）仿讀

老師以電腦播放 操場 情境圖、 我 、 跑步 、 同學 、 做操 、 老師 、
打球 等圖片，當圖片文字與聲音出現時，學生能跟著電腦仿讀。

（二）配對

學生能將圖片與字卡做配對。

（三）對應

學生聽到名稱，能正確指出圖片或拿出字卡對應。

（四）唸名

老師指著圖片，學生能正確說出名稱。

形狀	長方形	圖形	圖形	圖形
圖卡				
字卡	操場	我	同學	老師

形狀	圓形	圓形	圓形
圖卡			
字卡	跑步	做操	打球

階段二：句型練習

準備活動

㈠教學者以磁鐵板製作一句型練習板。

㈡左面為情境佈置板，右面為句型板。

㈢將操場情境圖片放大成 A4 大小，放置在左面為情境佈置板。

㈣ 操場 、 我 、 跑步 、 同學 、 做操 、 老師 、 打球 等圖卡背面黏貼磁鐵備用。

教學流程

（一）佈置情境

教學者請學生拿 跑步 的圖卡貼在操場的情境圖上。

（二）情境配對圖卡

1. 教學者引導學生依照情境佈置板，找出 我 、長方形情境圖卡及圓形的 跑步 圖卡。

2. 教學者引導學生將 我 貼在人形圖上，將長方形情境圖卡貼在句型板的長方形框中，將圓形的 跑步 圖卡貼在句型板的圓形框中。

3. 教學者一面指著句型板上的圖卡一面唸：「我在操場跑步」。

4. 教學者拉著學生的手，指著句型板上的圖卡，提示學生唸：「我在操場跑步」。

（三）圖卡配對字卡

1. 教學者指著句型板上 我 的圖卡，並引導學生找 我 的字卡黏貼在 我 的圖卡下方的方格中。

2. 教學者指著句型板上操場的圖卡，並引導學生找出 操場 的字卡黏貼在 操場 圖卡下方的方格中。

3. 教學者指著句型板上 跑步 的圖卡，並引導學生找出 跑步 的字卡黏貼在 跑步 圖卡下方的方格中。

4. 教學者一面指著句型板上的字卡一面唸：「我在操場跑步」。

5. 教學者拉著學生的手，指著句型板上的字卡，提示學生唸：「我在操場跑步」。

（四）褪除句型板

1. 當學生能熟練的唸出句子後，教學者便將句型板褪除。

2. 教學者手指情境佈置板，並提示說：「我在操場──」學生接著說：「跑步」。

3. 當學生反應能力增加時，教學者逐漸減少提示，如：「我在操場──」→「我在──」→「我──」→「說──」。

（五）替換練習

1. 當學生已熟悉「我在操場跑步」之基本句型後，教學者可請學生將情境佈置板上的跑步圖卡換成做操或打球，做語詞替換練習。

2.按教學流程(一)～(四)進行句型練習。

圖一：佈置情境

情境佈置板   句型板

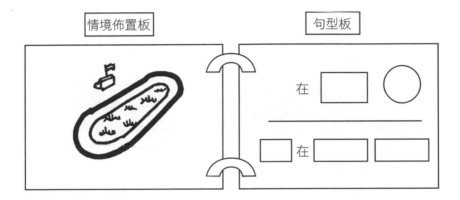

圖二：依情境配對圖卡

情境佈置板   句型板

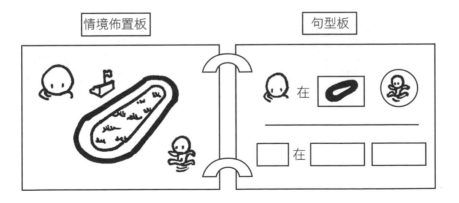

圖三：文字與圖卡配對 ⌐→

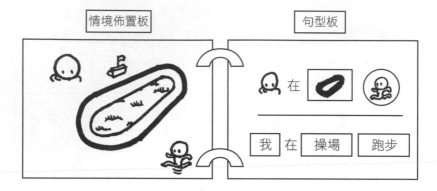

圖四：褪除句型板 ⌐→

圖五：替換練習 ⌐→

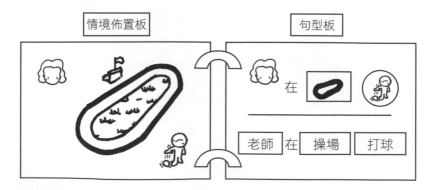

單元主題 35：能描述因果關係

▶黃昭蓉◀

領域：溝通訓練

理論基礎

自閉症者無法理解物體間的相關性，且時間對其而言為抽象難以理解的概念，再加上對訊息處理的困難，因此無法有效表達想法與描述事件的因果關係，嚴重影響其與他人的溝通。

教學目標

(一)能瞭解事件的因果關係。

(二)能針對問題回答。

(三)能清楚描述事件的前因後果。

適用對象

中、高功能自閉症者（幼稚園至國小階段）。

先備能力

具備口語能力、會使用溝通圖卡。

教學材料

有因果關係的圖卡、對話書、老師的大頭照、學生的大頭照。

教學策略

(一)提示：依學生狀況，減少提示的次數，並慢慢褪除。

  1.視覺提示：各種溝通字圖卡、對話人物的照片。

  2.肢體提示：當學生無回應時，教學者則拉起學生的手選擇圖卡、貼上圖卡後再完整唸出 回答頁 上的句子。

3.口頭提示：對於口語能力較好的學生，當他無回應時，教學者則使用口語說：「說——」以提示學生接著回答。

㈡建立模式：建立問題與敘述的模式，讓學生容易熟悉句型。

㈢增強

1.正增強：選擇學生喜歡的物品當作增強。

2.社會性增強：當學生達到教學者的要求，教學者立即給與口頭讚美：「說對了，你好棒！」

㈣練習

1.每天練習至少二次，連續實施至少四週，以增加學生與他人對話的能力與熟練度。

2.待學生能力增加後，逐漸增加不同領域的提問與選項。

教學步驟

階段一：個別教學——固定答案

準備活動

㈠教學者先製作一本回答問題對話簿。

㈡對話簿內頁，左面為 問題頁 ，右面為 回答頁 。

㈢問題頁 以黃色為底頁， 回答頁 以綠色為底頁。以不同的底頁顏色來區分問與答的關係。

㈣每一頁 問題頁 上面均貼上老師的大頭照，代表 問題頁 是由老師問。每一頁 回答頁 上面均貼上學生的大頭照，代表 回答頁 是由學生說。

教學流程

㈠教學

1.教學者以手指著 問題頁 的問題，並面對學生問 問題頁 的問題。

2.當教學者說完問題後，隨即拉著學生的手指著 回答頁 的答案，並提示學生說出 回答頁 的答案。

（二）增強與提示

　　1.學生做出回應：教學者立即給與學生增強。

　　2.學生如無回應：協助者適當提示學生回應教學者，且依學生狀況，減少提示的次數，並慢慢褪除提示。

　　　(1)協助者手指著 回答頁 說答案，引導學生跟著仿說。

　　　(2)協助者手指著說：「說——」學生接著說出答案。

（三）練習與類化

　　1.同一問題練習至學生能清楚瞭解自己該回答的話，並能接續教學者的問題適當回答。

　　2.待學生學會問題一後，再繼續練習問題二。以此類推。

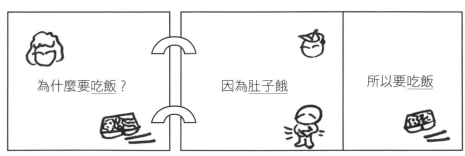

為什麼要<u>吃飯</u>？　　因為<u>肚子餓</u>　　所以<u>要吃飯</u>

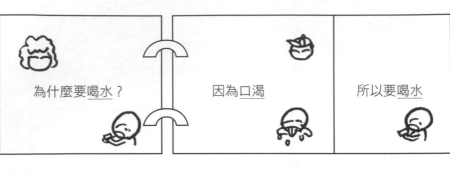

為什麼要喝水？　　　因為口渴　　　所以要喝水

為什麼要穿外套？　　　因為很冷　　　所以要穿外套

為什麼要休息？　　　因為累了　　　所以要休息

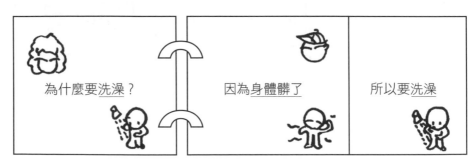

為什麼要洗澡？　　　因為身體髒了　　　所以要洗澡

為什麼要撐傘？

因為<u>下雨了</u>

所以要<u>撐傘</u>

為什麼要<u>穿雨衣</u>？

因為<u>下雨了</u>

所以要<u>穿雨衣</u>

為什麼要<u>穿布鞋</u>？

因為<u>要跑步</u>

所以要<u>穿布鞋</u>

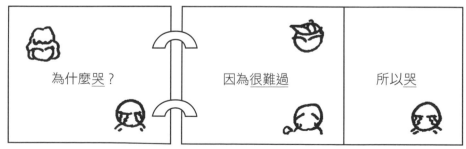

為什麼<u>哭</u>？

因為很難過

所以<u>哭</u>

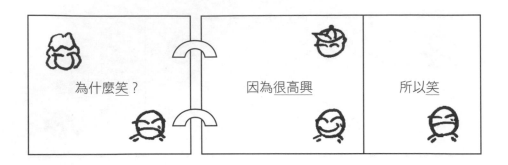

| 為什麼笑？ | 因為很高興 | 所以笑 |

階段二：個別教學——選擇性答案

準備活動

㈠教學者先製作一本回答問題對話簿。

㈡對話簿內頁，左面為 問題頁 ，右面為 回答頁 。

㈢ 問題頁 以黃色為底頁， 回答頁 以綠色為底頁。

㈣每一頁問題頁上面均貼上老師的大頭照，代表問題頁是由老師問。

每一頁回答頁上面均貼上學生的大頭照，代表回答頁是由學生說。

教學流程

㈠教學

1. 教學者以手指著 問題頁 的問題，並看著學生說出 問題頁 的問題。

2. 當教學者說完問題後，隨即拉著學生的手選擇 回答頁 下方的答案圖卡，由學生自己選擇他想回答的答案圖卡，貼到回答頁中間的方格中，並引導學生說出自己選擇的答案。

㈡增強與提示

1. 學生做出回應：教學者立即給與學生一顆巧克力。

2. 學生如無回應：協助者適當提示學生回應教學者，且依學生狀況，減少提示的次數，並慢慢褪除提示。

(1)協助者手指著回答頁說答案，學生跟著仿說。

(2)協助者手指著說：「說——」學生接著說出答案。

（三）練習與類化

　　1.同一問題練習至學生能清楚瞭解自己該回答的話，並能接續教學者的問題適當回答。

　　2.引導學生選擇不同的答案圖卡練習回答。

　　3.待學生學會問題一後，再繼續練習問題二。以此類推。

　　4.學生熟練對話模式後，可更換不同的人和學生進行對話練習。

領域：溝通訓練

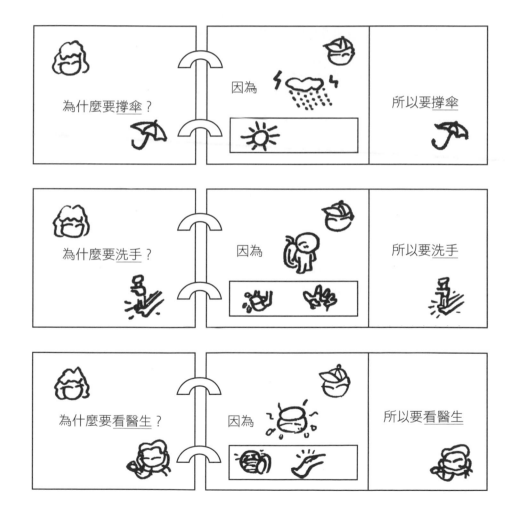

補充說明：

（一）剛開始學習對話練習時，回答頁上的答案先以圖片呈現，待學生熟

練後，再加上文字呈現。

㈡溝通對話的內容須依學生需求做調整。

1. 口語功能較差者，以學生能選擇出適當的圖卡，並說出圖卡語詞即可。

2. 口語功能較好者或學生能力增加後，漸要求學生以完整句型回答。

3. 教學者須依學生個人生活情境，製作多樣的因果關係圖卡，讓學生多練習，並於實際情境運用。

4. 教學者可針對學生日常生活需求，編輯不同主題的對話練習本。

單元主題 36：描述如何的句子

▶ 黃昭蓉 ◀

理論基礎

自閉症者的語言缺陷不僅表現在口語表達方面，顯現最大的困難是在綜合、類化及抽象能力等方面的缺乏，因此對於組織複雜的語言符號系統的建立有障礙，無法把具體環境的實際經驗轉化於語言結構中。將事件分析成數個步驟，運用圖卡、文字的配對練習與視覺提示，提升孩子使用完整句描述事件的能力。

教學目標

(一)能敘述圖片的內容。
(二)能回憶事件。
(三)能回答他人的問題。

適用對象

中、高功能自閉症者（幼稚園至國小階段）。

先備能力

具備口語能力、會使用溝通圖卡。

教學材料

攝影機、電腦仿讀教材、對話簿、動作分析的圖卡。

教學策略

(一)多媒體輔助教學。
(二)視覺提示。

㈢操作練習。

教學步驟

準備活動

㈠記錄動作：教學者先用攝影機錄製學生平日刷牙的影片，並將動作
分析數個步驟，依次序繪成圖卡及錄製解說動作的聲音檔。

㈡仿讀教材：以簡報軟體製作教材。由左到右依次排放動作分析圖卡，
配合圖卡插入解說動作的聲音檔。

㈢製作對話簿：對話簿內頁，左面為 問題頁 ，右面為 回答頁 。
問題頁 以黃色為底頁， 回答頁 以綠色為底頁。以不同的底頁顏色
來區分問與答的關係。每一頁 問題頁 上面均貼上老師的大頭照，代
表 問題頁 是由老師問。每一頁 回答頁 上面均貼上學生的大頭照，
代表 回答頁 是由學生說。

教學流程

㈠回憶練習

教學者將學生刷牙的影片播放給學生看，一面播放影片一面解說（配
合動作分析圖卡）影片中學生的動作。

㈡仿讀練習

教學者示範操作仿讀教材，並引導學生依序點選動作圖片，跟著電
腦的解說聲音仿讀練習。各動作圖片的仿讀練習至少五次以上，直
到熟練為止。

㈢對應練習

教學者引導學生選取圖卡對應電腦上的圖片，並由左至右依序貼在
對話簿的 回答頁 上。

㈣對話練習

教學者以手指著 問題頁 的問題，並面對學生問 問題頁 的問題。當
教學者說完問題後，隨即拉著學生的手指著 回答頁 的答案，並提示
學生說出 回答頁 的答案。

㈤情境練習

　　當學生要刷牙時，教學者在一旁詢問學生：「你如何刷牙？」請學生一面動作一面做說明練習；待學生完成後，再請學生回憶剛剛是如何刷牙，並概略描述刷牙的經過。

補充說明：

㈠剛開始學習對話練習時，回答頁上的答案先以圖片呈現，待學生熟練後，再加上文字呈現。

㈡溝通對話的內容須依學生需求做調整。

　　1.口語功能較差者，以學生能選擇出適當的圖卡，並說出圖卡語詞即可。

　　2.口語功能較好者或學生能力增加後，漸要求學生以完整句型回答。

　　3.教學者可依據班級教學活動或學生日常生活，來讓學生練習概略描述整個事情的經過，如與學生一起做小餅乾，做完後，問學生：「我們如何做餅乾？」

仿讀教材：

對話簿內容：

單元主題37：視覺專注力訓練

▶林淑娟◀

理論基礎

眼睛無法直視或專注於對方是自閉症及亞斯伯格症的主要特徵之一，讓這些自閉症者專注於其他人的眼睛是社會化過程中重要發展的起步。

教學目標

㈠能聽得懂教學者的指令。
㈡能將眼睛注視說話者。
㈢能聽指令將眼睛做上下左右的移動。

適用對象

低、中功能自閉症者（幼稚園到國中階段）。

先備能力

㈠聽覺能力正常。
㈡能聽得懂老師簡單的指令。

教學材料

㈠彩色圖卡或實物。
㈡增強物。
㈢「我看到你的眼睛」圖畫字卡（如附圖一）。
㈣振動器。

教學策略

㈠示範：教學者用手指著自己眼睛，示意學生看著老師的眼睛。

㈡提示：教學者叫學生的名字並說「看這邊」，提供聽覺及動作提示。

㈢時間延宕：以 001、002、003……至 005 方式觀察孩子是否有反應。

㈣增強：學生做出正確動作立即給與增強物。

㈤精熟：重複練習正確動作，以維持學生行為的塑造。

㈥消弱：漸漸褪除動作、圖卡、語詞、增強物。

教學步驟

階段一：圖卡及增強物視覺專注力訓練（如附圖二）

步驟一：教學者將增強物放在學生眼睛旁邊，叫學生的名字，並說：「看這邊！」以時間延宕方式，如 001、002、003……至 005 延宕二次左右，看看學生是否有反應，然後再次呈現物品，並說：「看這邊！」（過動學生時間延宕最好不要超過 6 秒鐘。）

步驟二：如果學生有反應，應立即給與增強物；沒有反應，須重複動作和語言以誘發孩子看你的眼睛。

步驟三：慢慢將增強物從學生的眼前移到教學者的眼前，使學生的眼光能轉移注視著教學者。

步驟四：學生如果有反應，可以將增強物做上下、左右或不同方位的移動，以增強其眼睛注視的靈活度。

步驟五：可以輔助利用「我看到你的眼睛」的圖畫字卡。教學者先做示範拿圖卡到學生眼前說：「我看到你的眼睛了，你的眼睛真的很漂亮！」反覆練習，以刺激學生的視覺轉移到教學者身上。

步驟六：漸漸減少語言的提示，由原來的「看這邊！」簡化為「看！」。學生如果習慣看你的眼睛，可以褪除增強物或字卡，使其行為由被動轉換成主動。

階段二：振動器及增強物視覺專注力訓練（如附圖三）

步驟一：在學生的身上放置振動器（有聲響），振動器振動時，教學者立即在孩子眼前拿出增強物並說：「看這邊！」以時間延宕方式，如 001、002、003……看看學生是否有反應（振動器訓練的

　　時間不宜過長，時距可以因學生不同特質而改變）。

步驟二：學生有反應時，應立即給與增強物，以強化其行為反應，沒有
　　　　反應，須重複動作和語言以誘發學生看你的眼睛。

步驟三：學生反應時，可以漸漸減少語言的提示，由原來的「看這邊！」
　　　　簡化為「看！」。

步驟四：學生如果習慣看你的眼睛時，可以褪除增強物或字卡。

步驟五：最後褪除振動器，使其行為由被動轉換成主動。

附圖說明

附圖一：「我看到你的眼睛」圖畫字卡。

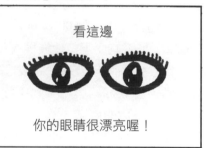

看這邊

你的眼睛很漂亮喔！

附圖二：圖卡及增強物視覺專注力訓練。

 讓我看到你的眼睛	 看看這邊（直視）	 可以吃冰淇淋喔！
 讓我看到你的眼睛	 看看這邊（往上）	 可以吃冰淇淋喔！

（接下頁）

（續上頁）

領
域
：
溝
通
訓
練

讓我看到你的眼睛	看看這邊（往下）	可以吃冰淇淋喔！

附圖三：利用振動器增強學生視覺專注力訓練。

振動器響	讓我看到你的眼睛	看看這邊（直視）	可以吃冰淇淋喔！
振動器響	讓我看到你的眼睛	看看這邊（往上）	可以吃冰淇淋喔！
振動器響	讓我看到你的眼睛	看看這邊（往下）	可以吃冰淇淋喔！

單元主題38：提供表達需求情境

▶蘇日俊◀

✿ 理論基礎

　　在生活情境中，製造機會讓學生提出需求可訓練孩子主動表達口語，而提供學生不同的對話情境，有助於情境的類化，並強化已習得的語言。

✿ 教學目標

（一）能增進主動溝通動機。
（二）能以圖卡表達自己的需求。
（三）能培養溝通情境類化能力。

✿ 適用對象

　　低、中功能自閉症者（國小到國中階段）。

✿ 先備能力

　　會辨認圖片。

✿ 教學材料

（一）提示圖片（「我要」、「巧克力」、「飯」等）。
（二）魔鬼氈、句帶。
（三）增強物（實物、代幣、增強系統等，依學生狀況調整）。

✿ 教學策略

（一）設計情境：在日常生活中製造情境，讓學生提出需求，例如：學生在吃午餐時，故意忘記要給他飯。
（二）協助者協助：學生無法主動表達需求時，協助者抓著學生的手拿圖

卡表達需求。

㈢溝通圖片：以「我要」、「巧克力」、「飯」等詞卡及圖卡協助學生表達需求。

㈣情境類化：利用更多不同的生活情境，讓學生能在不同情境表達需求，例如：喝水或上廁所時。

㈤逐步褪除提示：運用口語、圖卡及肢體動作提示，以圖卡和口語提示為主，若學生無法完成動作，再輔以肢體協助，但學生一旦達成目標行為後，則逐步褪除協助及提示。

㈥增強：適時給與學生增強，以強化學生正確行為（盡量採用社會性增強，例如：鼓掌、輕拍肩膀等，或是使用代幣來增強）。

教學步驟

階段一：練習拿圖卡表達

準備活動

　　教學者準備好學生喜歡吃的食物及圖卡（巧克力、小饅頭、翠果子等，盡量找不會讓學生飽足的食物），另外有一位協助者，在旁協助學生拿圖卡。

步驟一：學生練習拿圖卡表達→教學者把巧克力及巧克力圖卡放在學生面前，然後問學生：「你要什麼？」等學生拿巧克力圖卡給教學者，然後才給學生巧克力，剛開始學生如果無法拿圖卡給教學者，在學生後面的協助者可以抓著學生的手拿巧克力圖卡給教學者，學生拿圖卡給教學者後，教學者要馬上回應：「你要巧克力」，並拿巧克力給學生，增強學生正確行為（如附圖一）。

步驟二：協助者要慢慢褪除協助，最後要讓學生能獨自拿巧克力圖卡給教學者。

步驟三：學生練習選擇正確圖卡表達→加入小饅頭圖卡，讓學生練習從巧克力及小饅頭圖卡中，挑選正確圖卡回答。教學者把巧克力及小饅頭圖卡放在學生面前，然後問學生：「你要什麼？」等

學生拿巧克力圖卡給教學者，然後才給學生巧克力，學生如果無法拿圖卡給教學者，在學生後面的協助者可以抓著學生的手拿巧克力圖卡給教學者，學生拿圖卡給教學者後，教學者要馬上回應：「你要巧克力」，並拿巧克力給學生，增強學生正確行為。

步驟四：學生會從巧克力及小饅頭圖卡中，挑選正確的巧克力圖卡表達要巧克力後，教學者再加入小饅頭食物，以同樣方式讓學生從巧克力及小饅頭圖卡中，挑選正確圖卡表達要小饅頭，並輪流替換巧克力及小饅頭食物，讓學生能正確拿圖卡表達。

步驟五：學生會從桌上拿正確圖卡表達後，把圖卡拿到較遠的距離，換放圖卡到不同地點，等學生能從不同地點拿正確圖卡表達後，再換不同教學者，讓學生練習能拿正確圖卡給不同的人表達需要。

階段二：練習以「我要」詞卡及食物圖卡表達

準備活動

教學者準備好「我要」詞卡、句帶（以魔鬼氈黏「我要」及食物圖卡，拼成短句表達需要），還有學生喜歡吃的食物及圖片（巧克力、小饅頭、翠果子等，盡量找不會讓學生飽足的食物），另外有一位協助者，在旁協助學生拿圖卡。

步驟一：學生練習拿圖卡表達→教學者先把「我要」詞卡黏在句帶上，並把巧克力及巧克力圖片放在學生面前，然後問學生：「你要什麼？」等學生把巧克力圖卡黏在句帶上交給教學者，然後才給學生巧克力，剛開始學生如果無法把巧克力圖卡黏在句帶上交給教學者，在學生後面的協助者可以抓著學生的手拿巧克力圖片黏在句帶上交給教學者，學生拿句帶給教學者後，教學者要馬上回應：「你要巧克力」，並拿巧克力給學生。

步驟二：協助者要慢慢褪除協助，最後要讓學生能獨自拿巧克力圖卡黏在句帶上交給教學者。

步驟三：學生練習選擇正確圖卡表達→加入小饅頭圖卡，讓學生練習從

巧克力及小饅頭圖卡中，挑選正確圖卡回答。教學者把巧克力及巧克力、小饅頭圖卡、「我要」句帶放在學生面前，然後問學生：「你要什麼？」等學生拿巧克力圖卡黏在句帶上交給教學者，然後才給學生巧克力，學生如果無法拿圖卡黏在句帶上交給教學者，在學生後面的協助者可以抓著學生的手拿巧克力圖卡黏在句帶上交給教學者，學生拿圖卡黏在句帶上交給教學者後，教學者要馬上回應：「你要巧克力」，並拿巧克力給學生，增強學生正確行為。

步驟四：學生會從巧克力及小饅頭圖卡中，挑選正確的巧克力圖卡黏在句帶上交給教學者表達要巧克力後，教學者再加入小饅頭食物，以同樣方式讓學生從巧克力及小饅頭圖卡中，挑選正確圖卡表達要小饅頭，並輪流替換巧克力及小饅頭食物，讓學生能正確拿圖卡表達。

步驟五：學生會依所要的食物選擇圖卡黏在「我要」句帶上，再交給教學者表達需要後，教學者不要先把「我要」詞卡黏在句帶上，讓學生練習能先拿「我要」詞卡黏在句帶上，然後再拿食物圖卡黏在句帶上交給教學者表達需要，剛開始學生如果無法獨力把「我要」詞卡及食物圖卡黏在句帶上交給教學者，在學生後面的協助者可以抓著學生的手，協助把「我要」詞卡及食物圖卡黏在句帶上交給教學者。

階段三：在生活情境中拿圖卡表達

準備活動

　　教學者準備好「我要」詞卡及「飯」圖片，另外有一位協助者，在旁協助學生拿圖卡及示範口語表達，讓學生模仿。

步驟一：學生在拿餐盤盛午餐時，教學者故意忘記要給學生飯，等待學生拿句帶表達需求。如學生無法拿句帶表達需求，教師可以問學生說：「你要什麼？」提示學生表達需求，並以時間延宕方式，等待學生。

步驟二：協助學生表達需求→如果學生無法拿句帶表達需求，協助者可抓學生的手把「我要」詞卡及「飯」圖卡黏在句帶上交給教學者。學生拿句帶給教學者後，教學者要馬上回應：「你要吃飯」，並盛飯給學生，增強學生的行為，學生會拿句帶表達需求後，漸漸褪除協助（如附圖二）。

步驟三：剛開始訓練學生拿句帶表達需求時，可以把句帶及詞卡、圖卡放在較近的地方，讓學生容易拿到，再慢慢變換不同位置，並放到較遠的位置。

步驟四：在更多不同的生活情境，製造機會讓學生能表達需求，例如：喝水或上廁所時，訓練學生能主動表達需求。

❀ 附圖說明

附圖一：教學者先把巧克力及巧克力圖卡放在學生面前，等學生把巧克力圖卡交給教學者，然後才給學生巧克力。

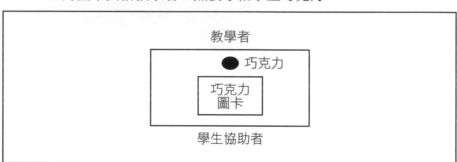

附圖二：讓學生練習能先拿「我要」詞卡黏在句帶上，然後再拿食物圖
　　　　卡黏在句帶上，交給教學者表達需要。

句帶

單元主題 39：接受性語言的訓練

▶林淑娟◀

理論基礎

除了改善自閉症學生的表達性語言，相對的，接受性語言也是學生學習過程中相當重要的。對於無口語能力學生的溝通是需要藉由圖物的觸摸、動作協助及口語提示，才能讓學生理解圖物的意思。

教學目標

㈠能仿做老師動作指出正確圖卡或物品。
㈡能指出正確的圖卡或物品。
㈢能找出兩者之中的正確圖卡或物品。

適用對象

低、中功能，無口語能力自閉症者（幼稚園到國中階段）。

先備能力

㈠能聽得懂簡單指令。
㈡會將眼睛注視說話者。

教學材料

㈠水果圖卡（蘋果、橘子……）。
㈠學生喜歡的增強物（食物、玩具或社會性增強）。
㈡紀錄表。

教學策略

㈠示範：教學者示範用手指指出蘋果圖卡動作。

㈡提示：輔助口語提示「指著蘋果」，與指認的動作相配合。

㈢時間延宕：以 001、002、003……（視學生情況而定）時間的延宕方式，等待學生的正確反應。

㈣增強：學生做出正確的動作之後，立即給與增強物。

㈤精熟：重複練習，以確定學生瞭解老師所說的話和指令。

㈥褪除：漸漸褪除動作、圖卡、語詞、增強物，訓練學生由被動到主動。

教學步驟

步驟一：教學者坐在學生的對面，將圖卡放置桌面，用手（手指）指著圖卡且清楚緩慢的說「蘋果」，教學者可以重複動作或語詞三次左右。

步驟二：接著可以拉著學生的手或手指，指著蘋果圖卡，並說「蘋果」，教學者可以重複動作或語詞三次左右。

步驟三：教學者放開學生的手，並說「指著蘋果」，教學者可以手指比圖卡的動作，提示學生來指認圖卡，以 001、002、003……時間延宕等待學生指認蘋果。做出動作，馬上給與增強物。

步驟四：最後教學者只說「蘋果」，褪除動作的示範，讓學生自己去指出蘋果的圖卡。以 001、002、003……時間延宕等待學生指認蘋果。做出動作，馬上給與增強物。

步驟五：褪除增強物，教學者只說「蘋果」，讓學生能主動指出蘋果的圖卡。

步驟六：加入橘子圖卡，讓學生從二張圖卡中指出蘋果圖卡，確認學生已經理解這張圖卡的意思。

附圖說明

活動工作分析圖。

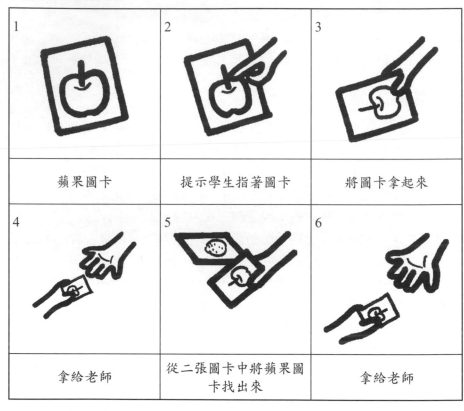

1	2	3
蘋果圖卡	提示學生指著圖卡	將圖卡拿起來
4	5	6
拿給老師	從二張圖卡中將蘋果圖卡找出來	拿給老師

補充說明：老師可以將學生的練習狀況做一個紀錄表，學生亦可以從三個臉部表情知道自己的表現，可以作為下一個學習計畫的指標，其紀錄表如下：

目標字詞理解紀錄表

學生姓名：

目標字詞：

 浮現技能：有時會有時不會

 已經熟練：能做出正確的動作

 會類化：會轉換到別的情境

日期	教師指示語詞	學習程度	學習狀況

範例：

<table>
<tr><td colspan="4" align="center">目標字詞理解紀錄表</td></tr>
</table>

目標字詞理解紀錄表

學生姓名：小明

目標字詞：8種水果（蘋果／橘子／香蕉／芭樂／西瓜／葡萄／草莓／鳳梨）

浮現技能：有時會有時不會

已經熟練：能做出正確的動作

會類化：會轉換到別的情境

日期	教師指示語詞	學習程度	學習狀況
93.10.11	蘋果		8次訓練中只做對4次動作
93.10.12	蘋果		8次訓練中做對5次
93.10.13	蘋果		經多次訓練已能完全做出指出蘋果的動作
93.10.13	蘋果		學生可以從蘋果、橘子圖卡中指認出蘋果圖卡

單元主題 40：協助對話

▶蘇日俊◀

領域：溝通訓練

❀ 理論基礎

　　自閉症者不善於把已習得的口語技能類化於生活情境中，藉由生活情境中以使用錢幣購物的實際對話演練，可加強學生習得口語溝通技能和增加社會適應能力。

❀ 教學目標

(一)能培養良好的溝通能力。
(二)能增進口語表達技巧。
(三)能提升口語溝通在生活情境中的類化能力。

❀ 適用對象

　　中、高功能自閉症者（國小到國中階段）。

❀ 先備能力

(一)會辨認圖片。
(二)可表達簡單口語。
(三)具備 1 元、5 元、10 元及 100 元錢幣概念。
(四)願意戴耳機。

❀ 教學材料

(一)學生常到合作社購買的物品（麵包、牛奶、修正液等）。
(二)無線耳機、麥克風。
(三)生活情境圖片（購買麵包、牛奶、修正液等）。

245

❀ 教學策略

㈠設計情境：在日常生活中設計自然對話情境，讓學生實際練習表達。
例如：讓學生實際至學校合作社購買麵包、牛奶、修正液等。

㈡提示情境圖片：在實際演練到合作社購買麵包前，先在教室裡提供
情境圖片，教導學生如何購買麵包。

㈢逐次增加情境：先設計「知道物品在哪裡的情境」，簡化只購買不
須找錢的 10 元麵包，再延伸加入「找不到物品的情境」，及需要找
錢的購物情境。

㈣同學示範：示範同學在合作社實際示範如何購買麵包，然後再由學
生練習購買麵包。

㈤教師以無線麥克風提示：在合作社實際演練時，讓學生戴著耳機，
教學者運用無線麥克風提示學生要說的內容。

㈥褪除提示：逐漸褪除「同學示範」、「圖片提示」、「教學者以無
線麥克風提示」，讓學生能獨立購買麵包。

㈦類化情境：對話情境加入在合作社購買牛奶、修正液等，並延伸生
活情境到便利商店、文具店、麵包店等。

㈧增強：適時給與學生增強，以強化學生正確行為（盡量採用社會性
增強，例如：鼓掌、輕拍肩膀等，或是使用代幣來增強）。

❀ 教學步驟

階段一：知道物品在哪裡，可以自己找到物品

準備活動┌→

　　與學校合作社阿姨事先討論要給學生練習的對話情境（購買麵包、
牛奶、修正液等），並把學生的特質（眼神注視短暫、手有時會舉起搖
晃、無法長久等待等）及需要協助的事項（情境簡化、時間延宕、給與
圖片或手勢提示、需要達到的對話目標等）詳細告知合作社阿姨。

步驟一：提示買麵包流程情境圖片→在教室中提示學生到合作社購買麵

包的流程情境圖片，讓學生瞭解如何購買麵包（如附圖一）。

步驟二：示範同學示範整個購買麵包過程一次→示範同學在合作社拿一塊麵包，然後走向櫃台，向合作社阿姨說：「麵包多少錢？」合作社阿姨說：「10 元」，然後拿 10 元給合作社阿姨。

步驟三：同學逐一示範對話及動作給學生模仿→示範同學在合作社拿一塊麵包，然後走向櫃台，向合作社阿姨說：「麵包多少錢？」讓學生跟著模仿說出：「麵包多少錢？」

步驟四：合作社阿姨說：「10 元」，示範同學拿 10 元給合作社阿姨，學生跟著拿 10 元給合作社阿姨。

步驟五：教學者以無線麥克風提示→讓學生練習獨自購買麵包，剛開始可以讓學生戴著耳機，教學者運用無線麥克風提示學生要說的內容，盡量等待讓學生表達（可部分提示，如：「問阿姨多少錢？」提示學生要問阿姨說：「麵包多少錢？」），再慢慢減少提示，學生一旦達成目標行為，立即給與獎勵。

步驟六：如學生不會付錢，可設計錢幣棋格帶在學生身上，由合作社阿姨將錢幣貼在棋格上，讓學生對應棋格付錢（如附圖三）。

步驟七：其他延伸的購物生活情境也可以類似的訓練方式，對話情境可延伸到便利商店、文具店、麵包店，讓學生練習口語表達，並類化溝通技能。

階段二：找不到物品，需要協助

準備活動

與階段一相同，事先與學校合作社阿姨討論要給學生練習的對話情境（購買麵包、牛奶、修正液等），並把學生的特質（眼神注視短暫、手有時會舉起搖晃、無法長久等待等）及需要協助的事項（情境簡化、時間延宕、給與圖片或手勢提示、需要達到的對話目標等）詳細告知合作社阿姨，但此次改變為找不到物品，需要協助的情境，先問合作社阿姨：「修正液在哪裡？」然後拿物品付錢。

步驟一：提示買修正液流程情境圖片→在教室中提示學生到合作社購買

修正液的流程情境圖片，讓學生瞭解如何購買修正液（如附圖二）。

步驟二：示範同學示範整個購買修正液過程一次→示範同學走進合作社，向合作社阿姨說：「修正液在哪裡？」然後拿修正液，問合作社阿姨說：「修正液多少錢？」合作社阿姨說：「30 元」，然後拿 30 元給合作社阿姨。

步驟三：同學逐一示範對話及動作給學生模仿→示範同學在合作社向合作社阿姨說：「修正液在哪裡？」讓學生跟著模仿說出：「修正液在哪裡？」

步驟四：等合作社阿姨說在何處後，示範同學拿修正液，然後走向櫃台，學生跟著示範同學拿修正液，然後走向櫃台。

步驟五：示範同學問合作社阿姨說：「修正液多少錢？」學生跟著示範同學說：「修正液多少錢？」

步驟六：合作社阿姨說：「30 元」，示範同學拿 30 元給合作社阿姨，學生跟著拿 30 元給合作社阿姨。

步驟七：教學者以無線麥克風提示→讓學生練習獨自購買修正液，剛開始可以讓學生戴著耳機，教學者運用無線麥克風提示學生要說的內容，盡量等待讓學生表達（可部分提示，如：「問阿姨修正液在哪裡？」提示學生要問阿姨說：「修正液在哪裡？」），再慢慢減少提示，學生一旦達成目標行為，立即給與獎勵。

附圖說明

附圖一：知道物品在哪裡，可以自己找到物品。

| 合作社 | 拿麵包 | 麵包多少錢？ | 付錢 |

附圖二：找不到物品，需要協助。

 合作社	 修正液在哪裡？	 拿修正液
 修正液多少錢？	 付錢	

附圖三：錢幣棋格（由合作社阿姨將錢幣貼在棋格上方，讓學生對應棋
格付錢）。

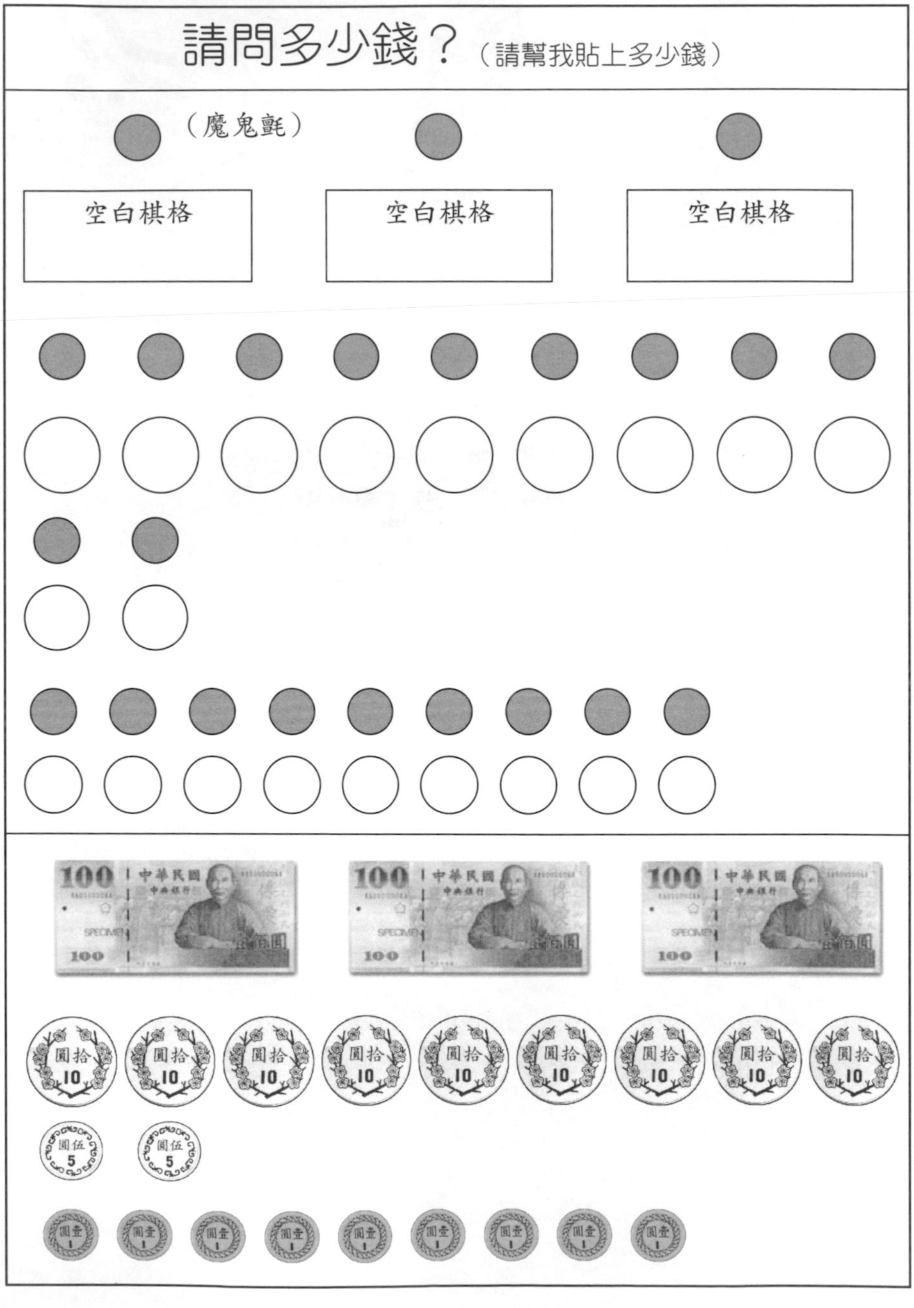

單元主題41：回答有關人、事、時、地、物的問題

領域：溝通訓練

▶黃楓枝◀

❀ 理論基礎

自閉症的學生缺乏口語回答問題的意願，可藉由示範和給與增強誘導學生開口回答；他們對事物的瞭解也比較片斷，可藉由固定順序和反覆的提問，提升學生理解事物的層面。

❀ 教學目標

㊀能理解人、事、時、地、物等的疑問句。
㊁能正確回答人、事、時、地、物等的疑問句。
㊂能隨機地回答人、事、時、地、物等的疑問句。

❀ 適用對象

中、高功能自閉症者（國小到高中階段）。

❀ 先備能力

㊀能瞭解「誰」、「為什麼」、「什麼時候」、「哪裡」、「什麼」
　等疑問詞的意義。
㊁有簡單的口語能力。

❀ 教學材料

㊀圖卡（能夠呈現主題的圖卡，例如：早餐、媽媽、肚子餓、早上、
　餐廳、麵包等各兩張）。
㊁增強物（例如：學生喜歡的東西、口頭的讚美、鼓掌）。
㊂紀錄表（例如：活動二的表格）。

教學策略

(一)準備：選擇學生熟悉的主題活動（例如：早餐）。

(二)示範：示範如何回答出正確的人、事、時、地、物的問題。

(三)練習：先以固定的人、事、時、地、物的提問順序，和學生進行問答活動。

(四)時間延宕：給與學生適當的做出反應的預備時間。

(五)增強：學生做出正確的回答，就立即給與增強，以強化學生正確行為的產生。

(六)熟練：隨機提問有關主題的人、事、時、地、物的問題，讓學生回答，以能精熟的找出主題的重點。

教學步驟

活動一 →

步驟一：教學者選擇學生日常熟悉的活動當作提問問題的主題，例如：早餐；將顯示答案配對的板子（如圖一）掛起來（教學者已經先和學生的家人溝通過，並知道問題的答案）。

步驟二：教學者呈現有關早餐的圖卡，並和示範同學示範如何回答有關早餐的人、事、時、地、物的問題，如下：

(一)問：「誰做早餐給你吃？」

　答：「媽媽」，並拿媽媽的圖卡對應地貼在顯示板的媽媽的圖卡下面。

(二)問：「你為什麼吃早餐？」

　答：「因為我肚子餓」，並拿肚子餓的圖卡對應地貼在顯示板的肚子餓的圖卡下面。

(三)問：「你什麼時候吃早餐？」

　答：「早上」，並拿早上的圖卡對應地貼在顯示板的早上的圖卡下面。

(四)問：「你在哪裡吃早餐？」

　答：「在餐廳」，並拿餐廳的圖卡對應地貼在顯示板的餐廳

的圖卡下面。

　　㈤問：「你早餐吃什麼？」

　　　答：「麵包」，並拿麵包的圖卡對應地貼在顯示板的麵包的
　　　　　圖卡下面。

步驟三：和學生進行問答活動：

　　㈠教學者問：「誰做早餐給你吃？」如果學生能回答：「媽
　　　媽」，並將媽媽的圖卡對應地貼在顯示板的媽媽的圖卡下面，
　　　就給與增強。

　　㈡默數 001、002、003 後，如果學生沒有回答，就顯示「媽媽」
　　　的圖卡，引導學生回答，並提示學生將媽媽的圖卡對應地貼
　　　在顯示板的媽媽的圖卡下面。

步驟四：將「早餐」這個主題，以人、事、時、地、物的順序，仿照步
　　　　驟三的方法和學生進行問答活動。

步驟五：逐步褪除增強，讓學生能聽到問題就立即回答正確的答案。

步驟六：以隨機的方式向學生提問有關「早餐」這個主題的人、事、時、
　　　　地、物的問題，確定學生能夠對「早餐」有全面的理解。例如：

　　㈠問：「你為什麼吃早餐？」

　　　答：「因為我肚子餓。」

　　㈡問：「誰做早餐給你吃？」

　　　答：「媽媽。」

　　㈢問：「你什麼時候吃早餐？」

　　　答：「早上。」

　　㈣問：「你早餐吃些什麼？」

　　　答：「麵包。」

　　㈤問：「你在哪裡吃早餐？」

　　　答：「在餐廳。」

活動二

　　完成教學活動後，應記錄在下列表格中，以分析學生的學習狀況，
作為往後教學活動的參考。

主題和問題	回答	教學的起始日	教學的完成日
早餐 「誰做早餐給你吃？」 「你為什麼吃早餐？」 「你什麼時候吃早餐？」 「你在哪裡吃早餐？」 「你早餐吃些什麼？」	「媽媽。」 「因為我肚子餓。」 「早上。」 「在餐廳。」 「麵包。」		

附圖說明

圖一：顯示答案配對的板子。

圖二：進行回答有關人、事、時、地、物的問題的教學相關應用圖片。

 早餐	 媽媽	 肚子餓
 早上	 餐廳	 麵包

第二部分
休閒教育、職業訓練

單元主題 1：樂樂棒球

▶蘇日俊◀

❀ 理論基礎

　　自閉症者的手眼協調及大肌肉運動訓練在其體能活動方面相當重要。樂樂棒球是訓練手眼協調及大肌肉活動之一，藉由棒球的打擊及跑壘動作，可增進手眼協調及肌肉伸展。

❀ 教學目標

(一)能將棒球打擊出去。
(二)能依壘包順序跑壘。
(三)能夠輪流與等待打擊。

❀ 適用對象

　　低、中功能自閉症者（國小到國中階段）。

❀ 先備能力

(一)有抓握的能力。
(二)會自己跑步。

❀ 教學材料

(一)樂樂棒球數顆、球棒數支（粗細不同）、球網、小沙灘球。
(二)增強物（實物、代幣、增強系統等）。
(三)提示圖卡（排隊、等待、打擊及跑壘之活動規則提示圖片）。
(四)視覺線索標示（排隊位置、跑壘數及路線的標示）。

教學策略

㈠提示情境圖片：在實際到操場練習樂樂棒球前，教學者先在教室裡使用情境圖卡向學生說明樂樂棒球的活動規則。

㈡視覺線索標示：教學者先將各壘位置及跑壘路線標出，並將本壘旁排隊等候打擊處以腳印依序貼好。

㈢同學示範：請示範同學示範打擊動作及跑壘路線，讓學生模仿。

㈣圖片提示：使用工作分析圖卡，將各項動作逐步分解說明，提示須完成的動作。

㈤逐步褪除提示：運用口語、圖卡及肢體動作提示，以圖卡和口語提示為主，若學生無法完成動作，再輔以肢體協助，但學生一旦達成目標行為後，則逐步褪除協助及提示。

㈥增強：適時給與學生增強，以強化學生正確行為（盡量採用社會性增強，例如：鼓掌、輕拍肩膀等，或是使用代幣來增強）。

㈦修改規則：活動規則修改為每次打擊出去，不管球飛得遠近都只跑一個壘包，沒有守備的另一隊，只有打擊及跑壘。

教學步驟

階段一：練習跑壘

準備活動：教學者佈置好各壘壘包，在各壘壘包貼上要踩的腳印，並在各壘旁放置「到壘提示板」（以魔鬼氈貼上學生名字，學生到壘後即撕去，表示已跑過的壘包），在各壘間也畫上跑壘的路線，並在線旁貼上腳印，讓較低功能的學生可以踏著腳印跑。

步驟一：示範同學示範跑壘→由示範同學示範各壘間路線如何跑，及到壘時要站的位置，在到壘時把自己名字撕去，把各壘旁「到壘提示板」上的名字都撕去後，表示已跑完全部的壘包，學生跟在後面跑。

步驟二：學生練習跑壘→學生排隊依序練習跑壘，沿著線踩在線旁的腳

印上跑壘，在到壘時把自己名字撕去，把各壘旁「到壘提示板」上自己的名字都撕去後，表示已跑完壘（如果剛開始學生不知道要跑到一壘，協助者可以站在一壘壘包提示學生要往一壘跑）。

階段二：練習打擊先前訓練

準備活動：教學者佈置懸掛的球，在球棒上貼「握棒的手印」及「擊球點」，在棒球上也貼上「擊球點」，準備粗細及輕重不同的球棒及大小不同的棒球（如附圖一）。

步驟一：提示打擊動作圖卡→教學者先拿打擊棒球的動作提示圖卡告訴學生手要握在球棒哪裡、打擊棒球時球棒要以哪裡碰球。

步驟二：打擊懸掛的小沙灘球→示範同學示範以粗的球棒打擊懸掛的小沙灘球，讓學生模仿打擊。

步驟三：學生練習打擊→學生自己練習以粗的球棒打擊懸掛的小沙灘球，教學者可提示學生手要握在球棒的手印處、打擊棒球時球棒要以球棒上面的擊球點擊球，並漸漸褪除提示。

步驟四：學生會以粗的球棒打擊小沙灘球後，將球棒漸漸換成一般打擊的球棒，球也更換為一般打擊的球。

步驟五：打擊近距離投出的小沙灘球→示範同學示範以球棒打擊近距離投出的小沙灘球，讓學生模仿打擊。

步驟六：學生練習打擊近距離投出的小沙灘球→學生自己練習以球棒打擊近距離投出的小沙灘球，教學者可放慢投球速度，剛開始時投較高容易打擊的球，讓學生練習打擊移動的球。

階段三：練習定點排隊等待，輪流打擊

準備活動：教學者佈置好樂樂棒球球架，在本壘板旁貼上打擊者站的位置腳印及排隊等待打擊者位置的腳印，在排隊等待區旁放排隊輪流提示板，依學生排隊的順序放上名字，最前面放打擊者的名字，擊完球就將其名字放到最後（如附圖二）。

步驟一：提示打擊動作圖卡→教學者先拿打擊棒球的動作提示圖卡告訴學生要在哪裡排隊、站在哪裡打擊及如何打擊，只要打擊到球，

　　球落地即算打擊出去。

步驟二：示範同學示範站的位置→由示範同學示範等待打擊時要站的位置，及打擊時要站的位置，學生跟著排隊及站在打擊者的位置。

步驟三：示範同學示範打擊→由示範同學示範如何握棒（可以在球棒上貼上貼紙，標明手要握的地方），然後眼睛看棒球，瞄準球後再揮棒打擊，學生跟著模仿打擊（剛開始可以用肢體協助，如握棒及打擊）。

步驟四：圖卡或口語提示打擊→讓學生實際練習排隊等待打擊及用球棒打擊，如果學生有不會的地方可用圖卡或口語提示（最後要漸漸褪除提示，讓學生能獨立完成動作）。

階段四：打擊及跑壘

準備活動：教學者佈置好打擊位置及各壘壘包，在本壘板旁貼上打擊者站的位置腳印及排隊等待打擊者位置的腳印，並在各壘壘包貼上要踩的腳印，在各壘旁放置「到壘提示板」（以魔鬼氈貼上學生名字，學生到壘後即撕去，表示已跑過的壘包），在各壘間也畫上跑壘的路線。

步驟一：提示樂樂棒球完整活動圖卡→教學者以樂樂棒球完整活動提示圖卡告訴學生，整個樂樂棒球進行流程及各個重要活動動作（如附圖三）。

步驟二：示範同學示範打擊及跑壘→示範同學先示範如何以球棒打擊出棒球（只要打擊到球，球落地即算打擊出去，剛開始學生如果不知道球落地就要跑，可以搖鈴方式提示學生，再慢慢褪除提示），然後跑到一壘，及到壘時要站的位置，在到壘時把「到壘提示板」上自己的名字撕去，在下一個打擊者擊出球後繼續跑向二壘，最後跑回本壘完成跑壘。

步驟三：圖卡或口語提示打擊及跑壘→讓學生實際練習排隊等待打擊及用球棒打擊，如果學生有不會的地方可用圖卡或口語提示（最後要漸漸褪除提示，讓學生能獨立完成動作）。

附圖說明

附圖一：在球棒上貼提示握棒的手印及擊球點，棒球上也貼上擊球點。

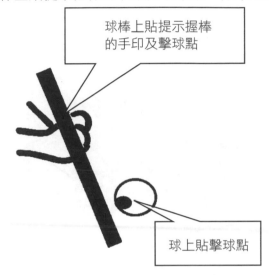

球棒上貼提示握棒
的手印及擊球點

球上貼擊球點

附圖二：在排隊等待區旁放排隊輪流提示板，依學生排隊的順序放上名
字，最前面放打擊者的名字，擊完球就將其名字放到最後。

打擊者	排隊等待打擊者			
	1	2	3	4
王小明	林大中	簡小葶	潘小鈞	陳一帆

附圖三：樂樂棒球活動圖卡。

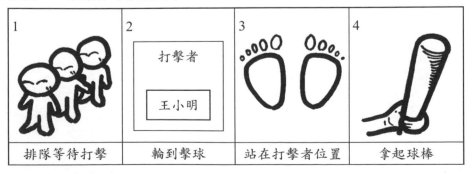

1	2	3	4
排隊等待打擊	輪到擊球	站在打擊者位置	拿起球棒

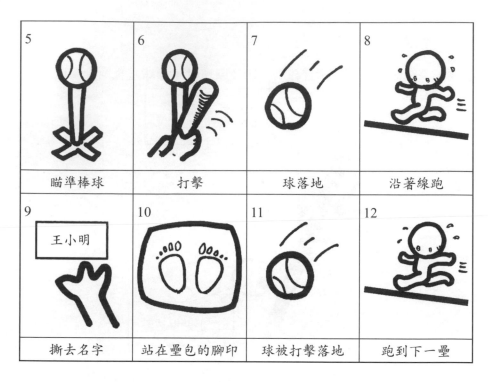

5 瞄準棒球	6 打擊	7 球落地	8 沿著線跑
9 撕去名字	10 站在壘包的腳印	11 球被打擊落地	12 跑到下一壘

樂樂棒球場地佈置圖。

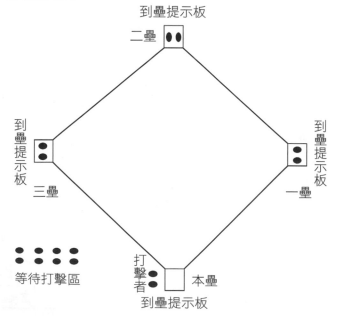

單元主題2：歡樂保齡球

▶蘇日俊◀

❀ 理論基礎

自閉症者的手眼協調與肢體動作靈活度訓練在其體能活動方面相當重要。保齡球是訓練手眼協調和肢體動作靈活度的活動之一，藉由保齡球的瞄準及投球動作，可增進手眼協調及肢體動作的靈活度。

❀ 教學目標

㈠能將保齡球投至定點。
㈡能以保齡球擊倒球瓶。
㈢能夠輪流與等待玩保齡球。

❀ 適用對象

低、中功能自閉症者（國小到國中階段）。

❀ 先備能力

有抓握的能力。

❀ 教學材料

㈠球數顆（輕重及大小不同）、球瓶數個（大小不同）。
㈡提示圖卡（排隊、等待、投球之活動規則提示圖片）。
㈢增強物（實物、代幣、增強系統等）。
㈣視覺線索標示（排隊位置、投保齡球位置、握球手印等）。

❀ 教學策略

㈠提示遊戲流程圖片：在實際玩保齡球前，教學者先在教室裡使用活

動流程圖卡向學生說明保齡球的遊戲規則。
㈡視覺線索標示：教學者先將排隊位置、投保齡球位置標出，並將保齡球投球區旁排隊等候投保齡球處以腳印依序貼好。
㈢同學示範：請示範同學示範投保齡球動作，讓學生模仿。
㈣圖片提示：使用工作分析圖卡，將各項動作逐步分解說明，提示須完成的動作。
㈤逐步褪除提示：運用口語、圖卡及肢體動作提示，以圖卡和口語提示為主，若學生無法完成動作，再輔以肢體協助，但學生一旦達成目標行為後，則逐步褪除協助及提示。
㈥增強：適時給與學生增強，以強化學生正確行為（盡量採用社會性增強，例如：鼓掌、輕拍肩膀等，或是使用代幣來增強）。

教學步驟

階段一：保齡球投球先前訓練

準備活動：教學者準備保齡球（歡樂保齡球遊戲並不是使用真的保齡球，而是以易準備及適合學生投擲的球就可以），球的輕重及大小不同，讓學生易於練習投球，並在球上貼提示的手印，並放兩根平衡木當作球道（球道剛開始可以較寬，等學生熟悉後，再慢慢縮小）。
步驟一：示範同學示範投保齡球→示範同學示範以手貼在球上的提示手印上握好保齡球，然後向前投球，讓球向前滾去進入球道，讓學生模仿投球。
步驟二：學生練習投保齡球→學生練習依示範同學示範的動作，以手貼在球上的提示手印上握好保齡球，然後向前投球，讓球向前滾去進入球道，剛開始可以抓著學生的手協助握球及投球，等學生會投球之後，再漸漸褪除協助，學生一旦完成動作要立即給與鼓勵。
步驟三：剛開始可以用較輕及小的球讓學生練習向球道投球，學生漸漸熟悉後，可將球換成較大及重的球，讓學生練習手的抓握，並

訓練手部肌肉力量。

階段二：定點排隊等待，輪流投保齡球

準備活動：教學者佈置好保齡球投球區，並標示在投球區投保齡球者投球的位置腳印及排隊等待投球位置的腳印（在排隊等待區旁放排隊輪流提示板，依學生排隊的順序放上名字，最前面放投球者的名字，投完保齡球就將其名字放到最後，如附圖一），另外準備一個紙箱做的大球門（學生熟悉投保齡球後，球門可慢慢縮小）。

步驟一：提示排隊及保齡球投球動作圖卡→教學者先拿排隊及保齡球投球的動作提示圖卡告訴學生要在哪裡排隊、站在哪裡投球及如何投球，提示看排隊輪流提示板上最前面放自己的名字時，就可以拿保齡球準備投球。

步驟二：示範同學示範站的位置→由示範同學示範等待保齡球投球排隊時要站的位置，等排隊輪流提示板最前面放自己的名字時，就走到保齡球投球時要站的位置，準備投保齡球，學生跟著排隊及站在保齡球投球者的位置（如附圖二）。

步驟三：示範同學示範投保齡球→由示範同學示範將手握在保齡球的提示手印上，然後瞄準球門，向球門投出球，讓保齡球沿著球道向球門滾去，學生跟著模仿投保齡球。

步驟四：球門剛開始可以放近一點，讓學生易於將保齡球投進，然後再慢慢移遠。

階段三：保齡球活動

準備活動：教學者佈置好保齡球投球區，並標示在投球區投保齡球者投球的位置腳印及排隊等待投球位置的腳印（在排隊等待區旁放排隊輪流提示板，依學生排隊的順序放上名字，最前面放投球者的名字，投完保齡球就將其名字放到最後），另外準備數個球瓶（球瓶可以準備不同大小，剛開始以大球瓶讓學生練習）及計分板（如附圖二）。

步驟一：提示保齡球活動圖卡→教學者先拿排隊及保齡球投球的動作提示圖卡告訴學生要在哪裡排隊、站在哪裡投球及如何投保齡球，擊倒的球瓶數在計分板上滿格時就可以得到獎勵。

步驟二：示範同學示範站的位置→由示範同學示範等待保齡球投球排隊時要站的位置，等排隊輪流提示板最前面放自己的名字時，就走到保齡球投球時要站的位置，準備投保齡球，學生跟著排隊及站在保齡球投球者的位置。

步驟三：示範同學示範投保齡球→由示範同學示範將手握在保齡球的提示手印上，然後瞄準球瓶，向球瓶投出球，讓保齡球沿著球道向球瓶滾去，學生跟著模仿投保齡球（剛開始可以用較大的球瓶，並把球瓶放得較近，讓學生易於瞄準球瓶，等學生熟悉後，再漸漸把球瓶放得較遠）。

步驟四：如果擊倒三個球瓶就可以拿三個球瓶貼紙貼在計分板上，計分板上的計分格都貼滿時，就可以得到獎勵（如附圖三）。

附圖說明

附圖一：在排隊等待區旁放排隊輪流提示板，依學生排隊的順序放上名字，最前面放投保齡球者的名字，投完保齡球後就將其名字移到最後。

投保齡球者	排隊等待投保齡球者			
	1	2	3	4
王小明	林大中	簡小葶	潘小鈞	陳一帆

附圖二：保齡球活動佈置圖。

球瓶

球

道

排隊等待區

排隊輪流提示板

投保齡球區

附圖三：保齡球計分板。

王小明	 🎳	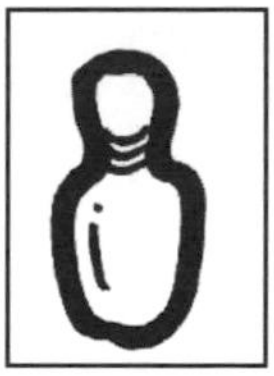 🎳				增強物
林大中	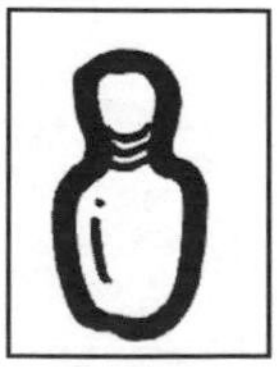 🎳					增強物

保齡球活動提示圖片。

1	2	3	4
	投保齡球 林小華		
排隊等待	輪到投保齡球	站在投保齡球 位置	手握保齡球

5	6	7	8
瞄準球瓶	投保齡球	擊倒保齡球	貼圖卡在計分板

單元主題 3：打羽毛球

▶林淑娟◀

理論基礎

　　自閉症者大肌肉活動訓練有其必要性。尤其四肢的伸展訓練更可增進動作協調能力，其中羽球運動是訓練肌肉活動項目之一，藉由羽球的擺置與球拍的拍打動作，除了可增進肌肉仲展及手眼協調之外，更能改善孩子的專注力。

教學目標

㈠能拍打懸掛的羽球。
㈡能拍打連線的羽球。
㈢能拍打對方投擲過來的球。
㈣能自己拿球自己拍打。

適用對象

　　低、中功能自閉症者（國小至國中階段）。

先備能力

㈠會單手握住東西。
㈡能接住對方丟擲的物品。
㈢能做拍打的動作。

教學材料

㈠羽球、球拍兩個。
㈡長條繩子一條（大約 2 公尺左右）。
㈢尼龍繩數條（長度懸吊時大約在學生的腰部左右）。

㈣木架（可以用其他固定的東西代替）。

㈤大小軟球兩個。

㈥增強物（食物、代幣、增強系統，如附圖）。

㈦提示圖卡（排隊、等待、活動之工作分析）。

㈧視覺結構（位置標示、次數的標示）。

㈨教學圍裙。

教學策略

㈠預告：教學者使用圖卡向學生事先預告今天休閒教育課程是羽球課。

㈡準備

　1.教學者先將視覺圖卡、工作分析圖以及增強系統放在適當的位置。

　2.將羽球、大小軟球用尼龍線綁好，並綁在長條木棍上。

　3.將羽球用尼龍線綁好，並綁在羽球拍的前端。

　4.在球拍上貼上握住位置的手印。

　5.在球拍網子部分畫上紅點，羽球也是一樣。

㈢示範：使用工作分析圖卡說明，請示範同學拍打軟球、羽球的動作。

㈣模仿：請學生模仿示範同學拍打軟球、羽球的動作。

㈤提示：用口語、圖卡及肢體動作提示：以圖卡和口語提示為主，若學生無法完成動作，再輔以肢體協助。

㈥時間延宕：利用時間延宕，靜待學生做出正確的動作。

㈦增強：適時給與學生增強，以強化學生產生正確行為。

㈧精熟：要學生反覆練習拍球的動作，使學生能正確做出動作。

㈨教學時間：每一階段大約一節課。

教學步驟

準備活動：如附圖一、二。

步驟一：教學者事先將今天的個人作息表排好，上休閒教育課之前要學生去拿出這節要上羽球課的圖卡。

步驟二：教學者將羽球、大小軟球，用尼龍線綁好，綁在長繩上（距離要寬一些），長繩固定在木架上，並在地上放視覺腳印。

步驟三：在球拍上貼上握住位置的手印，在球拍網子部分畫上紅點，在

大小軟球、羽球上畫上紅點。

階段一：拍打懸掛物（如附圖三）

步驟一：教學者拿出大軟球圖卡要示範同學站在腳印上，做由下往上拍打大軟球紅點的動作。

步驟二：教學者拿出大軟球的圖卡，要學生站在大軟球位置的腳印，模仿示範學生做拍打大軟球的動作，教學者可以先握住學生的手拍打大軟球，並用口語提示「拍打大軟球」，慢慢褪除動作協助及口語提示，時間延宕 3 秒鐘，學生有做出動作，立即給與增強（可以給他一小塊的甜甜圈吃）。並將視覺圖卡中的大軟球貼紙撕下。

步驟三：小軟球及羽球的拍打動作如上面的步驟。

階段二：拍打綁在羽球拍前面的羽球（如附圖四）

步驟一：教學者要示範同學拍打綁在羽球拍前面的羽球，由下往上十次左右（可以請其他同學一起數數），拍打完之後給示範同學一小塊甜甜圈吃。

步驟二：讓每位學生站在每個腳印上（距離寬一些，以不打到同學的距離為最適宜），老師口頭提示「拍球」，每個學生都必須做出拍球的動作，時間延宕 3 秒鐘，學生如無法做出動作，握住學生的手做往上拍打球的動作，教學者慢慢再褪除動作協助，只用口頭提示「拍球」。

階段三：拍打對方丟來的羽毛球（由近再慢慢拉遠距離）（如附圖五）

步驟一：教學者與示範者分別站在對面腳印上，教學者將五個羽球及一粒糖果黏貼在教學圍裙上，讓學生有線索知道每人必須要打完五個球才能獲得一粒糖果，由教學者丟球，讓示範同學拍打羽球，拍到即可。每人拍打五個羽球，拍完之後立即給與示範同

學一粒糖果當作增強物。

步驟二：要學生站在腳印上，由教學者丟球，教學者口語提示學生「拍球」，時間延宕 3 秒鐘，靜待學生動作出現，學生如果沒有反應，教學者可以讓示範的同學握住學生的手做拍打的動作，慢慢再褪除口語及動作協助。打完五個球才能獲得一粒糖果當增強物。

步驟三：近距離丟球之後，再將距離稍微拉遠一些，其教學步驟如上。

階段四：自己丟球自己拍打（如附圖六）

步驟一：教學者在示範同學旁邊放著裝有十個羽球的小籃子，示範學生示範自己拿球自己拍打的動作，必須把十個羽球拍完（沒拍到也沒關係）並將空籃子拿給學生看，告訴學生全部打完就給與增強物一粒巧克力。

步驟二：教學者先用肢體協助學生擺出手拿羽球及拍打的動作，拍打幾粒球之後，褪除動作協助，只有口語提示「拍球」，時間延宕 3 秒鐘，讓學生自己試試，其他同學也可以一起做相同的動作，彼此可以互相模仿。打完十個（不會數數的學生只要將籃子裡的球打完）就給與一粒巧克力。

❀ 附圖說明

附圖一：視覺線索：拍球點以及握住的地方。

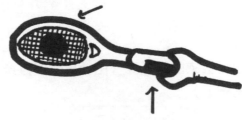

附圖二：視覺線索：拍球點及腳印。

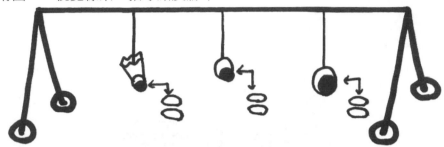

附圖三：拍打懸掛物。

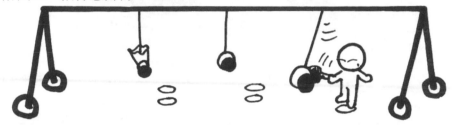

附圖四：拍打連線羽球。

附圖五：拍打對方投擲的羽球。

附圖六：自己丟球自己拍打。

增強系統提示圖。

名字	大軟球	小軟球	羽球	增強物
⊙ ooo	⊙	o	羽球	🎀
⊙ ooo	⊙	o	羽球	🎀
⊙ ooo	⊙	o	羽球	🎀

學生如果打完大軟球，就將貼紙撕下，其他小軟球及羽毛球方式皆是一樣，全部做完，就給與學生增強。

活動工作分析圖。

1	2	3
拍打大軟球	拍打小軟球	拍打羽毛球
4	5	6
拍打連線羽球	拍打對方丟來的球	自己拿球自己拍

學生每做完一個活動，教學者就將活動提示圖撕下來，直到全部活動做完為止。

單元主題 4：槌球

► 蘇日俊 ◄

理論基礎

　　自閉症者的手眼協調與肢體動作靈活度訓練在其體能活動方面相當重要。槌球是訓練手眼協調和肢體動作靈活度的活動之一，藉由槌球的瞄準及擊球動作，可增進手眼協調及肢體動作的靈活度。

教學目標

　　㈠能將槌球槌至定點。
　　㈡能依球門順序槌球。
　　㈢能夠輪流與等待槌球。

適用對象

　　低、中功能自閉症者（國小到國中階段）。

先備能力

　　有抓握的能力、基本手眼協調能力。

教學材料

　　㈠球數顆（輕重及大小不同）、槌球棒數支（輕重及粗細不同）、球
　　　門數個（大小不同）。
　　㈡提示圖卡（排隊、等待、槌球之活動規則提示圖片）。
　　㈢增強物（實物、代幣、增強系統等）。
　　㈣視覺線索標示（排隊位置、球門數及槌球路線的標示）。

教學策略

㈠提示情境圖片：在實際到操場練習槌球前，教學者先在教室裡使用
　　情境圖卡向學生說明槌球的活動規則。

㈡視覺線索標示：教學者先將各個球門位置及槌球路線標出，並將槌
　　球區旁排隊等候槌球處以腳印依序貼好。

㈢同學示範：請示範同學示範槌球動作及槌球路線，讓學生模仿。

㈣圖片提示：使用工作分析圖卡，將各項動作逐步分解說明，提示須
　　完成的動作。

㈤逐步褪除提示：運用口語、圖卡及肢體動作提示，以圖卡和口語提
　　示為主，若學生無法完成動作，再輔以肢體協助，但學生一旦達成
　　目標行為後，則逐步褪除協助及提示。

㈥增強：適時給與學生增強，以強化學生正確行為（盡量採用社會性
　　增強，例如：鼓掌、輕拍肩膀等，或是使用代幣來增強）。

教學步驟

階段一：槌球先前訓練

準備活動：教學者佈置槌球（可將球放在有黏性的板子上或草地上，讓
　　　　　球不易滾動），並在槌球棒上貼提示握棒的手印及擊球點，
　　　　　準備粗細、輕重不同的球棒及輕重、大小不同的球，球上也
　　　　　貼上擊球點（如附圖一）。

步驟一：提示槌球動作圖卡→教學者先拿槌球的動作提示圖卡告訴學生
　　　　手要握在槌球棒哪裡、打擊球時槌球棒要以哪裡槌球。

步驟二：示範同學示範槌擊小沙灘球→示範同學示範以較輕及粗的槌球
　　　　棒槌擊小沙灘球，讓學生模仿打擊。

步驟三：學生練習打擊→學生自己練習以輕及粗的槌球棒槌擊小沙灘球，
　　　　教學者可提示學生手要握在槌球棒的手印處、槌球時要以槌球
　　　　棒上面的擊球點擊球，並漸漸褪除提示。

步驟四：學生會以粗的槌球棒槌擊小沙灘球後，將槌球棒漸漸換成一般

的槌球棒，球也更換為一般的球。

階段二：定點排隊等待，輪流槌球

準備活動：教學者佈置好要槌擊的球，並在槌球區旁貼上槌球者站的位
　　　　　置腳印及排隊等待槌球位置的腳印（在排隊等待區旁放排隊
　　　　　輪流提示板，依學生排隊的順序放上名字，最前面放擊球者
　　　　　的名字，擊完球就將其名字放到最後，如附圖二）。

步驟一：提示排隊及槌球動作圖卡→教學者先拿排隊及槌球的動作提示
　　　　圖卡告訴學生要在哪裡排隊、站在哪裡槌球及如何槌球。

步驟二：示範同學示範站的位置→由示範同學示範等待槌球時要站的位
　　　　置，及槌球時要站的位置，學生跟著排隊及站在槌球者的位置。

步驟三：示範同學示範槌球→由示範同學示範如何握槌球棒（可以在槌
　　　　球棒上貼上手印，標明手要握的地方），然後眼睛看球，瞄準
　　　　球後再開始槌球，學生跟著模仿槌球。

步驟四：圖卡或口語提示槌球→讓學生實際練習排隊等待槌球及用槌球
　　　　棒槌球，如果學生有不會的地方可用圖卡或口語提示（最後要
　　　　漸漸褪除提示，讓學生能獨立完成動作）。

階段三：互相槌球給對方

步驟一：示範同學示範槌球給對方→由兩位示範同學示範互相槌球給對
　　　　方，一人槌球給對方，再由對方槌回。

步驟二：學生練習槌球給對方→由示範同學與學生練習互相槌球給對方，
　　　　示範同學槌球給學生，再由學生槌回給示範同學。

階段四：槌球進球門

準備活動：教學者佈置好槌球區及球門（大小不同），並在「開始槌球
　　　　　區」及球門間畫上槌球線，在球門旁放「槌球進門提示板」。

步驟一：提示槌球完整活動圖卡→教學者以槌球完整活動提示圖卡告訴
　　　　學生整個槌球進行流程及各個重要活動動作（如附圖三）。

步驟二：示範同學示範槌球進球門→示範同學先示範如何以槌球棒槌球
進球門，先站在「開始槌球區」，然後往球門方向沿著槌球線
槌球，槌球進洞後把「槌球進門提示板」上的名字拿掉，代表
已槌球進球門。

步驟三：學生練習槌球進球門→學生練習以槌球棒槌球進球門，先站在
「開始槌球區」，然後往球門方向沿著槌球線槌球（剛練習槌
球時可以讓學生有點類似推球，慢慢向球門推球進門，再慢慢
加大力氣槌球），槌球進洞後把「槌球進門提示板」上的名字
拿掉，代表自己已經槌球進球門。

步驟四：球門剛開始可以選擇較大的，並放較近，讓學生較易槌球進門，
再慢慢把球門縮小，並放較遠，也可以增加球門數（可在球門
上標示號碼，讓學生易於辨識）。

附圖說明

附圖一：在槌球球棒上貼提示握棒的手印及擊球點，球上也貼上擊球點。

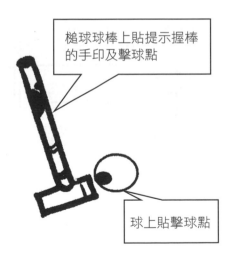

槌球球棒上貼提示握棒
的手印及擊球點

球上貼擊球點

附圖二：在排隊等待區旁放排隊輪流提示板，依學生排隊的順序放上名
字，最前面放槌球者的名字，槌完球後就將其名字放到最後。

槌球者	排隊等待槌球者			
	1	2	3	4
王小明	林大中	簡小葶	潘小鈞	陳一帆

附圖三：槌球活動提示圖片。

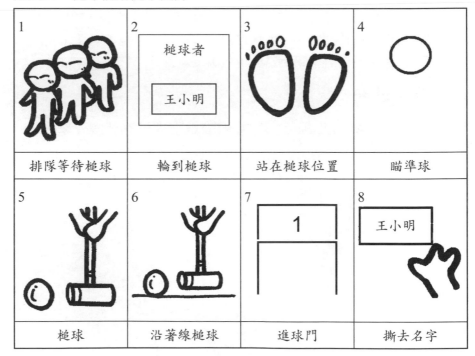

1	2	3	4
排隊等待槌球	輪到槌球	站在槌球位置	瞄準球
5	6	7	8
槌球	沿著線槌球	進球門	撕去名字

附圖四：槌球路線圖。

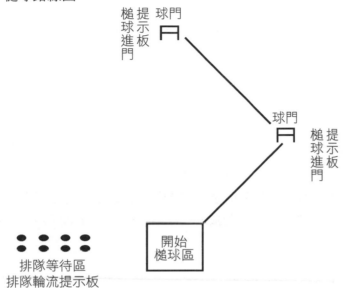

單元主題 5：擲壘球

▶ 黃楓枝 ◀

理論基礎

　　自閉症者大肌肉活動訓練有其必要性，尤其四肢的伸展訓練更可增進動作協調能力，其中擲壘球動作是訓練肌肉活動的項目之一，藉由手的擲遠、擲到目標物和身軀延展的動作，可增進肌肉的伸展及手眼的協調。

教學目標

　　㈠能專注看目標物。
　　㈡能將壘球擲遠。
　　㈢能擲到目標物。

適用對象

　　低、中功能自閉症者（國小到高中階段）。

先備能力

　　㈠能夠抓握壘球。
　　㈡能夠丟擲壘球。
　　㈢能夠認識數字 1～4（或是能分辨顏色）。

教學材料

　　㈠壘球數個。
　　㈡大籃子。
　　㈢投擲的增強物圖板三個（上面畫著學生喜歡的物品）、箭頭的圖卡。
　　㈣四宮格的投擲目標架、1～4 的號碼紙張數份。
　　㈤增強物（實物、代幣、增強系統，如附圖）。

㈥提示圖卡（排隊、等待、活動之工作分析，如附圖）。

㈦視覺結構（位置標示、次數的標示，如附圖）。

㈧教學圍裙或溝通簿（教學時黏貼提示卡片）。

教學策略

㈠預告：教學者使用圖卡向學生事先預告今天休閒教育的課程是擲疊球。

㈡準備：教學者先將視覺線索的腳印圖卡和圖板、大籃子、投擲的目標物圖板、四宮格的投擲目標架、工作分析圖以及增強系統放在適當的位置。

㈢示範：請示範同學示範各個擲疊球項目的動作。

㈣模仿：請學生模仿示範同學的動作。

㈤提示：用口語、圖卡及肢體動作提示（以圖卡和口語提示為主，若學生無法完成動作，再輔以肢體協助）。

㈥時間延宕：利用時間延宕，靜待學生做出正確的動作。

㈦增強：適時給與學生增強，以強化學生正確行為產生（盡量採用社會性增強，如：鼓掌、輕拍肩膀等，或是使用代幣來增強）。

㈧精熟：要學生反覆練習，使學生能正確做出動作。

㈨教學時間：第一到三階段一節課，第四階段一節課。

教學步驟

階段一：定點排隊等待輪流

步驟一：教學者拿著擲疊球的圖卡（如圖一），告訴學生這節課要練習擲疊球動作。

步驟二：教學者在地上放好大籃子和排隊的腳印圖板（如圖二）。

步驟三：教學者要每位學生踩在直線排列的腳印上，並撕下工作分析圖的排隊及等候的圖卡（如圖三）貼在教學圍裙上，提示學生排好隊伍及等候。

階段二：將壘球擲入大籃子

步驟一：教學者撕下工作分析圖中將壘球擲入大籃子的圖卡（如圖四）貼在教學圍裙上，再將大籃子放在近處，大籃子裡插上畫著和寫著壘球，並且有向下箭頭的圖卡。

步驟二：由示範同學示範將壘球擲入大籃子的動作三次。

步驟三：請學生也做相同動作，如果學生做不出動作，教學者須給與學生動作提示（右手抓住學生的手背，左手抓住學生的上手臂並抬高，如果學生是左撇子，則教學者的左右手提示動作相反）及口頭提示「123丟」，學生每次做完就撕下一張貼紙（如圖五），做完三次，就給與增強，再換下一位學生（輪流提示：每一位學生往前面一個腳印）做相同的動作。

步驟四：教學者將大籃子逐步放遠，再重複上述的步驟二和三。

補充說明：增強系統可以視學生的喜愛用撕下貼紙的方式，或貼上貼紙的方式。

階段三：擲倒增強物圖板

步驟一：教學者將排隊的腳印圖板擺在擲倒增強物圖板的預備位置上，再撕下工作分析圖的擲倒增強物圖板的圖卡（如圖六）貼在教學圍裙上，然後在較近處立起學生較次喜歡的增強物圖板，並且在地上擺放指向前面方向的箭頭圖卡。

步驟二：由示範同學做出用壘球擲倒增強物圖板的動作。

步驟三：由學生做相同的動作，如果學生做不出動作，教學者須給與學生動作提示（右手抓住學生的手背，左手抓住學生的上手臂並抬高，如果學生是左撇子，則教學者的左右手提示動作相反）及口頭提示「123丟」，學生擲倒圖板就給與圖板上的增強物，再換下一位學生（輪流提示：每一位學生往前面一個腳印）做相同的動作。

步驟四：教學者將學生較喜歡和最喜歡的增強物圖板逐步放遠，再重複上述的步驟二和三。

階段四：投擲四宮格的目標架

步驟一：教學者將排隊的腳印圖板擺在投擲四宮格的目標架的預備位置
　　　　上，再撕下工作分析圖的投擲四宮格的目標架的圖卡（如圖七）
　　　　貼在教學圍裙上，然後將四宮格的目標架擺在前方。

步驟二：由示範同學先做出擲破四宮格的號碼紙張的動作。

步驟三：由學生做相同的動作，如果學生做不出動作，教學者須給與學
　　　　生動作提示（右手抓住學生的手背，左手抓住學生的上手臂並
　　　　抬高，如果學生是左撇子，則教學者的左右手提示動作相反）
　　　　及口頭提示「123 丟」，每擲破一張號碼紙張，就撕下一張號碼
　　　　貼紙（如圖八），四張號碼紙張都擲破後，就給與增強，再換
　　　　下一位學生（輪流提示：每一位學生往前面一個腳印）做相同
　　　　的動作。

❀ 附圖說明

(一)活動之工作分析圖。

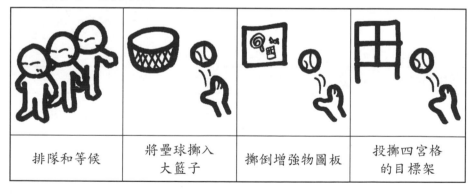

排隊和等候	將壘球擲入 大籃子	擲倒增強物圖板	投擲四宮格 的目標架

補充說明：教學者每完成一項教學活動，就將上列貼在教學圍裙上的圖
卡撕下並收起來。

㈡進行擲壘球教學的相關應用圖片。

擲壘球 　　　　大籃子 　　　　　排隊的腳印圖板

圖一 　　　　　　　　　　　　圖二

排隊和等待 　　　　　　　　將壘球擲入大籃子

圖三 　　　　　　　　　　　　圖四

增強系統提示圖1。

學生名字	第一次	第二次	第三次	增強（物）
○○○	⬬	⬬	⬬	👍
○○○	⬬	⬬	⬬	👍
○○○	⬬	⬬	⬬	👍

圖五

1. 學生每做完一次就可以撕下一張貼紙，做完三次之後就可以得到增強（物）（目的在提供視覺線索，讓孩子知道這項動作要做幾次才算完成）。

2. 學生看不懂自己的名字時，可以用顏色做區別。

3. 每個學生可以選擇不同的增強，最好是社會性增強或代幣制。

領域：休閒教育

擲倒增強物圖板

圖六

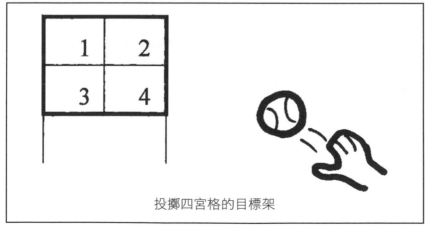

投擲四宮格的目標架

圖七

增強系統提示圖 2。

學生姓名	號碼貼紙一	號碼貼紙二	號碼貼紙三	號碼貼紙四	增強（物）
○○○	1	2	3	4	 👍
○○○	1	2	3	4	 👍
○○○	1	2	3	4	 👍

圖八

單元主題 6：排球

▶ 黃楓枝 ◀

理論基礎

　　自閉症者大肌肉活動訓練有其必要性，尤其四肢的伸展訓練更可增進動作協調能力，其中排球運動是訓練肌肉活動的項目之一，藉由雙手的發球和接球，以及身軀延展的動作，可增進肌肉的伸展及協調。

教學目標

（一）能以正確的動作發球。
（二）能將球發過排球場的分隔網。
（三）能互相接發球。

適用對象

　　中、高功能自閉症者（國小到高中階段）。

先備能力

（一）能夠用一手托住球。
（二）能夠用手擊球。

教學材料

（一）視覺線索的腳印。
（二）吹氣的塑膠球數個。
（三）排球數個。
（四）網袋二個、掛架一個。
（五）排球場的分隔網。
（六）增強物（實物、代幣、增強系統，如附圖）。

291

(七)提示圖卡（排隊、等待、活動之工作分析，如附圖）。

(八)視覺結構（位置標示、次數的標示，如附圖）。

(九)教學圍裙或溝通簿（教學時黏貼提示卡片）。

教學策略

(一)預告：教學者使用圖卡向學生事先預告今天休閒教育的課程是排球課。

(二)準備：教學者先將視覺線索的腳印圖卡和圖板、掛架、排球場的分隔網以及增強系統放在適當的位置。

(三)示範：請示範同學示範以手腕擊球、發球、將球發過分隔網，以及互相接發球。

(四)模仿：請學生模仿示範同學的動作。

(五)提示：用口語、圖卡及肢體動作提示（以圖卡和口語提示為主，若學生無法完成動作，再輔以肢體協助）。

(六)時間延宕：利用時間延宕，靜待學生做出正確的動作。

(七)增強：適時給與學生增強，以強化學生產生正確行為（盡量採用社會性增強，例如：鼓掌、輕拍肩膀等，或是使用代幣來增強）。

(八)精熟：要學生反覆練習，使學生能正確做出動作。

(九)教學時間：第一到三階段一節課，第四到五階段一節課。

教學步驟

階段一：定點排隊等待輪流

步驟一：教學者拿著排球的圖卡（如圖一），告訴學生這節課要上排球課。

步驟二：教學者在地上放好排隊的腳印圖板（如圖二）。

步驟三：教學者要每位學生踩在直線排列的腳印上，並拿出排隊及等候的圖卡（如圖三）提示孩子排好隊伍及等候。

階段二：以手腕擊球

步驟一：教學者先將以手腕擊球的圖卡（如圖四）貼在教學圍裙上，然

後在一粒吹氣的塑膠球和一粒排球的擊發部位貼上紅色印記，放在網袋裡，並繫在掛架上，再在學生的手腕的擊發球部位貼上紅色印記。

步驟二：由示範同學示範以手腕擊吹氣的塑膠球的動作三次。

步驟三：請學生也做相同動作，如果學生做不出動作，教學者須給與學生動作提示（左手維持學生的手臂伸直，右手抓住學生的手腕，如果學生是左撇子，則教學者的左右手提示動作相反）及口頭提示「123 打」，學生每次做完就撕下一張貼紙（如圖五），做完三次，就給與增強，再換下一位學生（輪流提示：每一位學生往前面一個腳印）做相同的動作。

步驟四：由示範同學示範以手腕擊排球的動作三次。

步驟五：請學生也做相同動作，如果學生做不出動作，教學者須給與學生動作提示（左手維持學生的手臂伸直，右手抓住學生的手腕，如果學生是左撇子，則教學者的左右手提示動作相反）及口頭提示「123 打」，學生每次做完就撕下一張貼紙（如圖五），做完三次，就給與增強，再換下一位學生（輪流提示：每一位學生往前面一個腳印）做相同的動作。

補充說明：增強系統可以視學生的喜愛用撕下貼紙的方式，或貼上貼紙的方式。

階段三：發球

步驟一：教學者將排隊的腳印圖板擺在發球的預備位置上，再將發球的圖卡（如圖六）貼在教學圍裙上，並準備三顆在擊發部位貼著紅色印記的排球。

步驟二：由示範同學做出以一手托球一手發球的動作三次。

步驟三：由學生做相同的動作（提示學生須將手腕上的紅色印記對準排球上的紅色印記擊發），如果學生做不出動作，教學者須給與學生動作提示（左手協助學生托球，右手抓住學生的手腕準備發球）及口頭提示「123 打」，每發球一次就撕下一張貼紙，發球完三次，就給與增強，再換下一位學生（輪流提示：每一

位學生往前面一個腳印）做相同的動作。

階段四：發球過網

步驟一：教學者將排隊的腳印圖板擺在發球過網的預備位置上，再將發球過網的圖卡（如圖七）貼在教學圍裙上，並將排球場的分隔網掛在較低的位置。

步驟二：由示範同學示範將排球發過網的動作三次。

步驟三：由學生做相同的動作（提示學生須將手腕上的紅色印記對準排球上的紅色印記擊發球），如果學生做不出動作，教學者須給與學生動作提示（左手協助學生托球，右手抓住學生的手腕準備發球）及口頭提示「123 打」，每發球一次就撕下一張貼紙，發球完三次，就給與增強，再換下一位學生（輪流提示：每一位學生往前面一個腳印）做相同的動作。

階段五：互相接發球

步驟一：教學者將互相接發球的腳印圖卡擺在互相接發球的站定位置上，再將互相接發球的圖卡（如圖八）貼在教學圍裙上。

步驟二：由教學者叫出示範同學的名字，然後將球發給示範同學接住，示範同學再將球發回給教學者。

步驟三：由教學者隨意叫學生的名字，然後將球發給學生接住，學生再將球發回給教學者，學生做出動作就給與增強，再換叫下一位學生的名字做相同的動作。

附圖說明

㈠活動之工作分析圖。

排隊和等候	以手腕擊球	發球	發球過網
互相接發球			

㈡進行排球教學的相關應用圖片。

排球	排隊的腳印圖板
圖一	圖二

排隊和等候

圖三

以手腕擊球

圖四

增強系統提示圖。

學生名字	第一次	第二次	第三次	增強（物）
○○○	●	●	●	👍
○○○	●	●	●	👍
○○○	●	●	●	👍

圖五

1. 學生每做完一次就可以撕下一張貼紙，做完三次之後就可以得到增強
   （物）（目的在提供視覺線索，讓孩子知道這項動作要做幾次才算完
   成）。
2. 學生看不懂自己的名字時，可以用顏色做區別。
3. 每個學生可以選擇不同的增強，最好是社會性增強或代幣制。

發球
圖六

發球過網
圖七

互相接發球
圖八

單元主題 7：踢球

▶林淑娟◀

領域：休閒教育

✿ 理論基礎

　　自閉症者的大肌肉活動訓練有其必要性，尤其是四肢的伸展訓練可增進其動作協調能力，踢球運動是伸展運動項目之一，藉由足球的踢球、傳球的動作可加強腳部、腰部乃至全身的靈巧性，也能訓練對其目標物的專注力。

✿ 教學目標

（一）能知道足球不能用手碰。
（二）能用腳將球踢出去。
（三）能用腳將球踢到指定的地點。
（四）能和同學一起踢球。

✿ 適用對象

　　低、中功能自閉症者（國小到國中階段）。

✿ 先備能力

（一）會做踩球及踢的動作。
（二）會單腳短暫站立。

✿ 教學材料

（一）足球、網子數個。
（二）增強物（實物、代幣、增強系統，如附圖）。
（三）視覺提示圖卡（腳印、路線圖、標的物，如附圖）。
（四）粉筆或膠帶線（用來標示球的行進路線）。

㈤彩色球圖卡四張。

㈥大箱子（大約電視機大）。

❋ 教學策略

㈠預告：跟學生說明這節休閒教育的課程是足球。

㈡準備：教學者先將踢球的路線圖標示出來以及將標的物放好。

㈢示範：示範學生示範用腳踢球、接球、運球動作。

㈣模仿：要學生模仿示範學生的動作。

㈤提示：用口語、圖卡及肢體動作提示。以圖卡和口語提示為主，若學生無法完成動作，再輔以肢體協助。

㈥時間延宕：利用時間延宕，靜待學生做出正確的動作。

㈦增強：適時給與學生增強物，以強化學生產生正確行為。

㈧精熟：讓學生重複做相同踢球、接球的動作。

㈨教學時間：每一階段為一節課。

❋ 教學步驟

準備工作：

步驟一：教學者指著圖卡告訴學生這節課要上足球，並帶學生到足球場去。

步驟二：教學者在學生的鞋子上以及球面上畫上視覺線索的圖形，告訴學生鞋子的紅點必須碰著球的紅點。

步驟三：在地上畫出踢球的腳印及路線圖。

階段一：網袋踢球

步驟一：「紅點碰紅點」：教學者將足球放入網袋中，上面拉起一條線，線的一端綁在木架上，另一端的球放置在地面上，叫示範同學用腳上紅點碰球紅點的動作，用動作或圖卡提示學生，不可以用手碰足球（如附圖三）。接著由學生練習紅點碰紅點的動作，做出動作就立即增強（如附圖一）。

步驟二：「地面上的踢球」：教學者請示範同學示範踢地上的球十下（紅點對紅點），再請其他學生模仿做相同的動作，做出動作就立

即增強（如附圖二）。

步驟三：「懸空踢球」：拿著網袋的線，綁在離地面 10 公分高的地方讓示範同學練習踢球大約十下（紅點對紅點），學生模仿示範同學踢完十下（其他同學可以跟著一起數數）之後，給與增強（附圖四）。

階段二：直線踢球（如附圖五）

步驟一：教學者利用粉筆在地面上畫出兩條直線（距離大約 2 公尺），在中間畫上箭頭，直線的盡頭放置一個有足球的大箱子（箱子是倒立，且開口向著學生），藉以提示學生將球踢進去這個箱子中。

步驟二：由示範同學示範一次直線踢球的動作，再由學生練習踢球，教學者可以用口語提示「將球踢入那個箱子中」，或用手指著箱子，要學生沿著這些箭頭踢進去。時間延宕 3 秒鐘，學生做對動作，立即增強，學生如果踢歪了，教學者可以將他導正，讓學生再踢進箱子中。學生做到了此動作就給與增強。

階段三：弧形踢球（如附圖六）

步驟一：教學者先用膠帶將四種顏色的球輕輕固定在四個位置上，教學者給示範學生紅色的球卡，提示他必須去踢他手上顏色的球，其他的以此類推，每個人必須踢完四球才算完成（如增強系統提示圖 1）。

步驟二：教學者拿不同顏色的球圖卡，提示學生要踢哪一種顏色的球，教學者可以給與口語提示「紅色的球」，靜待 3 秒鐘看學生會不會拿圖卡去踢球，如果沒有動作出現，教學者可以帶學生到指定顏色的位置上，提示學生要將球踢出去。做出正確動作立即給與增強，教學者慢慢褪除口語及動作協助。

階段四：互踢（如附圖七、八）

步驟一：「一對一踢球」：教學者在地上畫出直線的視覺線索，由兩位
　　　　示範同學示範互相踢球的動作十次，再請學生練習互踢的動作，
　　　　時間延宕 3 秒鐘，學生做出動作立即增強。距離可以由短到較
　　　　長的距離。

步驟二：「一對二踢球」，由教學者拿著不同顏色的圖卡給三位示範同
　　　　學站在自己顏色的腳印上，三位示範互相踢球的動作十次，接
　　　　著請學生與示範同學練習互踢的動作，學生做出動作立即增強
　　　　（如增強系統提示圖 2）。

步驟三：學生每踢完一個位置時，教學者將此顏色的提示腳印撕下，立
　　　　即給與增強，再拿另一種顏色的圖卡給學生，口語提示到下一
　　　　個定點，用手指指著學生要站的位置，教學者再慢慢褪除提示
　　　　及協助，直到學生三個位置都輪替過了（也可以二對二，二對
　　　　三……）。

階段五：接力踢球（如附圖九）

步驟一：第一位同學示範開始踢球，踢到不同顏色的腳印時，就可停止，
　　　　老師口語或動作提示「停」、「把卡片拿給老師」，接著由同
　　　　學模仿示範學生做相同的動作，時間延宕 3 秒鐘，如果學生無
　　　　法做到，教學者可以在旁邊協助，做到就給與增強，其餘的同
　　　　學以此類推。

步驟二：教學者拿提示圖卡，要最後一位同學用腳接住球，接住球才算
　　　　完成這一輪的遊戲。

步驟三：每一個同學可以輪流四個不同位置，其教學步驟如前面的步驟。
　　　　教學者可以慢慢褪除口語提示及動作協助（如增強系統提示圖
　　　　3）。

❀ 附圖說明

附圖一：紅點碰紅點練習。

附圖二：踢地面網袋的球。

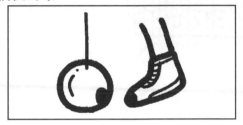

附圖三：提示學生不能用手碰球。

附圖四：踢懸空地面網袋的球。

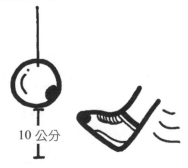

10公分

附圖五：直線踢進箱子中。

附圖六：每人踢完四種顏色的球。

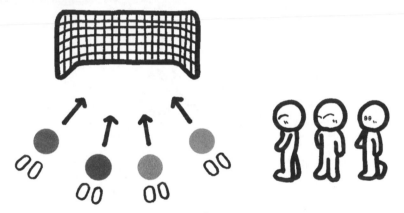

增強系統提示圖 1。

名字	紅色球卡	藍色球卡	黑色球卡	綠色球卡	增強物
○○○	⊙	⊙	⊙	⊙	🍬
○○○	⊙	⊙	⊙	⊙	🍪
○○○	⊙	⊙	⊙	⊙	🍩

學生每踢完一種顏色的球就將圖卡顏色貼紙撕下，以提示學生還剩多少個球未踢。每一個人須踢完四種顏色的球，撕下四張貼紙後才換下一個同學。

附圖七：一對一踢球。

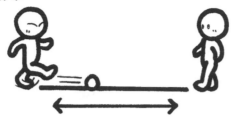

附圖八：一對二踢球。

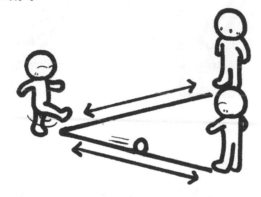

增強系統提示圖 2。

名字	紅色腳印	藍色腳印	綠色腳印	增強物
○○○	00	00	00	
○○○	00	00	00	
○○○	00	00	00	

學生定點踢球練習完之後，可以替換位置，每踢完一個位置時，教學者將此顏色的提示腳印撕下，立即給與增強，再拿另一種顏色的圖卡給學生，口語提示到下一個定點，用手指指著學生要站的位置，教學者再慢慢褪除提示及協助，直到學生三個位置都輪替過了。

附圖九：四人接力踢球。

增強系統提示圖 3。

名字	第一次	第二次	第三次	第四次	增強物
○○○	👣	👣	👣	🦶	▨
○○○	👣	👣	🦶	👣	🍪
○○○	👣	🦶	👣	👣	◎
○○○	🦶	👣	👣	👣	◎

學生依手上提示圖的位置站好等候踢球，踢完第一次的動作，教學者就將此顏色的腳印圖卡撕去，第二次時老師再提供不同的圖卡給學生，每個人必須玩四次，以此類推，學生看這個視覺提示圖就知道還有什麼顏色的位置沒有做過。

活動工作分析圖。

1	2	3
網袋裝球	點碰點練習	地面上踢球
4	5	6
懸空踢球	站上定點	將球踢出去
7	8	9
一對一踢球	一對二踢球	接力踢球

學生每做完一項活動，就將活動圖卡撕下，藉以提示孩子有多少活動要做，直到活動結束。

領域：休閒教育

單元主題 8：立定投籃

▶林淑娟◀

理論基礎

　　自閉症者大肌肉活動訓練有其必要性。尤其四肢的伸展訓練更可增進動作協調能力，其中籃球運動是訓練肌肉活動項目之一，藉由籃球的投擲、傳接及運球動作，可增進肌肉伸展及協調。

教學目標

　　㈠能做投擲動作。
　　㈡能將籃球投出去。
　　㈢能夠輪流與等待。
　　㈣能做完每一個階段的工作。
　　㈤能與同學一起傳球。

適用對象

　　低、中功能自閉症者（國小到國中階段）。

先備能力

　　㈠能用雙手抓握東西。
　　㈡能拋擲物品。
　　㈢手腕能靈活運用。

教學材料

　　㈠籃球數個。
　　㈡增強物。
　　㈢提示圖卡（排隊、等待、活動之工作分析，如附圖）。

㈣視覺結構（位置標示、次數的標示，如附圖）。

㈤教學圍裙或溝通簿（教學時黏貼提示卡片）。

教學策略

㈠預告：教學者使用圖卡向學生事先預告今天休閒教育的課程是籃球課。

㈡準備：教學者先將視覺腳印圖卡、鈴鐺綁在籃子上，增強系統放在適當的位置。

㈢示範：使用工作分析圖卡說明，請示範同學示範抓握籃球，並做立定投籃及變換三個定點投籃的動作。

㈣模仿：請學生模仿示範同學的動作。

㈤提示：用口語、圖卡及肢體動作提示。以圖卡和口語提示為主，若學生無法完成動作，再輔以肢體協助。

㈥時間延宕：利用時間延宕，靜待學生做出正確的動作。

㈦增強：適時給與學生增強，以強化學生產生正確行為（盡量採用社會性增強，例如：鼓掌、輕拍肩膀等，或是使用代幣來增強）。

㈧精熟：要學生反覆練習，使學生能正確做出動作。

㈨教學時間：每一階段時間為一節課。

教學步驟

準備活動：

步驟一：教學者事先將今天的個人作息表排好，上休閒教育課之前要學生去拿出這節要上籃球課的圖卡。

步驟二：在籃球場時，教學者將投籃線的三個定點（罰球線 2 ／面對籃框的右側點 1 ／面對籃框的左側 3）貼上腳印圖卡，並將排隊的腳印圖板放在罰球線腳印的後面。並在籃球兩側畫上兩個抓握的手印，提示學生正確抓握球的位置（如附圖一）。在籃子周邊綁上數個鈴鐺（學生聽到鈴聲，會提高投球興趣）。

步驟三：教學者要每位學生踩在直線排列的腳印上，並拿出排隊及等候的圖卡提示學生排好隊伍及等候（如附圖二）。

階段一：空手及拿球投籃

步驟一：罰球線的投籃動作：

　　㈠空手做出投籃動作（如附圖三）：教學者先將空手投籃的圖卡貼在圍裙上，再由示範同學示範空手投籃的動作做三次，請學生也做相同動作，再換下一位同學（輪流提示：每一位同學往前面一個腳印）（如附圖），直到每位學生都做完此項動作。

　　㈡拿球投籃（如附圖四）：教學者在圍裙上換貼拿球投籃的圖卡，再由示範同學將球投出去的動作做三次，請學生也做相同動作（如果學生無法做出動作，教學者就給與動作協助及口語提示）。每次做完就撕下一張貼紙（如增強系統提示圖1），做完三次，就給與增強，再換下一位同學（輪流提示：每一位同學往前面一個腳印），直到每位學生都做完此項動作。

步驟二：面對籃框右側的定點投籃：教學者將排隊的腳印圖板移至籃框右側的定點，其教學過程如步驟一。

步驟三：面對籃框左側的定點投籃：教學者將排隊的腳印圖板移至籃框左側的定點，其教學過程如步驟一。

階段二：從右側定點1到罰球線2到左側定點3為一輪的投籃

步驟一：教學者拿1的腳印圖卡給示範同學，學生必須從右側定點1開始投球，學生投完一次定點就撕下一張貼紙，接著拿給學生2、3圖卡動作與1一樣（學生三個定點投完才換下一個同學）。

步驟二：由學生做相同的動作，如果學生做不出動作，教學者須給與學生到下一個定點的口頭提示「下一個」及動作提示（指著下一個定點的位置），學生投完一次定點就撕下一張貼紙，直到三個定點都投完，就給與增強（如增強系統提示圖2）。

步驟三：然後輪下一位同學做相同的動作。

階段三：延伸活動

遊戲一（如附圖五）

步驟一：教學者安排所有的學生面對籃框圍成半圓形，老師手拿籃球面對學生，叫示範同學的名字後，將球傳給示範同學，請他接到球後就投籃。

步驟二：教學者隨意叫任一位學生的名字之後再將球傳給他，口語及動作提示（可以用雙手在學生背後輕推一下）學生投籃，如果學生能夠做出動作，就褪除動作及口語提示。

遊戲二（如附圖六）

步驟一：教學者安排所有的學生面對籃框圍成半圓形，老師動作協助學生必須將球傳給旁邊的同學，口語提示「下一個」，傳到示範同學時，老師吹一聲哨子，示範同學就不再傳球而且必須把球投出去。

步驟二：教學者漸漸減少動作協助及口語提示，學生只聽到哨聲就必須停止傳球動作，且做投球的動作（哨聲可以改成音樂聲停止）。

附圖說明

附圖一：地上視覺線索提示圖。

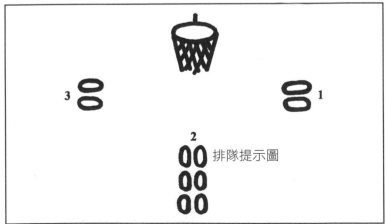

附圖二：排隊等候提示圖。

等候輪流

附圖三：空手投籃提示圖。

空手投籃動作

附圖四：拿球投籃提示圖。

拿球投籃動作

領域：休閒教育

附圖五：叫名字投籃遊戲。

附圖六：傳球投籃遊戲。

要聽到哨聲
停再投球！

增強系統提示圖 1。

學生名字	第一次	第二次	第三次	增強（物）
○○○	⬤	⬤	⬤	巧克力棒
○○○	⬤	⬤	⬤	銅鑼燒
○○○	⬤	⬤	⬤	甜甜圈

1. 學生每做完一次就可以撕下一張貼紙，做完三次之後就可以得到增強（物）（目的在提供視覺線索，讓孩子知道這項動作要做幾次才算完成）。

2. 學生看不懂自己的名字時，可以用顏色區別。

3. 每個學生可以選擇不同的增強，如果是食物，少量（將一個分成幾塊）即可。

4. 籃球重量較重，學生的投擲力量可能較弱，所以可以先用較輕的球。

5 一般學校籃框較高，所以可以先以位置較低的籃子做練習，逐漸調高高度。

增強系統提示圖 2。

學生名字	腳印 1	腳印 2	腳印 3	增強（物）
○○○	1 **00**	2 **00**	3 **00**	巧克力棒

（接下頁）

（續上頁）

領域：休閒教育

○○○	1 **00**	2 **00**	3 **00**	銅鑼燒
○○○	1 **00**	2 **00**	3 **00**	甜甜圈

學生每做完一個位置的投籃，就可以撕下一張貼紙，做完三個位置之後就可以得到增強（物）（目的在提供視覺線索，讓孩子知道這項動作要做幾次才算完成）。

活動工作分析圖

1 [2] **00**	2	3	4 [1] **00**
踩在腳印 2 上（罰）	空手投籃	拿球投籃	踩在腳印上 1（右）
5	6	7 [3] **00**	8
空手投籃	拿球投籃	踩在腳印 3 上（左）	空手投籃
9	10 [1　2　3]　00→00→00	11	
拿球投籃	由腳印 1 到 2 到 3 投籃	和同學一起玩球	

單元主題 9：呼拉圈運動

▶林淑娟◀

理論基礎

　　自閉症者大肌肉活動訓練有其必要性。尤其四肢的伸展訓練更可增進動作協調能力，其中改良式的呼拉圈運動是訓練肌肉活動項目之一，藉由呼拉圈不同方式的搖擺動作，可增進肌肉伸展及協調能力。

教學目標

㈠能用呼拉圈做舉起、放下動作。
㈡能用呼拉圈做前後擺動動作。
㈢能用呼拉圈做左右擺動動作。
㈣能與同學一起做呼拉圈動作。

適用對象

　　低、中功能自閉症者（國小至國中階段）。

先備能力

㈠會單手或雙手握住東西。
㈡會做搖擺動作。

教學材料

㈠呼拉圈兩個。
㈡架子一座。
㈢氣球數個（黃色和藍色）。
㈣增強物（食物、代幣、增強系統）。
㈤提示圖卡（排隊、等待、活動之工作分析，如各附圖）。

㈥視覺結構（位置標示、次數的標示，如附圖）。

教學策略

㈠預告：跟學生說明這節休閒教育的課程是呼拉圈。

㈡準備：教學者先在呼拉圈上畫上手印的線索。

㈢示範：示範學生示範手握呼拉圈做上下、左右、前後的動作。

㈣模仿：要學生模仿示範學生的動作。

㈤提示：用口語、圖卡及肢體動作提示。以圖卡和口語提示為主，若學生無法完成動作，再輔以肢體協助。

㈥時間延宕：利用時間延宕，靜待學生做出正確的動作。

㈦增強：適時給與學生增強物，以強化學生產生正確行為。

㈧教學時間：大約二節課。

教學步驟

準備活動（如附圖一）：

步驟一：教學者在呼拉圈的兩側畫上手印的線索，並在地上畫上腳印線索。再將呼拉圈用彈性繩子懸掛在架子上。

步驟二：教學者在架子上懸掛兩個氣球，以提示學生舉起呼拉圈時須碰到架子上的黃色氣球。

步驟三：教學者在架子的左右側懸掛兩個氣球，以提示學生左右搖擺呼拉圈時須碰到藍色氣球。

階段一：單人舉起、放下運動（如附圖二）

步驟一：教學者請示範同學站在腳印上面，兩手握著呼拉圈線索部位（手印或紅點），做舉起（須碰到黃色氣球，所以氣球高度須視學生身高來調整）、放下的動作十次。

步驟二：教學者讓學生站在腳印上，兩手握著呼拉圈線索部位（手印或紅點），教學者站在學生之後，握住學生的雙手，做舉起、放下的動作，並配合口語提示「上、下」，慢慢褪除動作協助，只有口語提示，靜待 3 秒鐘，學生動作如能完成十次（請其他

學生一起數數），立即給與增強。

步驟三：褪除架子及氣球線索，教學者只需口語提示「上、下」。

階段二：單人前、後搖擺運動（如附圖三）

步驟一：教學者請示範同學站在腳印上面，兩手握著呼拉圈線索部位（手印或紅點），做往前、往後搖擺（須碰到黃色氣球，所以氣球高度須視學生身高來調整）的動作十次。

步驟二：教學者讓學生站在腳印上，兩手握著呼拉圈線索部位（手印或紅點），教學者站在學生之後，握住學生的雙手，做前後搖擺的動作，並配合口語提示「前、後」，慢慢褪除動作協助，只有口語提示，靜待 3 秒鐘，學生動作如能完成十次（請其他學生一起數數），立即給與增強。

步驟三：褪除架子及氣球線索，教學者只需口語提示做「前、後」。

階段三：單人左、右搖擺運動（如附圖四）

步驟一：教學者請示範同學站在腳印上面，兩手握著呼拉圈線索部位（手印或紅點），做左、右搖擺（須碰到藍色氣球，所以氣球高度須視學生身高來調整）的動作十次。

步驟二：教學者讓學生站在腳印上，兩手握著呼拉圈線索部位（手印或紅點），教學者站在學生之後，握住學生的雙手，做左右搖擺的動作，並配合口語提示「左、右」，慢慢褪除動作協助，只有口語提示，靜待 3 秒鐘，學生動作如能完成十次（請其他學生一起數數），立即給與增強。

步驟三：褪除架子及氣球線索，教學者只需口語提示「左、右」。

階段四：雙人舉起、放下運動（如附圖五）

步驟一：教學者請兩位示範同學站在腳印上面，兩手握著呼拉圈線索部位（手印或紅點），做舉起、放下的動作十次。

步驟二：教學者讓學生站在腳印上，兩手握著呼拉圈線索部位（手印或

紅點），教學者站在學生之後，握住學生的雙手，做舉起、放下的動作，並配合口語提示「上、下」，慢慢褪除動作協助，只有口語提示，靜待 3 秒鐘，學生動作如能完成十次（請其他學生一起數數），立即給與增強。

階段五：雙人左、右搖擺運動（一個呼拉圈）（如附圖六）

步驟一：如階段四。
步驟二：如階段四。

階段六：雙人舉起、放下運動（二個呼拉圈）（如附圖七）

步驟一：教學者請兩位示範同學站在腳印上面，單手各握著一個呼拉圈線索部位（手印或紅點），做舉起、放下的動作十次。
步驟二：教學者讓學生站在腳印上，單手各握著呼拉圈線索部位（手印或紅點），教學者站在學生之後，握住學生的雙手，做舉起、放下的動作，並配合口語提示「上、下」，慢慢褪除動作協助，只有口語提示，靜待 3 秒鐘，學生動作如能完成十次（請其他學生一起數數），立即給與增強。

階段七：雙人左、右搖擺運動（二個呼拉圈）（如附圖八）

步驟一：如階段六。
步驟二：如階段六。

階段八：火車快飛（如附圖九）

步驟一：由示範同學站在第一個呼拉圈裡面做火車頭，握住視覺線索手印的部位，其餘的同學站在指定的呼拉圈之內，同時握住二個呼拉圈，沿著指定的路線圖前進，直到終點，就將提示牌上自己的名牌撕下，再站到最後一個位置，由第二位同學做火車頭，學生們可以唱〈火車快飛〉，直到每位同學都做過火車頭。

❖❖ 附圖說明

附圖一：視覺線索提示圖。

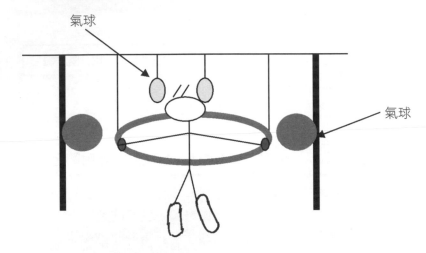

附圖二：單人舉起、放下運動。

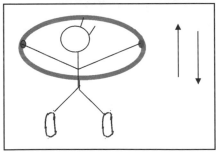

附圖三：單人前、後搖擺運動。

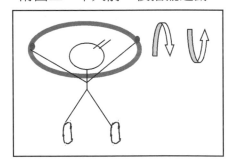

附圖四：單人左、右搖擺運動。

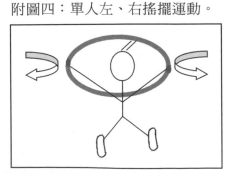

附圖五：雙人舉起、放下運動。

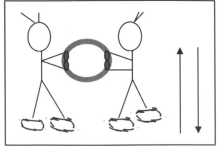

附圖六：雙人左、右搖擺運動
　　　　（一個呼拉圈）。

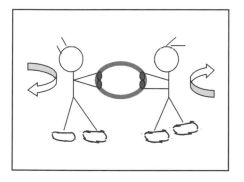

附圖七：雙人舉起、放下運動
　　　　（二個呼拉圈）。

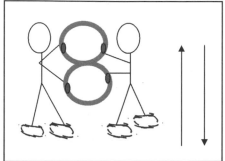

附圖八：雙人左、右搖擺運動（二個呼拉圈）。

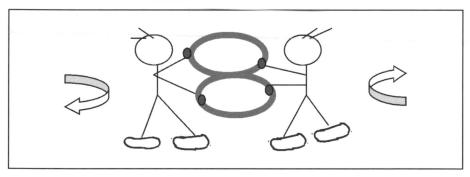

附圖九：火車快飛。

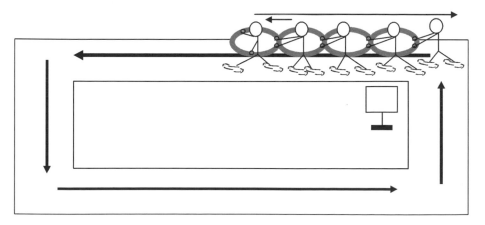

活動工作分析圖。

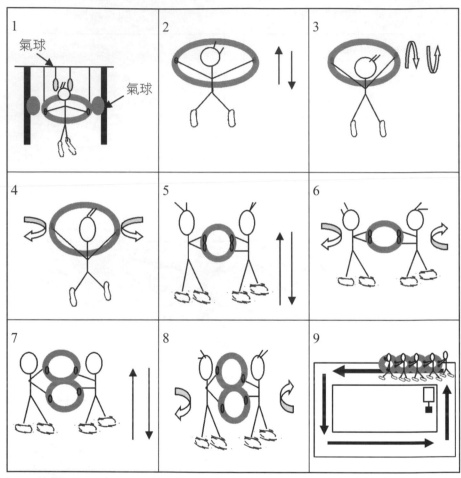

學生每做完一個活動，教學者就將活動提示圖撕下來，直到全部活動做完為止。

單元主題 10：擲飛盤

▶黃楓枝◀

領域：休閒教育

理論基礎

　　自閉症者大肌肉活動訓練有其必要性，尤其四肢的伸展訓練更可增進動作協調能力，其中擲飛盤動作是訓練肌肉活動的項目之一，藉由手的擲遠和擲到目標區的動作，可增進肌肉的伸展及手眼的協調。

教學目標

(一)能適當控制手的力道。
(二)能將飛盤擲入呼拉圈。
(三)能將飛盤丟擲穿過呼拉圈。
(四)能互相擲接飛盤。

適用對象

　　低、中功能自閉症者（國小到高中階段）。

先備能力

(一)能夠抓握飛盤。
(二)能夠做出丟擲的動作。
(三)有輪流的概念。

教學材料

(一)視覺線索的腳印數對、腳印的圖板。
(二)飛盤數個。
(三)大呼拉圈一個、使大呼拉圈立起的支架。
(四)增強物（實物、代幣、增強系統，如附圖）。

㈤提示圖卡（排隊、等待、活動之工作分析，如附圖）。

㈥視覺結構（位置標示、次數的標示，如附圖）。

㈦教學圍裙或溝通簿（教學時黏貼提示卡片）。

教學策略

㈠預告：教學者使用圖卡向學生事先預告今天休閒教育的課程是擲飛盤。

㈡準備：教學者先將視覺線索的腳印圖卡和圖板、呼拉圈、工作分析
　　圖以及增強系統放在適當的位置。

㈢示範：請示範同學示範各種擲飛盤項目的動作。

㈣模仿：請學生模仿示範同學的動作。

㈤提示：用口語、圖卡及肢體動作提示（以圖卡和口語提示為主，若
　　學生無法完成動作，再輔以肢體協助）。

㈥時間延宕：利用時間延宕，靜待學生做出正確的動作。

㈦增強：適時給與學生增強，以強化學生產生正確行為（盡量採用社
　　會性增強，例如：鼓掌、輕拍肩膀等，或是使用代幣來增強）。

㈧精熟：要學生反覆練習，使學生能正確做出動作。

㈨教學時間：第一到三階段一節課，第四階段一節課。

教學步驟

階段一：定點排隊等待輪流

步驟一：教學者拿著擲飛盤的圖卡（如圖一），告訴學生這節課要練習
　　　　擲飛盤的動作。

步驟二：教學者在地上放好呼拉圈，並貼上視覺線索的腳印圖卡和排隊
　　　　的腳印圖板（如圖二）。

步驟三：教學者要每位學生踩在直線排列的腳印上，並撕下工作分析圖
　　　　的排隊及等候的圖卡（如圖三）貼在教學圍裙上，提示孩子排
　　　　好隊伍及等候。

階段二：將飛盤擲入呼拉圈

步驟一：教學者撕下工作分析圖的「將飛盤擲入呼拉圈」的圖卡（如圖四）貼在教學圍裙上，並將畫著飛盤和寫上飛盤的圖卡貼在呼拉圈內。

步驟二：教學者在將被丟擲的飛盤上貼上手指印（如圖五），以提示學生正確抓握飛盤的方法。

步驟三：由示範同學示範將飛盤擲入呼拉圈的動作三次。

步驟四：請學生也做相同動作，如果學生做不出動作，教學者須給與學生動作提示（用右手抓著學生的手腕，用左手將學生的手肘托高，再將學生的手臂彎曲，做出擲飛盤的預備動作，如果學生是左撇子，則教學者的左右手提示動作相反）及口頭提示「123丟」，學生每次做完就撕下一張貼紙（如圖六），做完三次，就給與增強，再換下一位學生（輪流提示：每一位學生往前面一個腳印）。

補充說明：

1. 增強系統可以視學生的喜愛用撕下貼紙的方式，或貼上貼紙的方式。

2. 呼拉圈的擺放位置，可以由近處逐漸往遠處放，以加強學生的手臂力量和丟擲的準確度。

階段三：將飛盤丟擲穿過呼拉圈

步驟一：教學者撕下工作分析圖的將飛盤丟擲穿過呼拉圈的圖卡（如圖七）貼在教學圍裙上，再把排隊的腳印圖板擺在將飛盤丟擲穿過呼拉圈的預備位置上。

步驟二：教學者將呼拉圈放在支架上並且立在地面上，然後在呼拉圈的上端懸綁畫著飛盤和寫上飛盤的圖卡（如圖七）。

步驟三：由示範同學示範將飛盤丟擲穿過呼拉圈的動作三次。

步驟四：由學生做相同的動作，如果學生做不出動作，教學者須給與學生動作提示（用右手抓著學生的手腕，用左手將學生的手肘托高，再將學生的手臂彎曲，做出擲飛盤的預備動作，如果學生

是左撇子，則教學者的左右手提示動作相反）及口頭提示「123
丟」，學生每次做完就撕下一張貼紙（如圖五），做完三次，
就給與增強，再換下一位學生（輪流提示：每一位學生往前面
一個腳印）。

步驟五：然後輪下一位學生做相同的動作。

補充說明：

1. 增強系統可以視學生的喜愛用撕下貼紙的方式，或貼上貼紙的方式。

2. 呼拉圈的擺放位置，可以由近處逐漸往遠處放，以加強學生的手臂
力量和丟擲的準確度。

3. 教學者也可將放著呼拉圈的支架移到距離牆壁 30 公分處，再將畫著
飛盤和寫上飛盤的圖卡貼在呼拉圈範圍內的牆壁上，以這種視覺線
索引導學生將飛盤丟擲穿過呼拉圈。

階段四：互相擲接飛盤

步驟一：教學者撕下工作分析圖的互相擲接飛盤的圖卡（如圖八）貼在
教學圍裙上，再將學生應該站定的位置腳印擺好，然後教學者
和學生就定位站好。

步驟二：教學者手拿飛盤先叫示範學生的名字，然後將飛盤擲給他，示
範同學再將飛盤擲回給教學者，重複前述的動作三次。

步驟三：由學生做相同的動作：教學者叫學生的名字，然後將飛盤擲給
他，學生再將飛盤擲回給教學者，學生每次做完就撕下一張貼
紙（如圖六），做完三次，就給與增強，然後輪下一位學生做
相同的動作。

附圖說明

(一)活動之工作分析圖。

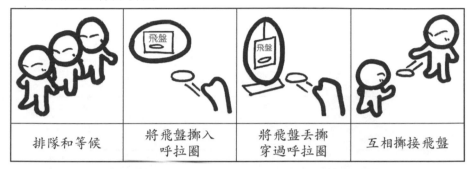

| 排隊和等候 | 將飛盤擲入
呼拉圈 | 將飛盤丟擲
穿過呼拉圈 | 互相擲接飛盤 |

補充說明：教學者每完成一項教學活動，就將上列貼在教學圍裙上的圖卡撕下並收起來。

(二)進行擲飛盤教學的相關應用圖片。

擲飛盤

圖一

呼拉圈　　　　排隊的腳印圖板

圖二

排隊和等待

圖三

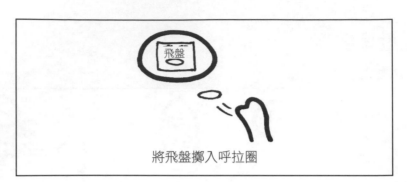

將飛盤擲入呼拉圈

圖四

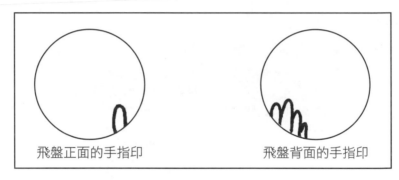

飛盤正面的手指印　　　　　　飛盤背面的手指印

圖五

增強系統提示圖。

學生名字	第一次	第二次	第三次	增強（物）
○○○				
○○○				
○○○				

圖六

1. 學生每做完一次就可以撕下一張貼紙，做完三次之後就可以得到增強
（物）（目的在提供視覺線索，讓孩子知道這項動作要做幾次才算完
成）。

2. 學生看不懂自己的名字時，可以用顏色做區別。

3. 每個學生可以選擇不同的增強，最好是社會性增強或代幣制。

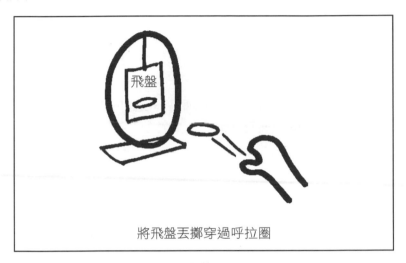

將飛盤丟擲穿過呼拉圈

圖七

互相擲接飛盤

圖八

單元主題 11：竹竿舞

▶ 黃楓枝 ◀

理論基礎

　　自閉症者大肌肉活動訓練有其必要性，尤其四肢的伸展訓練更可增進動作協調能力，其中跳竹竿舞是訓練肌肉活動的項目之一，藉由雙腳的跳動，可增進肌肉的伸展及協調。

教學目標

（一）能盡量協調肢體動作。
（二）能將腳踩在指定的位置。
（三）能將腳按照節拍跳過竹竿。

適用對象

　　中、高功能自閉症者（國小到高中階段）。

先備能力

（一）能夠單腳站立。
（二）能夠認識數字 1～4。

教學材料

（一）視覺線索的腳印。
（二）長布條兩條。
（三）竹竿兩根、支架物兩個。
（四）增強物（實物、代幣、增強系統，如附圖）。
（五）提示圖卡（排隊、等待、活動之工作分析，如附圖）。
（六）視覺結構（位置標示、次數的標示，如附圖）。

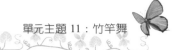

㈦教學圍裙或溝通簿（教學時黏貼提示卡片）。

教學策略

㈠預告：教學者使用圖卡向學生事先預告今天休閒教育的課程是竹竿舞。

㈡準備：教學者先將視覺線索的腳印圖卡和圖板、長布條、竹竿和支架物以及增強系統放在適當的位置。

㈢示範：請示範同學示範橫向踩腳印，以及按照節拍跳過竹竿。

㈣模仿：請學生模仿示範同學的動作。

㈤提示：用口語、圖卡及肢體動作提示（以圖卡和口語提示為主，若學生無法完成動作，再輔以肢體協助）。

㈥時間延宕：利用時間延宕，靜待學生做出正確的動作。

㈦增強：適時給與學生增強，以強化學生產生正確行為（盡量採用社會性增強，例如：鼓掌、輕拍肩膀等，或是使用代幣來增強）。

㈧精熟：要學生反覆練習，使學生能正確做出動作。

㈨教學時間：第一到第二階段一節課，第三階段一節課，第四階段一節課。

教學步驟

階段一：定點排隊等待輪流

步驟一：教學者拿著跳竹竿舞的圖卡（如圖一），告訴學生這節課要練習跳竹竿舞的動作。

步驟二：教學者在地上貼上視覺線索的腳印圖卡和排隊的腳印圖板，並將兩條長布條拉好（視覺線索的腳印圖卡上須標示數字 1、2、3、4）（如圖二）。

步驟三：教學者要每位學生踩在直線排列的腳印上，並拿出排隊及等候的圖卡（如圖三）提示孩子排好隊伍及等候。

階段二：橫向的踏腳動作

步驟一：教學者先將橫向的踏腳動作的圖卡（如圖四）貼在教學圍裙上，

再由示範同學示範橫向的踏腳動作，並且腳要照順序踩在標示
1、2、3、4 的視覺線索的腳印上，來回共三次。

步驟二：請學生也做相同動作，如果學生做不出動作，教學者須給與學
生口頭提示「準備跳 1、2、3；2、1、4」（學生的腳須踩在有
數字標示的視覺線索的腳印上）及動作提示（用手拉開學生的
右腳或左腳），來回共三次，每次做完就撕下一張貼紙（如圖
五），做完三次，就給與增強，再換下一位同學（輪流提示：
每一位同學往前面一個腳印）。

步驟三：然後輪下一位同學做相同的動作。

補充說明：

增強系統可以視學生的喜愛用撕下貼紙的方式，或貼上貼紙的方式。

階段三：跳過竹竿

步驟一：教學者將排隊的腳印圖板擺在跳過靜止的竹竿的預備位置上，
再將跳過靜止的竹竿的圖卡（如圖六）貼在教學圍裙上。

步驟二：教學者將兩根竹竿擺放在地上的支架物上，並在地上貼上有數
字標示的視覺線索的腳印，然後由同學示範跳過靜止的竹竿，
並且腳要照「1、2、3；2、1、4」的順序，踩在標示 1、2、3、
4 的視覺線索的腳印上，來回共三次。

步驟三：由學生也做相同動作，如果學生做不出動作，教學者須給與學
生口頭提示「準備跳 1、2、3；2、1、4」（學生的腳須踩在有
數字標示的視覺線索的腳印上）及動作提示（用手拉開學生的
右腳或左腳），來回共三次，每次做完就撕下一張貼紙（如圖
五），做完三次，就給與增強，再換下一位同學（輪流提示：
每一位同學往前面一個腳印）做相同的動作。

步驟四：由二名示範的同學敲打竹竿（一次敲在支架物上，一次將兩根
竹竿互敲，重複這樣的動作），由另一名示範同學示範跳過敲
打中的竹竿，並且腳要照「1、2、3；2、1、4」的順序踩在標
示 1、2、3、4 的視覺線索的腳印上，來回共三次。

步驟五：由學生也做相同動作，如果學生做不出動作，教學者須給與學

生口頭提示「準備跳 1、2、3；2、1、4」（學生的腳須踩在有數字標示的視覺線索的腳印上）及動作提示（用手拉開學生的右腳或左腳），來回共三次，每次做完就撕下一張貼紙（如圖五），做完三次，就給與增強，再換下一位同學（輪流提示：每一位同學往前面一個腳印）做相同的動作。

階段四：依照節拍跳竹竿舞

步驟一：教學者將依照節拍跳竹竿舞的圖卡（如圖七）貼在教學圍裙上。

步驟二：由二名示範的同學敲打竹竿（一次敲在支架物上，一次將兩根竹竿互敲，重複這樣的動作二次，再連續二次敲在支架物上，一次將兩根竹竿互敲；重複以上的動作），由另一名同學示範跳過敲打中的竹竿，並且腳要照「1、1、1、2、3；2、2、2、1、4」的順序踩在標示 1、2、3、4 的視覺線索的腳印上，來回共三次。

步驟三：由學生也做相同動作，如果學生做不出動作，教學者須給與學生口頭提示「準備跳 1、1、1、2、3；2、2、2、1、4」（學生的腳須踩在有數字標示的視覺線索的腳印上）及動作提示（用手拉開學生的右腳或左腳），來回共三次，每次做完就撕下一張貼紙（如圖五），做完三次，就給與增強，再換下一位同學（輪流提示：每一位同學往前面一個腳印）做相同的動作。

步驟四：教學者播放〈捕魚歌〉的歌曲，由示範同學配合曲調，連續示範步驟二的動作。

步驟五：由學生也做相同動作，如果學生做不出動作，教學者須給與學生口頭提示「準備跳 1、1、1、2、3；2、2、2、1、4」（學生的腳須踩在有數字標示的視覺線索的腳印上）及動作提示（用手拉開學生的右腳或左腳），跳完整首歌就給與增強，再換下一位同學（輪流提示：每一位同學往前面一個腳印）做相同的動作。

◆❀◆ 附圖說明

㈠活動之工作分析圖。

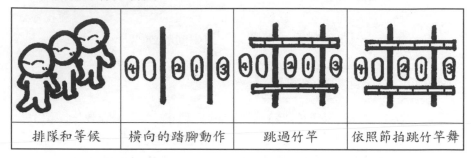

排隊和等候	橫向的踏腳動作	跳過竹竿	依照節拍跳竹竿舞

㈡進行竹竿舞教學的相關應用圖片。

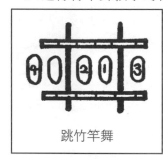

跳竹竿舞

排隊的腳印圖板　　　視覺線索的腳印

圖一　　　　　　　　　　　圖二

排隊和等待

圖三

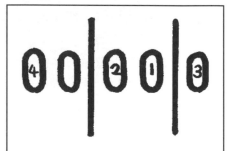

橫向的踏腳動作

圖四

增強系統提示圖。

學生名字	第一次	第二次	第三次	增強（物）
○○○	⬬	⬬	⬬	👍
○○○	⬬	⬬	⬬	👍
○○○	⬬	⬬	⬬	👍

圖五

1. 學生每做完一次就可以撕下一張貼紙，做完三次之後就可以得到增強（物）（目的在提供視覺線索，讓孩子知道這項動作要做幾次才算完成）。
2. 學生看不懂自己的名字時，可以用顏色做區別。
3. 每個學生可以選擇不同的增強，最好是社會性增強或代幣制。

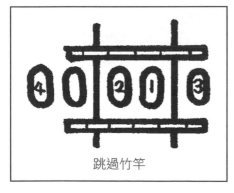

跳過竹竿

圖六

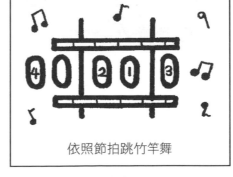

依照節拍跳竹竿舞

圖七

單元主題 12：跳遠

▶黃楓枝◀

理論基礎

　　自閉症者大肌肉活動訓練有其必要性，尤其四肢的伸展訓練更可增進動作協調能力，其中跳遠是訓練肌肉活動的項目之一，藉由雙腳的跳遠和身軀的延展，可增進肌肉的伸展及協調。

教學目標

(一)能盡量延展身軀和四肢。
(二)能跳到指定的位置。
(三)能跳過障礙物或小溝渠。

適用對象

　　低、中功能自閉症者（國小到高中階段）。

先備能力

(一)能夠原地向上跳。
(二)能夠認識數字 1～5。
(三)能夠跨過門檻。

教學材料

(一)視覺線索的腳印五對。
(二)視覺線索的腳印圖板。
(三)數字 1～5 的數字卡（學生能夠看清楚數字即可的大小）。
(四)呼拉圈五個、石頭堆。
(五)增強物（實物、代幣、增強系統，如附圖）。

㈥提示圖卡（排隊、等待、活動之工作分析，如附圖）。

㈦視覺結構（位置標示、次數的標示，如附圖）。

㈧教學圍裙或溝通簿（教學時黏貼提示卡片）。

🌼 教學策略

㈠預告：教學者使用圖卡向學生事先預告今天休閒教育的課程是跳遠課。

㈡準備：教學者先將視覺線索的腳印圖卡和圖板、呼拉圈、石頭堆、工作分析圖以及增強系統放在適當的位置。

㈢示範：請示範同學示範向前跳遠、跳過呼拉圈，以及跳過障礙物。

㈣模仿：請學生模仿示範同學的動作。

㈤提示：用口語、圖卡及肢體動作提示（以圖卡和口語提示為主，若學生無法完成動作，再輔以肢體協助）。

㈥時間延宕：利用時間延宕，靜待學生做出正確的動作。

㈦增強：適時給與學生增強，以強化學生產生正確行為（盡量採用社會性增強，例如：鼓掌、輕拍肩膀等，或是使用代幣來增強）。

㈧精熟：要學生反覆練習，使學生能正確做出動作。

㈨教學時間：用二節課的時間教完。

🌼 教學步驟

階段一：定點排隊等待輪流

步驟一：教學者拿著跳遠的圖卡（如圖一），告訴學生這節課要練習跳遠。

步驟二：教學者在地上貼上視覺線索的腳印圖卡和排隊的腳印圖板（如圖二）。

步驟三：教學者要每位學生踩在直線排列的腳印上，並撕下工作分析圖的排隊及等候的圖卡（如圖三）貼在教學圍裙上，提示學生排好隊伍及等候。

階段二：立定跳遠

步驟一：教學者撕下工作分析圖的立定跳遠的圖卡（如圖四）貼在教學
　　　　圍裙上，再由示範同學示範立定跳遠，並且雙腳須落在三個不
　　　　同遠近位置的腳印上的動作三次（先由近處再往遠處的腳印跳，
　　　　教學者先貼上一個近處的腳印，跳好後再移到遠一點的位置）。

步驟二：請學生也做相同動作，如果學生做不出動作，教學者須給與學
　　　　生口頭提示「123 跳」及動作提示（雙手往學生的背部向前
　　　　推），學生每次做完就撕下一張貼紙（如圖五），做完三次，
　　　　就給與增強，再換下一位學生（輪流提示：每一位學生往前面
　　　　一個腳印）。

步驟三：然後輪下一位學生做相同的動作。

補充說明：增強系統可以視學生的喜愛用撕下貼紙的方式，或貼上貼紙
的方式。

階段三：跳過呼拉圈

步驟一：教學者將排隊的腳印圖板擺在跳呼拉圈的預備位置上，再撕下
　　　　工作分析圖的跳過呼拉圈的圖卡（如圖六）貼在教學圍裙上。

步驟二：教學者在地上放兩個緊鄰的呼拉圈，並在呼拉圈內貼上視覺線
　　　　索的腳印，然後由示範同學先站在其中一個呼拉圈內往另一個
　　　　呼拉圈跳。

步驟三：由學生做相同的動作，如果學生做不出動作，教學者須給與學
　　　　生口頭提示「123 跳」及動作提示（雙手往學生的背部向前
　　　　推），跳完就給與增強，再換下一位學生（輪流提示：每一位
　　　　學生往前面一個腳印）做相同的動作。

步驟四：教學者在地上放三個緊鄰且排成一線的呼拉圈，並在呼拉圈內
　　　　貼上視覺線索的腳印，然後由示範同學先站在第一個呼拉圈內
　　　　往中間的呼拉圈跳，再往第三個呼拉圈跳。

步驟五：由學生做相同的動作，如果學生做不出動作，教學者須給與學
　　　　生口頭提示「123 跳」及動作提示（雙手往學生的背部向前
　　　　推），跳完就給與增強，再換下一位學生（輪流提示：每一位

學生往前面一個腳印）做相同的動作。

步驟六：教學者在地上放五個緊鄰的呼拉圈（如圖七），然後由示範同學先站在標示 1 的呼拉圈內，再依照標示 2、3、4、5 的呼拉圈順序，一個一個跳過去。

步驟七：由學生做相同的動作，如果學生做不出動作，教學者須給與學生口頭提示，如：「跳到 2 號的呼拉圈，123 跳」及動作提示（用手指向 2 號的呼拉圈），跳完五個呼拉圈後，就給與增強，再換下一位學生（輪流提示：每一位學生往前面一個腳印）。

步驟八：由示範同學先站在標示 1 的呼拉圈內，聽教學者指示，如：「跳到 4 號的呼拉圈」，示範跳過呼拉圈的動作三次（教學者可以隨機指示呼拉圈的號碼）。

步驟九：由學生做相同的動作，如果學生做不出動作，教學者須給與學生口頭提示「123 跳」及動作提示（用手指向指示的號碼的呼拉圈），每跳好一次就撕下一張貼紙（如圖五），跳完三次，就給與增強，再換下一位學生（輪流提示：每一位學生往前面一個腳印）做相同的動作。

階段四：跳過障礙物

步驟一：教學者將練習單腳跨跳的腳印和排隊的腳印圖板擺在預備位置上，再撕下工作分析圖的單腳跨跳的圖卡（如圖八）貼在教學圍裙上。

步驟二：由示範同學先做出單腳跨跳的動作三次。

步驟三：由學生做相同的動作，如果學生做不出動作，教學者須給與學生口頭提示「123 跳」及動作提示（雙手往學生的背部向前推），每跳好一次就撕下一張貼紙（如圖五），跳完三次，就給與增強，再換下一位學生（輪流提示：每一位學生往前面一個腳印）。

步驟四：教學者將排隊的腳印圖板擺在跳過石頭堆的預備位置上，再撕下工作分析圖的跳過障礙物的圖卡（如圖九）貼在教學圍裙上。

步驟五：教學者先在地上擺放石頭堆，並在石頭堆的兩側貼上視覺線索的腳印，然後由示範同學先站在石頭堆的一側往另一側單腳跨跳。

步驟六：由學生做相同的動作，如果學生做不出動作，教學者須給與學生口頭提示「123跳」及動作提示（雙手往學生的背部向前推），跳完就給與增強，再換下一位學生（輪流提示：每一位學生往前面一個腳印）做相同的動作。

步驟七：教學者將排隊的腳印圖板擺在跳過小溝渠的預備位置上，並在小溝渠的兩側貼上視覺線索的腳印，然後由示範同學先站在小溝渠的一側往另一側單腳跨跳。

步驟八：由學生做相同的動作，如果學生做不出動作，教學者須給與學生口頭提示「123跳」及動作提示（雙手往學生的背部向前推），跳完就給與增強，再換下一位學生（輪流提示：每一位學生往前面一個腳印）做相同的動作。

❁ 附圖說明

(一)活動之工作分析圖。

排隊和等候	立定跳遠	跳過呼拉圈	單腳跨跳

跳過障礙物

補充說明：教學者每完成一項教學活動，就將上列貼在教學圍裙上的圖卡撕下並收起來。

(二)進行跳遠教學的相關應用圖片。

跳遠

圖一

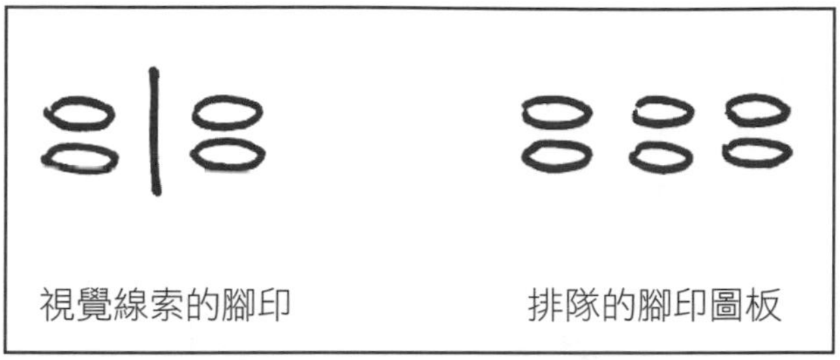

視覺線索的腳印　　　　　排隊的腳印圖板

圖二

領域：休閒教育

排隊和等待

圖三

立定跳遠

圖四

增強系統提示圖。

學生名字	第一次	第二次	第三次	增強（物）
○○○	●	●	●	👍
○○○	●	●	●	👍
○○○	●	●	●	👍

圖五

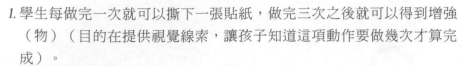

1. 學生每做完一次就可以撕下一張貼紙，做完三次之後就可以得到增強（物）（目的在提供視覺線索，讓孩子知道這項動作要做幾次才算完成）。
2. 學生看不懂自己的名字時，可以用顏色做區別。
3. 每個學生可以選擇不同的增強，最好是社會性增強或代幣制。

跳過呼拉圈

圖六

呼拉圈的排列方式

圖七

單腳跨跳

圖八

跳過障礙物

圖九

單元主題 13：跳躍

▶黃楓枝◀

理論基礎

　　自閉症者大肌肉活動訓練有其必要性，尤其四肢的伸展訓練更可增進動作協調能力，其中跳躍是訓練肌肉活動的項目之一，藉由雙腳的跳高和雙手的向上延展，可增進肌肉的伸展及協調。

教學目標

㈠能夠跳到指定的高度。
㈡能夠跳躍並同時伸直手臂抓物。
㈢能夠輪流與等待。

適用對象

　　低、中功能自閉症者（國小到國中階段）。

先備能力

㈠能夠雙腳離地向上跳。
㈡能夠雙手向上伸直。
㈢能夠用手抓物。

教學材料

㈠視覺線索的手印。
㈡視覺線索的腳印的圖板。
㈢懸吊目標物（如：糖果、米果、餅乾等數個）的架子。
㈣增強物（實物、代幣、增強系統，如附圖）。
㈤提示圖卡（排隊、等待、活動之工作分析，如附圖）。

341

㈥視覺結構（位置標示、次數的標示，如附圖）。

㈦教學圍裙或溝通簿（教學時黏貼提示卡片）。

教學策略

㈠預告：教學者使用圖卡向學生事先預告今天休閒教育的課程是跳躍課。

㈡準備：教學者先將視覺線索的手印圖卡和腳印圖板、懸吊目標物的架子、工作分析圖以及增強系統放在適當的位置。

㈢示範：請示範同學示範雙手向上伸直靠近牆壁向上跳躍，以及在綁著目標物的架子下原地向上跳躍並抓下目標物。

㈣模仿：請學生模仿示範同學的動作。

㈤提示：用口語、圖卡及肢體動作提示（以圖卡和口語提示為主，若學生無法完成動作，再輔以肢體協助）。

㈥時間延宕：利用時間延宕，靜待學生做出正確的動作。

㈦增強：適時給與學生增強，以強化學生產生正確行為（盡量採用社會性增強，例如：鼓掌、輕拍肩膀等，或是使用代幣來增強）。

㈧精熟：要學生反覆練習，使學生能正確做出動作。

㈨教學時間：一節課。

教學步驟

階段一：定點排隊等待輪流

步驟一：教學者拿著跳躍的圖卡（如圖一），告訴學生這節課要練習跳躍動作。

步驟二：教學者在牆壁貼上高低位置不同的手印圖卡、在靠牆的地上擺放排隊的腳印圖板（如圖二）。

步驟三：教學者要每位學生踩在直線排列的腳印上，並撕下工作分析圖的排隊及等候的圖卡（如圖三）貼在教學圍裙上，提示孩子排好隊伍及等候。

領域：休閒教育

階段二：雙手伸直靠牆跳躍

步驟一：教學者撕下工作分析圖的雙手伸直靠牆跳躍的圖卡（如圖四）貼在教學圍裙上，再由示範同學示範雙手伸直靠牆跳躍，並且雙手須拍在三個不同高低位置的手印上的動作三次（先由低處再往高處的手印跳，教學者先貼上一個低處的手印，跳好後再移到高一點的位置）。

步驟二：請學生也做相同動作，如果學生做不出動作，教學者須給與學生口頭提示「123跳」及動作提示（雙手按住學生的腰部向上推），每次做完就撕下一張貼紙（如圖五），做完三次，就給與增強，再換下一位學生（輪流提示：每一位學生往前面一個腳印）。

步驟三：然後輪到下一位學生做相同的動作。

補充說明：增強系統可以視學生的喜愛用撕下貼紙的方式，或貼上貼紙的方式。

階段三：原地跳躍並抓下目標物

步驟一：教學者將排隊的腳印圖板擺在綁著目標物的架子下，再撕下工作分析圖的原地跳躍並抓下目標物的圖卡（如圖六）貼在教學圍裙上，然後由示範同學示範原地跳躍並抓下目標物的動作三次。

步驟二：由學生做相同的動作，如果學生做不出動作，教學者須給與學生口頭提示「123跳」及動作提示（雙手按住學生的腰部向上推），每跳好一次就撕下一張貼紙（如圖五），跳完三次，就給與增強，再換下一位學生（輪流提示：每一位學生往前面一個腳印）。

步驟三：然後輪下一位學生做相同的動作。

補充說明：

1. 綁目標物的繩子必須是容易斷的或綁鬆一點，也可視學生的狀況，懸吊圖卡，學生只要拍擊到圖卡，就給與圖卡上的增強物。

2. 學生最喜歡的目標物綁高一點，次喜歡的綁低一點，可以強化學生跳高一點的意願。

◆ 附圖說明

(一)活動之工作分析圖。

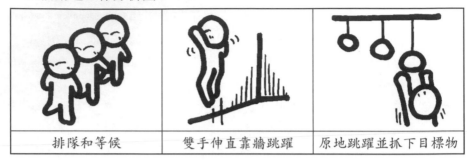

| 排隊和等候 | 雙手伸直靠牆跳躍 | 原地跳躍並抓下目標物 |

補充說明：教學者每完成一項教學活動，就將上列貼在教學圍裙上的圖卡撕下並收起來。

(二)進行跳躍教學的相關應用圖片。

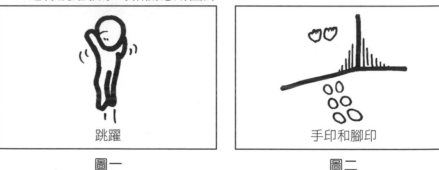

| 跳躍 | 手印和腳印 |
| 圖一 | 圖二 |

| 排隊和等待 | 雙手伸直靠牆跳躍 |
| 圖三 | 圖四 |

增強系統提示圖。

學生名字	第一次	第二次	第三次	增強（物）
○○○	⬤	⬤	⬤	👍
○○○	⬤	⬤	⬤	👍
○○○	⬤	⬤	⬤	👍

圖五

1. 學生每做完一次就可以撕下一張貼紙，做完三次之後就可以得到增強（物）（目的在提供視覺線索，讓孩子知道這項動作要做幾次才算完成）。

2. 學生看不懂自己的名字時，可以用顏色做區別。

3. 每個學生可以選擇不同的增強，最好是社會性增強或代幣制。

原地跳躍並抓下目標物

圖六

單元主題 14：平衡力訓練

▶林淑娟◀

理論基礎

　　自閉症者平衡力訓練有其必要性，尤其藉平衡訓練更可增進動作協調及平衡能力，其中平衡木運動是一項保持身體重心的訓練活動，藉由平衡木各項的平衡動作，可增進手眼協調以及身體的平衡感。

教學目標

　　㈠能走平衡木。

　　㈡能雙手拿皮球走平衡木。

　　㈢能雙手提水桶走平衡木。

　　㈣能與同學一起合作走平衡木。

適用對象

　　低、中功能自閉症者（國小至國中階段）。

先備能力

　　㈠會雙手抓皮球。

　　㈡會提水桶。

教學材料

　　㈠小皮球數個。

　　㈡較寬的平衡木兩條（大約 20 公分高）。

　　㈢小水桶兩個。

　　㈣小桌子一張。

　　㈤增強物（食物、代幣、增強系統）。

㈥提示圖卡（排隊、等待、活動之工作分析，如附圖）。

㈦視覺結構（位置標示、次數的標示，如附圖）。

㈧籃子一個、呼拉圈一個。

㈨凹狀圓形保麗龍板（放球用）。

㈩名字貼紙圖卡數張。

領域：休閒教育

教學策略

㈠預告：教學者使用圖卡向學生事先預告今天休閒教育的課程是平衡木。

㈡準備

　　1.教學者先將視覺圖卡以及增強系統放在適當的位置。

　　2.在平衡木上貼上腳印視覺圖。

　　3.在皮球上貼上握住位置的手印。

　　4.水桶內放置大約 100 西西的水。

㈢示範：使用工作分析圖卡說明，請示範同學走平衡木的動作。

㈣模仿：請學生模仿示範同學走平衡木的動作。

㈤提示：用口語、圖卡及肢體動作提示。以圖卡和口語提示為主，若
　　　　學生無法完成動作，再輔以肢體協助。

㈥時間延宕：利用時間延宕，靜待學生做出正確的動作。

㈦增強：適時給與學生增強，以強化學生產生正確行為。

㈧教學時間：階段一到階段三時間為一節課，階段四時間為一節課。

教學步驟

準備活動：

步驟一：教學者先將視覺圖卡以及增強系統放在適當的位置。

步驟二：在平地上貼上腳印視覺圖。

步驟三：在平衡木上貼上腳印視覺圖。

步驟四：在皮球上貼上握住位置的手印。

步驟五：在水桶的提手畫上手印提示圖。

步驟六：在終點地方放置名字貼紙木架。

階段一：平地平衡訓練（如附圖一）

步驟一：「張開雙手走直線」：教學者拿出直線腳印圖卡，讓示範同學沿著腳印走完直線一趟，不可以踏出腳印之外（腳印可以大一些），直到沒有腳印為止，走完學生就撕下自己的名字，再回到排隊隊伍，每人輪流三次，學生必須撕下三張自己的名字，才可以拿起桌上的一粒糖果作為獎勵。

步驟二：教學者拿出直線腳印圖卡，讓示範同學沿著腳印走完直線一趟，不可以踏出腳印之外（腳印可以大一些），時間延宕 3 秒鐘，學生如不能做出動作，教學者可以站在盡頭，用手比來這邊的手勢，配合口語提示「來這邊」，學生走完直線腳印，學生就撕下自己的名字，再回到排隊隊伍，每人輪流三次，學生必須撕下三張自己的名字，才給與一粒糖果當作增強物。

步驟三：「張開雙手走半圓形」步驟與「走直線」相同（如附圖二）。

階段二：平地握球平衡訓練（如附圖三）

步驟一：「握球走直線」：教學者拿出直線握球圖卡，讓示範同學雙手握球，走完直線腳印，不可以踏出腳印之外（腳印可以大一些），直到沒有腳印為止，學生就將手上的球放置凹狀圓形保麗龍板中，再回去拿球，直到凹狀圓形保麗龍板放滿球，就可以拿起桌上的一粒糖果作為獎勵。

步驟二：教學者拿出直線握球圖卡，讓學生手握皮球沿著腳印走完直線，不可以踏出腳印之外（腳印可以大一些），時間延宕 3 秒鐘，學生如不能做出動作，教學者可以站在盡頭，用手比來這邊的手勢，配合口語提示「來這邊」，到盡頭時，學生就將手上的球放置凹狀圓形保麗龍板中，再回去拿球，直到凹狀圓形保麗龍板放滿球，就可以拿起桌上的一粒糖果作為獎勵。

步驟三：「握球走半圓」如前面步驟一、二。

階段三：平地提水平衡訓練（如附圖四）

步驟一：「提水走直線」：教學者拿出直線提水圖卡，讓示範同學雙手提水桶，走完直線腳印一趟，不可以踏出腳印之外（腳印可以大一些），直到沒有腳印為止，學生就將水桶裡的水倒到水盆中，並且可以拿起桌上的一粒糖果作為獎勵。

步驟二：教學者拿出直線提水圖卡，讓學生雙手提水桶沿著腳印走完直線一趟，不可以踏出腳印之外（腳印可以大一些），時間延宕 3 秒鐘，學生如不能做出動作，教學者可以站在盡頭，用手比來這邊的手勢，配合口語提示「來這邊」，學生走完直線腳印，將水桶裡的水倒到水盆中，並且可以拿起桌上的一粒糖果作為獎勵。

步驟三：「提水走半圓」其步驟如步驟一、二。

階段四：平衡木訓練

步驟一：「張開雙手走平衡木」其步驟如階段一（如附圖五）。

步驟二：「握球走平衡木」其步驟如階段二（如附圖六）。

步驟三：「提水走平衡木」其步驟如階段三（如附圖七）。

步驟四：「互助合作走平衡木」，教學者叫兩組示範同學一起手握呼拉圈，沿著平衡木走，到另一端再由另一組學生接替走回來，直到每位學生都輪替過（如附圖八）。

步驟五：教學者將學生分為兩組，分別站在指定的位置（每個人都有拿不同顏色腳印提示，以提示自己該站在哪裡），一起手握呼拉圈，沿著平衡木走，到另一端再由另一組學生接替走回來，直到每位學生都輪替過。

附圖說明

附圖一：張開雙手走直線。

附圖二：張開雙手走半圓形。

附圖三：雙手握球走直線。

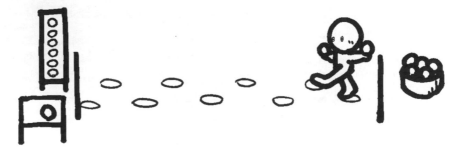

附圖四：雙手提水走直線。

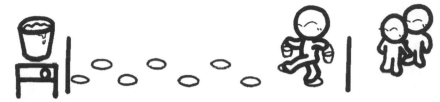

附圖五：張開雙手走平衡木。

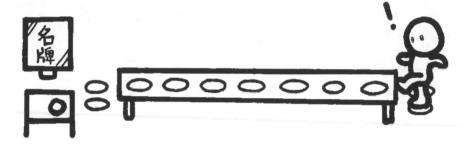

附圖六：雙手握球走平衡木。

附圖七：雙手提水走平衡木。

附圖八：互助合作走平衡木。

單元主題 15：樂器合奏

▶蘇日俊◀

理論基礎

　　自閉症者的休閒技能培養對其拓展生活圈相當重要。樂器合奏是音樂活動之一，藉由樂器的打節拍及團體的合奏，可陶冶心情及增進自閉症者的人際互動。

教學目標

㈠能依教師提示打節奏。
㈡能依樂譜圖片提示打節奏。
㈢能夠完成樂器合奏。

適用對象

　　低、中功能自閉症者（國小階段以上）。

先備能力

㈠能搖動或拍擊樂器。
㈡能分辨圖片。

教學材料

㈠鈴鼓、沙鈴、響板或三角鐵等樂器。
㈡樂譜（樂譜上在需要使用樂器打節奏的地方畫上樂器圖案）。
㈢樂器提示圖卡。
㈣增強物（實物、代幣、增強系統等）。

教學策略

(一)樂譜提示圖：教學者在樂譜上需要使用樂器打節奏的地方畫上樂器提示圖案。

(二)樂器打擊點提示：教學者在樂器上「手握」及「拍擊」的地方貼上視覺提示點，提示學生在樂器上手握及拍擊的地方。

(三)同學示範：請示範同學示範依樂器圖片及樂譜拿樂器打節奏，讓學生模仿。

(四)圖片提示：使用樂器圖卡，將所有合奏的樂器畫在圖卡上，提示學生何時要拿樂器打節奏。

(五)逐步褪除提示：運用口語、圖卡及肢體動作提示。以圖卡和口語提示為主，若學生無法完成動作，再輔以肢體協助，但學生一旦達成目標行為後，則逐步褪除協助及提示。

(六)增強：適時給與學生增強，以強化學生正確行為（盡量採用社會性增強，例如：鼓掌、輕拍肩膀等，或是使用代幣來增強）。

教學步驟

階段一：練習看圖卡打節奏

準備活動：教學者準備鈴鼓圖卡及鈴鼓（在樂器上「手握」及「拍擊」的地方貼上指印及手印當作視覺提示點，提示學生手握及拍擊的地方）。

步驟一：示範同學示範依教學者指示拿鈴鼓打節奏→示範同學示範以手握在樂器上貼有手印的地方，看教學者圖卡提示拍擊在鈴鼓上貼有拍擊手印的地方，當教學者手舉起鈴鼓圖卡時，就開始拍擊鈴鼓，教學者手放下時，就停止拍擊鈴鼓。

步驟二：學生練習依教學者指示拿鈴鼓打節奏→學生練習模仿示範同學動作，跟示範同學一起以手握在樂器上貼有手印的地方，看教學者圖卡提示拍擊在鈴鼓上貼有拍擊手印的地方，當教學者手舉起鈴鼓圖卡時，就開始拍擊鈴鼓，教學者手放下時，就停止

拍擊鈴鼓。剛開始可以抓著學生的手協助學生拍擊鈴鼓，等學生漸漸會了之後，則褪除提示，學生每完成一個動作，立即給與增強。

步驟三：鈴鼓打節拍在剛開始練習時，可以放慢速度，讓學生較易跟上，再慢慢加快速度，樂器也可以換為沙鈴、響板或三角鐵。

階段二：練習跟著簡單樂曲打節奏

準備活動：教學者準備〈生日快樂〉歌樂譜（樂譜上在需要使用樂器打節奏的地方畫上樂器圖案），鈴鼓圖卡及鈴鼓。

步驟一：示範同學示範依教學者指示拿鈴鼓打節奏→教學者一邊哼唱〈生日快樂〉歌，一邊手指著樂譜海報唱到的地方，示範同學示範看教學者圖卡提示拍擊鈴鼓，當教學者手舉起鈴鼓圖卡就開始拍擊鈴鼓，教學者手放下就停止拍擊鈴鼓。

步驟二：學生練習依教學者指示拿鈴鼓打節奏→教學者一邊哼唱〈生日快樂〉歌，一邊手指著樂譜海報唱到的地方，學生練習跟示範同學一起看教學者圖卡提示拍擊鈴鼓，當教學者手舉起鈴鼓圖卡時，就開始拍擊鈴鼓，教學者手放下時，就停止拍擊鈴鼓。剛開始可以抓著學生的手協助學生拍擊鈴鼓或以圖卡提示，等學生漸漸會了之後，則褪除提示。

步驟三：鈴鼓打節拍剛開始練習時，可以放慢速度，選擇較少節拍練習拍擊，讓學生較易跟上節拍，例如：剛開始可以在〈生日快樂〉歌中的「快樂」兩字拍擊鈴鼓，再慢慢增加「你」字拍擊鈴鼓，慢慢增加練習拍擊的節奏次數。

階段三：合奏樂曲

準備活動：教學者準備〈蘭花草〉歌樂譜（樂譜上在需要使用樂器打節奏的地方畫上樂器圖案），另外準備樂器圖卡（如附圖一）及樂器（鈴鼓、沙鈴、響板或三角鐵等）。

步驟一：示範同學示範依教學者指示拿樂器打節奏→教學者一邊哼唱〈蘭花草〉歌，一邊手指著樂譜海報唱到的地方，示範同學示範看

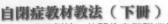

　　教學者圖卡提示拿樂器打節奏，當教學者手舉起圖卡時，就拿起樂器打節奏，教學者手放下時，就停止打節奏。

步驟二：學生練習依教學者指示拿樂器打節奏→教學者一邊哼唱〈蘭花草〉歌；一邊手指著樂譜海報唱到的地方，學生練習跟示範同學一起看教學者圖卡提示拿樂器打節奏，當教學者手舉起圖卡時，就拿起樂器打節奏，教學者手放下時，就停止打節奏。剛開始可以抓著學生的手協助學生拿樂器打節奏，等學生漸漸會了之後，則褪除提示。

步驟三：學生練習依樂譜圖示拿樂器打節奏→教學者哼唱〈蘭花草〉歌，學生練習跟示範同學一起看樂譜圖示拿樂器打節奏。剛開始教學者可以手指著樂譜提示何時要打擊，或抓著學生的手協助學生拿樂器打節奏，等學生漸漸會了之後，則褪除提示。

步驟四：學生拿樂器合奏，剛開始練習時可以只以兩種樂器合奏，並放慢節拍速度，或分段練習，讓學生較易跟上節拍，再慢慢增加合奏樂器種類及打節拍的長度。

❖ 附圖說明

附圖一：樂器圖卡提示學生何時打節奏。

鈴鼓

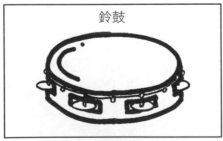

沙鈴

響板

三角鐵

蘭 花 草

領域：休閒教育

我 從 山 中 來 帶 著 蘭 花 草

種 在 小 園 中 希 望 花 開 早

一 日 看 三 回 看 得 花 時 過

蘭 花 卻 依 然 苞 也 無 一 個

轉 眼 秋 天 到 移 蘭 入 暖 房

朝 朝 頻 顧 惜 夜 夜 不 相 忘

期 待 春 花 開 能 將 宿 願 償

滿 庭 花 簇 簇 添 得 許 多 香

357

單元主題 16：隨著音樂律動

▶ 黃楓枝 ◀

✿ 理論基礎

　　有動作指示的音樂能增進學生吸收訊息，容易學會動作；和緩的音樂能促進放鬆和減少重複及固著的行為。

✿ 教學目標

（一）能隨著有動作指示的音樂做出動作。
（二）能隨著和緩音樂的播放，放鬆身心。
（三）能隨著和緩音樂的播放，減少重複、固著和攻擊的行為。

✿ 適用對象

　　低、中功能自閉症者（幼稚園到高中階段）。

✿ 先備能力

（一）聽到有動作指示的音樂，能知道要配合歌詞做出動作。
（二）能聆聽和緩的音樂。

✿ 教學材料

（一）含有動作指示的音樂（例如：〈健康歌〉）。
（二）含有動作指示的圖卡（例如：吸氣、吐氣）。
（三）和緩的音樂（例如：〈綠鋼琴〉）。
（四）增強物（例如：學生喜歡的東西、口頭讚美、鼓掌）。

✿ 教學策略

（一）準備：選擇含有動作指示的音樂，和能和緩情緒的音樂。

㈡示範：示範配合音樂節奏和指示的動作。

㈢協助：老師用肢體動作協助學生做出正確動作。

㈣增強：學生做出正確動作時，立即給與增強。

㈤熟練：逐漸褪除增強，讓學生能自發性地配合歌詞，做出應有的動作。

㈥轉化：以和緩的音樂穩定情緒，並轉移重複、固著和攻擊的行為。

領域：休閒教育

🌼 教學步驟

步驟一：老師播放節奏明快、含有動作指示的音樂（例如：〈健康歌〉），指示全班學生跟著歌曲做動作。

步驟二：學生不會做的動作（例如：深呼吸），由老師走到身旁，拿出「吸氣」的圖卡，並做示範（老師摸著自己的肚子，示範肚子會撐大）和說：「吸氣——1、2、3」；然後拿出「吐氣」的圖卡，並做示範（老師摸著自己的肚子，示範肚子會消扁）和說：「吐氣——1、2、3」。

步驟三：老師協助學生將手放在學生自己的肚子上，並說：「吸氣——1、2、3」，接著說：「吐氣——1、2、3」。

步驟四：學生每做出一個正確的動作，便立即給與增強。

步驟五：逐步褪除協助的動作（摸肚子）、提示語（吸氣——1、2、3；吐氣——1、2、3）和增強，讓學生能自行跟著歌曲做出深呼吸的動作。

步驟六：播放和緩的音樂給學生聽，並一邊說：「吸氣、吐氣、放輕鬆」，一邊讓學生做動作。

步驟七：當學生發脾氣吼叫，或出現重複、固著和攻擊行為時，就播放（步驟六）和緩的音樂，使學生能情緒平和、放輕鬆，並轉化不良的行為。

附圖說明

進行隨著音樂律動教學的相關應用圖片。

| 吸氣 | 吐氣 |

單元主題 17：手指畫

▶林丹桂◀

領域：休閒教育

理論基礎

休閒活動對自閉症者相當重要。藉由手指畫的教學，可增進自閉症者手眼協調及小肌肉動作的靈活度，並指導自閉症者建立適當休閒活動的技能。

教學目標

㈠能根據教學者指示壓印手指印。
㈡能根據圖形範圍壓印適當大小的手指印。
㈢能根據圖形線索完成手指印壓印。

適用對象

低、中功能自閉症者（幼稚園至國中階段）。

先備能力

有手指壓印能力。

教學材料

㈠紅色印泥數個。
㈡紅色鏤空圖形數張。
㈢圖形卡數張（半圓形、S形、花、數字等圖形）。
㈣增強物（實物、代幣、增強系統等，依學生狀況調整）。
㈤圖畫紙數張。

教學策略

(一)示範：教學者請示範同學示範用手紙沾印泥，壓印在紙上的動作。

(二)提示：用口語、圖形卡及肢體動作來提示壓印動作。

(三)模仿：請同學模仿示範同學壓印的動作。

(四)時間延宕：利用時間延宕等待學生完成動作，讓學生能做出壓印的動作及壓印各種圖形。

(五)增強：當學生能正確壓印及壓印各種圖形時適時給與獎勵。

(六)精熟：要學生不斷練習，使學生能夠正確的壓印，並能正確的壓印各種圖形。

(七)逐步褪除提示：運用口語、圖卡及肢體動作提示。以圖卡和口語提示為主，若學生無法完成動作，再輔以肢體協助，但學生一旦達成目標行為後，則逐步褪除協助及提示。

教學步驟

階段一：壓印直線圓點圖

步驟一：教學者請示範同學在食指上端畫上紅點（視覺提示），示範以食指上的紅點處沾紅色印泥，在直線圓點圖上印下自己食指的指印五次（如附圖一）。

步驟二：請學生模仿示範同學食指沾上印泥，在圖畫紙上壓印直線圓點圖。時間延宕 3 秒鐘，如果學生無法做出動作，教學者可以抓住學生的手指做出正確的動作，慢慢再褪除動作協助，當學生有正確的動作，及時以增強物獎勵。

步驟三：壓印完畢，教學者拿出洗手的圖卡給示範同學，要示範同學去洗手。接著將洗手圖卡拿給學生，以口頭提示「去洗手」，並指著水龍頭的方向，時間延宕 3 秒鐘，靜待學生反應，學生做出動作，立即給與增強（如附圖二）。

階段二：食指壓印半圓形及 S 形圖形

步驟一：教學者請示範同學示範用食指沾上印泥，壓印半圓形圖形，讓
　　　　學生模仿。

步驟二：請學生模仿示範同學食指沾上印泥，在圖畫紙上壓印半圓形圖
　　　　形。時間延宕 3 秒鐘，如果學生無法做出動作，教學者可以抓
　　　　住學生的手指做出正確的動作，慢慢再褪除動作協助，當學生
　　　　有正確的動作，及時以增強物獎勵（如附圖三）。

步驟三：半圓形圖形壓印完後，再增加變化，讓學生壓印 S 形、波浪形
　　　　圖形等，讓學生的手指更靈活（如附圖四）。

階段三：食指壓印圖形

步驟一：教學者請示範同學用食指沾上印泥，壓印線索提示（花）圖形。

步驟二：請學生模仿示範同學食指沾上印泥，在圖畫紙上壓印（花）圖
　　　　形。時間延宕 3 秒鐘，如果學生無法做出動作，教學者可以抓
　　　　住學生的手指做出正確的動作，慢慢再褪除動作協助，當學生
　　　　有正確的動作，及時以增強物獎勵（如附圖五）。

步驟三：學生手指壓印圖形內容，教學者可延伸增加樹形、房屋形、動
　　　　物形等。

階段四：延伸數字學習

步驟一：教學者運用砂紙做成的數字圖卡，讓學生以手指觸摸粗糙的數
　　　　字表面，感覺數字的外型，學生在觸摸的同時也以口語提示數
　　　　字的唸法，讓學生能產生聯結。

步驟二：教學者運用保麗龍做成鏤空的數字板，讓學生以手指在鏤空的
　　　　數字板中寫數字，學生在寫數字的時候，同樣也以口語提示數
　　　　字的唸法，讓學生能產生聯結。

步驟三：教學者準備數字點卡，學生以手指依照數字上的點壓印，1 就
　　　　壓印 1 點，2 壓印 2 點，3 壓印 3 點，依此類推，學生在壓印數
　　　　字點的時候，同樣也以口語提示數字的唸法，讓學生能產生聯

結（如附圖六）。

附圖說明

附圖一：在食指上端畫上紅點（視覺提示），以食指上的紅點處沾紅色
印泥，在直線圓點圖上印下自己食指的指印五次。

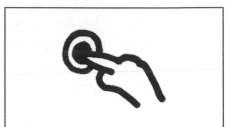

食指視覺提示圖

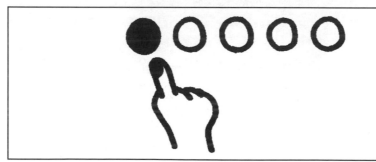

壓印直線圓點圖

附圖二：洗手提示圖卡。

附圖三：用食指沾上印泥，壓印半圓形圖形。

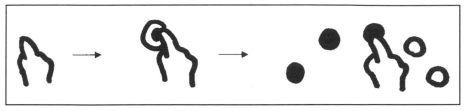

附圖四：半圓形圖形壓印完後，再增加變化，讓學生壓印 S 形、波浪形
　　　　圖形。

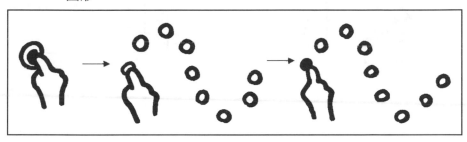

附圖五：用食指沾上印泥，壓印花圖形。

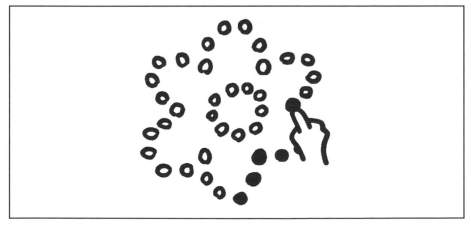

附圖六：學生以手指依照數字點卡下提示的點壓印指印，1就壓印1點，
2壓印2點，3壓印3點，依此類推。

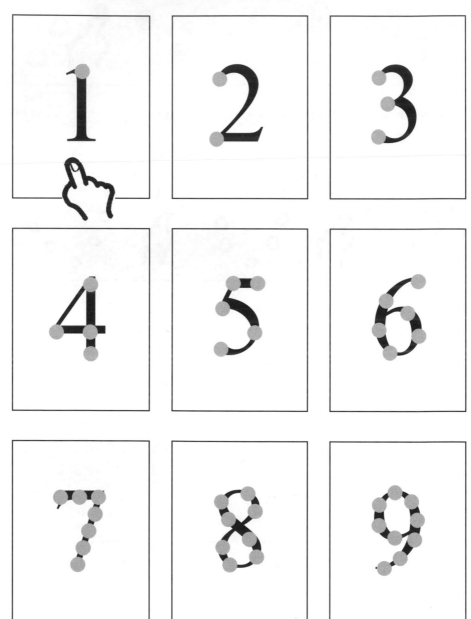

單元主題 18：使用 DVD 欣賞影片

▶ 蘇日俊 ◀

理論基礎

休閒技巧對自閉症者相當重要，觀賞 DVD 為家庭中重要的休閒活動，能夠到 DVD 出租店租 DVD，並能操作 DVD 視聽設備，對自閉症者的休閒活動會有很大的助益。

教學目標

㈠能到 DVD 出租店租 DVD。

㈡能正確操作 DVD 放影機。

㈢能使用 DVD 放影機播放自己喜愛的影片。

適用對象

高功能自閉症者（國小到國中階段）。

先備能力

㈠會辨認圖片、錢幣。

㈡會開啟電視及切換影片模式。

㈢知道 DVD 放影機各部分英文及中文名稱（電源、播放、送入、退出等）。

㈣有口語能力。

教學材料

(1) DVD、DVD 目錄。

(2) DVD 放影機。

(3)租 DVD 及 DVD 操作流程提示圖片。

(4)錢幣棋格。

教學策略

㈠提示社會故事及流程圖片：在實際練習操作 DVD 放影機及租 DVD
前，先提供租 DVD 社會故事及操作 DVD 放影機流程圖片，讓學生
對租 DVD 及操作 DVD 有概念。

㈡同學實際操作示範：同學示範租 DVD 及操作整個使用 DVD 放影機
播放 DVD 過程一次給學生看。

㈢數字順序提示：在各個 DVD 按鍵依操作順序貼上 1、2、3………提
示學生操作順序。

㈣逐步褪除提示：運用口語、圖卡及肢體動作提示。以圖卡和口語提
示為主，若學生無法完成動作，再輔以肢體協助，但學生一旦達成
目標行為後，則逐步褪除協助及提示。

㈤增強：適時給與學生增強，以強化學生正確行為（盡量採用社會性
增強，例如：鼓掌、輕拍肩膀等，或是使用代幣來增強）。

教學步驟

階段一：練習操作 DVD 放影機

準備活動：教學者準備 DVD 放影機、學生喜歡看的 DVD 光碟片（光碟
片剛開始可以在有圖案面畫上「箭頭」，提示學生有圖案面
要朝上放入，並在光碟片兩邊手握的地方畫上提示點，提示
學生要握光碟片兩旁，才不會傷到光碟片，學生漸漸會了之
後，就可以縮小箭頭及提示點，褪除提示）。

步驟一：提示操作流程圖片→提示學生使用DVD放影機的流程圖片，讓
學生瞭解播放 DVD 的過程（如附圖一）。

步驟二：同學示範操作整個使用DVD放影機播放DVD過程一次給學生看。

步驟三：同學逐一示範操作動作給學生模仿→同學示範按「電源鍵」
（power）開啟電源，讓學生模仿操作（提示學生電源燈亮了才
是開啟DVD放影機），學生完成操作動作，立即給與獎勵，增

強學生動機。

步驟四：放入 DVD→同學示範按「取出鍵」（open）讓 DVD 讀取匣彈出，手依提示點握在光碟片兩旁放入 DVD（提示學生光碟上有畫箭頭的圖案面要朝上放入，手要握光碟片兩旁的提示點，才不會傷到光碟片），再按「置入鍵」（close），送入 DVD 讀取匣，讓學生模仿操作。

步驟五：播放 DVD→同學示範按「播放鍵」（play），播放一段 DVD（提示學生電視機螢幕此時會出現畫面），讓學生模仿操作，學生會操作後，可以讓他看一段 DVD 當作獎賞。

步驟六：停止播放 DVD→播放一段 DVD 後，同學示範按「停止鍵」（stop）停止播放 DVD（提示學生電視機螢幕此時畫面會消失），讓學生模仿操作。

步驟七：取出 DVD→同學示範再按「取出鍵」讓 DVD 讀取匣彈出，取出 DVD，再按「置入鍵」，關閉 DVD 讀取匣，讓學生模仿操作。

步驟八：關閉電源→同學示範按「電源鍵」，讓學生模仿操作，完成整個操作過程（提示學生電源燈熄滅才是關閉 DVD 放影機）。

步驟九：學生都會模仿同學操作 DVD 放影機後，褪除「同學示範操作」提示，讓學生依圖片提示操作 DVD 放影機（也可以在各個按鍵依操作順序貼上 1、2、3⋯⋯提示學生操作順序），最後讓學生能獨立操作 DVD 放影機，學生會操作後，可以讓他自己選擇一片 DVD 看當作獎勵。

階段二：租喜歡的 DVD

準備活動：教學者準備 DVD 目錄、租 DVD 社會故事，事先與 DVD 出租店店員討論要給學生練習租 DVD 的對話情境，並把學生的特質（眼神注視短暫、手有時會舉起搖晃、無法長久等待等）及需要協助的事項（情境簡化、時間延宕、給與圖片或手勢提示、需要達到的行為目標等）詳細告知 DVD 出租店店員，並先辦好租借登記（剛開始練習時簡化情境，只讓學生練習拿 DVD 及付錢就好）。

步驟一：提示租 DVD 社會故事→教學者與學生一起讀「租 DVD 社會故事」，讓學生對如何選擇及租 DVD 有概念（如附圖二）。

步驟二：學生練習勾選 DVD 目錄→教學者準備一張 DVD 目錄給學生勾選，讓學生在到 DVD 出租店租 DVD 之前，先選好要租的 DVD。

步驟三：示範同學示範整個租 DVD 過程一次→示範同學在 DVD 出租店拿目錄核對找到 DVD，然後拿著 DVD 走向櫃台向店員說：「租 DVD 多少錢？」店員說：「40 元」，然後拿 40 元給店員。

步驟四：同學逐一示範對話及動作給學生模仿→示範同學在 DVD 出租店拿目錄核對找到 DVD，然後拿著 DVD 走向櫃台向店員說：「租 DVD 多少錢？」讓學生跟著模仿找到 DVD，並拿著 DVD 走向櫃台向店員說：「租 DVD 多少錢？」

步驟五：店員說：「40 元」，示範同學拿 40 元給店員，學生跟著拿 40 元給店員，然後拿著 DVD 走出 DVD 出租店。學生一旦達成目標行為，立即給與獎勵，增強學生動機。

步驟六：如學生不會付錢，可設計錢幣棋格帶在學生身上，由 DVD 出租店店員將錢幣貼在棋格上，讓學生對應棋格付租 DVD 的錢（如附圖三）。

附圖說明

附圖一：提示學生使用 DVD 放影機的流程圖片，讓學生瞭解播放 DVD
的過程。

1 	2 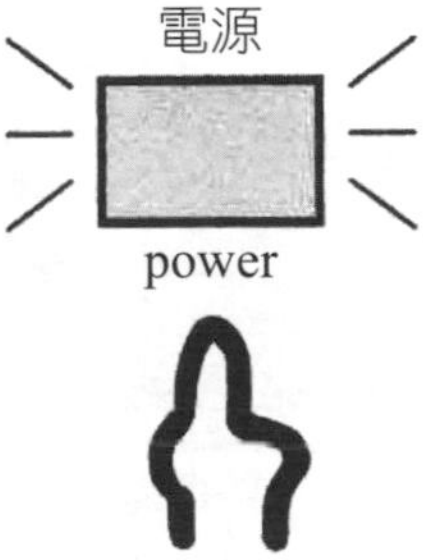 電源 power	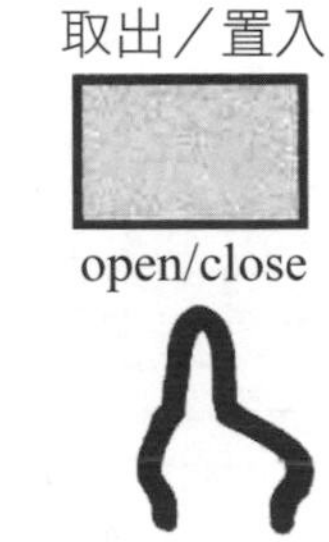 3 取出／置入 open/close	4 
DVD 放影機	打開電源	打開 DVD 匣	放入 DVD（圖案面朝上）
5  取出／置入 open/close	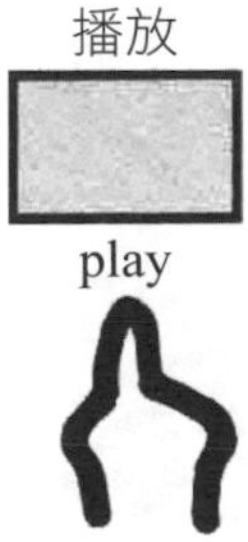 6 播放 play	 7	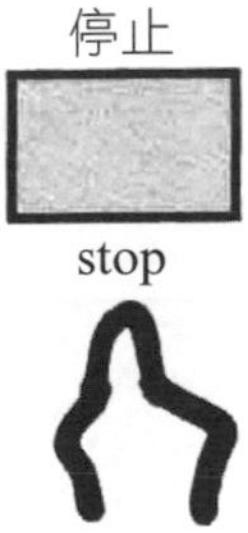 8 停止 stop
送入 DVD	播放 DVD	觀賞影片	停止播放 DVD
9  取出／置入 open/close	 10	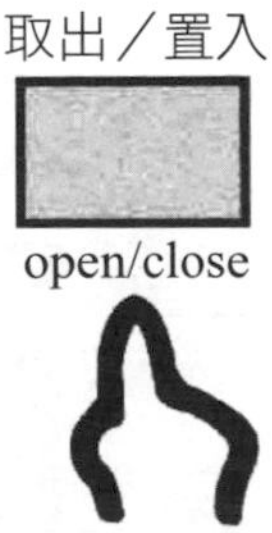 11 取出／置入 open/close	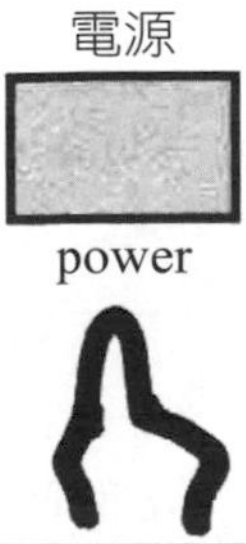 12 電源 power
打開 DVD 匣	取出 DVD	關閉 DVD 匣	關閉電源

附圖二：租DVD社會故事。

我看DVD目錄	DVD目錄	勾選	
	再見了，可魯		
	功夫熊貓		
	海底總動員		
	史瑞克		
	超人特攻隊		

把想看的DVD打勾	DVD目錄	勾選	
	再見了，可魯	✓	
	功夫熊貓		
	海底總動員		
	史瑞克		
	超人特攻隊		

我跟家人到DVD出租店	
找到喜歡的DVD	
我付錢給店員	
把DVD帶回家	 
觀賞DVD	

附圖三：錢幣棋格（由店員將錢幣貼在棋格上方，讓學生對應棋格付錢）。

請問多少錢？（請幫我貼上多少錢）

（魔鬼氈）

空白棋格　　　　　空白棋格　　　　　空白棋格

373

單元主題 19：釣魚樂

▶林淑娟◀

理論基礎

　　自閉症者專注力訓練有其必要性。尤其手眼協調訓練更可增進專注能力，其中釣魚運動是訓練專注力維持的活動項目之一，藉由釣魚的動作，除了可增進肌肉伸展及手眼協調之外，更能改善孩子的專注力。

教學目標

㈠能用磁鐵將迴紋針吸起來。
㈡能用磁鐵將有迴紋針的魚吸起來。
㈢能用懸吊磁鐵將池塘裡的魚釣起來。
㈣能與同學分組競賽。

適用對象

　　低、中功能自閉症者（國小至國中階段）。

先備能力

㈠會單手或雙手握住東西。
㈡會分辨顏色。

教學材料

㈠大小磁鐵十個（可以用線綁住）。
㈡迴紋針二十個（磁鐵與迴紋針顏色最好一樣）。
㈢紙魚三十條，小盒子一個。
㈣放置紙魚的小池或箱子。
㈤增強物（食物、代幣、增強系統）。

㈥提示圖卡（排隊、等待、活動之工作分析，如附圖）。

㈦視覺結構（位置標示、次數的標示，如附圖）。

㈧線十條，每條大約 60 公分長。

教學策略

㈠預告：跟學生說明這節休閒教育的課程是釣紙魚。

㈡準備：教學者先將磁條、迴紋針、紙魚、視覺線索放置好。

㈢示範：示範學生示範用磁鐵吸迴紋針及釣魚的動作。

㈣模仿：要學生模仿示範學生的動作。

㈤提示：用口語、圖卡及肢體動作提示。以圖卡和口語提示為主，若學生無法完成動作，再輔以肢體協助。

㈥時間延宕：利用時間延宕，靜待學生做出正確的動作。

㈦增強：適時給與學生增強物，以強化學生產生正確行為。

㈧精熟：讓學生重複做相同釣魚的動作。

㈨教學時間：四個階段大約二節課。

教學步驟

準備活動：

步驟一：教學者在示範學生的桌上放置一根長條（各種形狀皆可）磁鐵，一個小盒子及二十根迴紋針，磁鐵與迴紋針的顏色一樣（作為學生的線索提示）。

步驟二：準備一張有十條紙魚外框視覺線索圖。

步驟三：用線綁上磁鐵，綁在一根棍子上，棍子末端貼上握住的手印（如附圖一）。

步驟四：魚池內放置三十條紙魚，並在魚池周圍畫上腳印的視覺線索。

階段一：磁鐵吸起迴紋針（如附圖二）

步驟一：教學者要示範同學拿起磁鐵，將盒子裡的迴紋針一條一條吸起來，放置到桌上的視覺提示板上，直到提示板上放滿了迴紋針，就表示工作完成。

步驟二：教學者口語提示學生拿起磁鐵，吸起迴紋針的動作，靜待學生
3 秒鐘，如沒有反應，可以抓住學生的手將剛才的動作再做一
兩遍，之後褪除協助，直到視覺線索上的迴紋針都放滿了，立
即給與增強。

階段二：磁鐵吸起迴紋針夾住的紙魚（如附圖三）

步驟一：教學者在盒子裡放置二十條夾有迴紋針的紙魚，教學者要示範
同學拿起磁鐵，將盒子裡的紙魚一條一條吸起來，放置到桌上
的視覺提示板上，直到提示板上放滿了紙魚，就表示工作完成。

步驟二：教學者口語提示學生拿起磁鐵，吸起紙魚的動作，靜待學生 3
秒鐘，如沒有反應，可以抓住學生的手將剛才的動作再做一兩
遍，之後褪除協助，直到視覺線索上的紙魚都放滿了，立即給
與增強。

階段三：釣魚池中的紙魚（如附圖四）

步驟一：教學者在池子裡放置三十條夾有迴紋針的紙魚，教學者要示範
同學拿起磁鐵釣竿，站在視覺腳印上，將池子裡的紙魚一條一
條吸起來，放置到桌上的視覺提示板上，直到提示板上放滿了
紙魚，就表示工作完成。

步驟二：教學者口語提示學生拿起磁鐵釣竿，站在視覺腳印上，釣起池
中紙魚的動作，靜待學生 3 秒鐘，如沒有反應，可以抓住學生
的手將剛才的動作再做一兩遍，之後褪除協助，直到視覺線索
上的紙魚都放滿了，立即給與增強。

階段四：分組釣魚（如附圖五）

步驟一：教學者將示範學生分為兩組，一組拿紅色紙魚提示圖卡，一組
拿綠色紙魚提示圖卡，學生必須釣起自己圖卡顏色的魚，並將
紙魚放在視覺線索板上（有紅色和綠色，直到放滿為止。學生
可以移動位置）。

步驟二：教學者將不同圖卡顏色的紙魚交給二組學生，口語提示學生釣
　　　　起池中紅色或綠色紙魚的動作，靜待學生 3 秒鐘，如沒有反應，
　　　　可以抓住學生的手將剛才的動作再做一兩遍，之後褪除協助，
　　　　直到視覺線索上的紙魚都放滿了，立即給與增強。

領域：休閒教育

附圖説明

附圖一：握住釣魚竿線索圖。

握住釣魚竿線索

附圖二：磁鐵吸起迴紋針。

附圖三：磁鐵吸起迴紋針夾住的紙魚。

附圖四：釣魚池中的紙魚。

附圖五：分組釣魚。

活動工作分析圖。

用磁鐵吸起迴紋針	用磁鐵吸起夾有迴紋針的紙魚	懸掛磁鐵釣池中的紙魚	懸掛磁鐵釣池中有顏色的紙魚

學生每做完一項活動，就將圖卡撕下，藉以提示學生今天活動的課程。

單元主題 20：勝利皇后

▶蘇日俊◀

理論基礎

　　休閒活動技能對自閉症者相當重要。勝利皇后遊戲是一種利用視覺線索找尋相同撲克牌配對的遊戲，藉由不同數字撲克牌的配對及輪流抽牌活動，可增進自閉症者的注意力與社會互動。

教學目標

(一)能找出相同的撲克牌。
(二)能完成撲克牌配對。
(三)能夠輪流與等待拿撲克牌。

適用對象

　　中、高功能自閉症者（國小到國中階段）。

先備能力

　　會辨認圖卡、認識數字。

教學材料

(一)撲克牌。
(二)增強物（實物、代幣、增強系統等，依學生狀況調整）。
(三)提示圖卡（翻撲克牌、配對、輪流提示圖片）。
(四)格子紙卡、紙盒。

教學策略

(一)遊戲社會故事：在實際玩勝利皇后遊戲前，教學者先使用遊戲社會

故事向學生說明勝利皇后的遊戲規則。

㈡撲克牌位置標示：教學者以格子紙卡標示撲克牌擺放位置，明確提示學生撲克牌擺放位置。

㈢同學示範：請示範同學示範撲克牌配對及擺放撲克牌位置，讓學生模仿撲克牌配對及擺放撲克牌位置。

㈣圖片提示：使用遊戲步驟分析圖卡，將各項遊戲過程分解說明，提示須完成的動作。

㈤逐步褪除提示：運用口語、圖卡及肢體動作提示。以圖卡和口語提示為主，若學生無法完成動作，再輔以肢體協助，但學生一旦達成目標行為後，則逐步褪除協助及提示。

㈥增強：適時給與學生增強，以強化學生正確行為（盡量採用社會性增強，例如：鼓掌、輕拍肩膀等，或是使用代幣來增強）。

教學步驟

階段一：撲克牌配對

準備活動：教學者準備好撲克牌，共兩組撲克牌各四張（視學生程度可調整增加撲克牌張數），兩組撲克牌各放上下兩排在格子紙卡上，把各組撲克牌順序調換不要一樣（如附圖一）。

步驟一：示範同學示範撲克牌配對→由示範同學示範從下面一組撲克牌中拿一張，再在上面一組撲克牌中找一張相同號碼的撲克牌配對，拿起來放到旁邊的紙盒中。

步驟二：學生練習撲克牌配對→學生練習拿撲克牌，從下面一組撲克牌中拿一張，再在上面一組撲克牌中找一張相同號碼的撲克牌配對，拿起來放到旁邊的紙盒中（如果學生無法找到相同號碼的撲克牌配對，教學者可以抓著學生的手提示學生要配對的撲克牌，最後要漸漸褪除提示，讓學生能獨立配對）。

步驟三：依此方法一直到全部撲克牌都配對完才停止。

步驟四：增加撲克牌配對張數→學生四張撲克牌都會配對後，再逐漸增加張數，讓學生在多張撲克牌中都能找到配對的撲克牌。

階段二：兩人互抽撲克牌配對

準備活動：教學者準備好撲克牌，共兩組相同撲克牌各四張不同數字（視學生程度可調整增加撲克牌張數），兩人手上各拿一組撲克牌，並準備一張「抽牌卡」，提示學生抽牌順序。

步驟一：示範同學示範抽撲克牌配對→由兩位示範同學示範在對方的撲克牌中抽一張撲克牌，然後在自己手中的一組撲克牌找到配對的撲克牌，拿起來放到中間的紙盒中。

步驟二：學生練習抽撲克牌配對→由示範同學在學生手中的撲克牌抽一張撲克牌，然後在自己的一組撲克牌中找到配對的撲克牌，拿起來放到旁邊的紙盒中，再讓學生在示範同學手中的撲克牌中抽一張撲克牌，然後在自己手中的一組撲克牌中找到配對的撲克牌，拿起來放到中間的紙盒中。

步驟三：依此方法一直到全部撲克牌都配對完才停止。

步驟四：增加撲克牌配對張數→學生四張撲克牌都會配對後，再逐漸增加張數，讓學生練習抽撲克牌配對。

階段三：勝利皇后撲克牌配對遊戲

準備活動：教學者準備好不同數字撲克牌各六對共十二張（依學生程度可調整增減撲克牌數字對數），再加入一張皇后牌，隨機分發給三人，並準備一張「抽牌卡」，提示學生抽牌順序，另外在旁邊放「計數增強板」，計算誰最後擁有皇后牌（如附圖二）。

步驟一：示範同學示範抽撲克牌配對→由三位示範同學示範，先在自己手中的一組撲克牌中找一找是否有相同數字的撲克牌，如果有相同數字的撲克牌放到中間的紙盒中，再由第一位同學（放「抽牌卡」在面前表示輪到要抽牌的人）開始從右方一人撲克牌中抽一張，然後在自己手中的一組撲克牌中找到配對的撲克牌，放到中間的紙盒中，如果沒有配對的撲克牌則放入自己手中的牌中，等待別人抽牌，並把「抽牌卡」移到左手邊的人面前，

換左手邊的人抽牌。

步驟二：學生練習抽撲克牌配對→原來三位示範同學中一位換成練習的學生，一樣先在自己手中的一組撲克牌中找到相同數字配對的撲克牌，放到中間的紙盒中，再由第一位同學（放「抽牌卡」在面前表示輪到要抽牌的人）開始從右方一人撲克牌中抽一張，然後在自己手中的一組撲克牌中找到配對的撲克牌，放到中間的紙盒中，如果沒有配對的撲克牌則放入自己手中的牌中，等待別人抽牌，並把「抽牌卡」移到左手邊的人面前，換左手邊的人抽牌，讓學生練習輪流抽撲克牌配對。

步驟三：依此方法一直輪流到全部撲克牌都配對完，最後會剩下一張「皇后牌」，把「皇后牌」擺到「計數增強板」上，再換下一輪勝利皇后撲克牌遊戲，「計數增強板」格子擺滿時可獲得增強物。如果學生無法獨立進行遊戲，教學者可以配合圖片及遊戲社會故事提示學生遊戲步驟。

附圖說明

附圖一：從下面一組撲克牌中拿一張，再在上面一組撲克牌中找一張相同號碼的撲克牌配對。

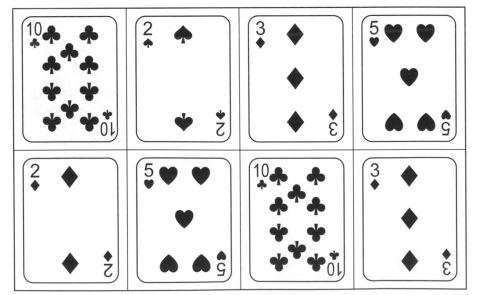

附圖二：勝利皇后計數增強板。全部撲克牌都配對完，把最後的「皇后牌」擺到「計數增強板」上，「計數增強板」格子擺滿時可獲得增強物。

王小明	 			增強物
張大成				增強物
簡小葶				增強物

勝利皇后撲克牌遊戲社會故事。

我跟朋友玩勝利皇后撲克牌遊戲	
我手上拿一組撲克牌	
如果兩張撲克牌數字相同	
我把這兩張撲克牌放到紙盒中	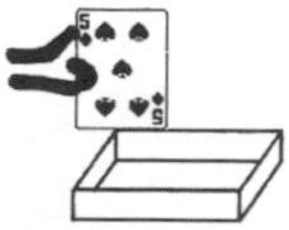

（接下頁）

（續上頁）

我跟朋友輪流抽撲克牌	
輪到我時，我抽一張撲克牌	
如果兩張撲克牌數字相同	
我把這兩張撲克牌放到紙盒中	
如果撲克牌數字不同	
我把撲克牌放到我的牌中	
換右邊的人抽牌	
最後剩下一張皇后牌時	
我把皇后牌放到計數板上	

單元主題 21：對對碰

▶蘇日俊◀

領域：休閒教育

理論基礎

休閒活動技能對自閉症者相當重要。對對碰遊戲是一種利用視覺線索找尋相同圖卡配對的遊戲，藉由不同種類圖卡的辨別及配對，可增進自閉症者的注意力及觀察力。

教學目標

㈠能將相同的圖卡配對。
㈡能完成圖卡配對遊戲。
㈢能夠輪流與等待拿圖卡。

適用對象

低、中、高功能自閉症者（國小到國中階段）。

先備能力

會辨認圖卡。

教學材料

㈠不同種類圖卡（生活用品、動物、汽車等）。
㈡增強物（實物、代幣、增強系統等，依學生狀況調整）。
㈢提示圖卡（翻卡片、配對、輪流提示圖片）。
㈣格子紙卡、紙盒。

教學策略

㈠遊戲社會故事：在實際玩對對碰遊戲前，教學者先使用遊戲社會故

事向學生說明對對碰的遊戲規則。

㈡圖卡位置標示：教學者以格子紙卡標示圖卡擺放位置，明確提示學
生圖卡擺放位置。

㈢同學示範：請示範同學示範圖卡配對及擺放圖卡位置，讓學生模仿。

㈣圖片提示：使用遊戲步驟分析圖卡，將各項遊戲過程分解說明，提
示須完成的動作。

㈤逐步褪除提示：運用口語、圖卡及肢體動作提示，以圖卡和口語提
示為主，若學生無法完成動作，再輔以肢體協助，但學生一旦達成
目標行為後，則逐步褪除協助及提示。

㈥增強：適時給與學生增強，以強化學生正確行為（盡量採用社會性
增強，例如：鼓掌、輕拍肩膀等，或是使用代幣來增強）。

教學步驟

階段一：一組正面圖卡、一組背面圖卡配對

準備活動：教學者準備好生活用品圖卡，共兩組相同圖卡各四張（視學
生程度可調整增加圖卡張數），兩組圖卡各放上下兩排在格
子紙卡上，把各組圖卡順序調換不要一樣，一組圖卡放正面、
一組圖卡翻到背面（如附圖一）。

步驟一：示範同學示範圖卡配對→由示範同學示範從下面一組圖卡中拿
一張翻到正面，再在上面一組圖卡中找一張相同的圖卡配對，
拿起來放到旁邊的紙盒中。

步驟二：學生練習圖卡配對→學生練習拿圖卡，從下面一組圖卡中拿一
張翻到正面，再在上面一組圖卡中找一張相同的圖卡配對，拿
起來放到旁邊的紙盒中（如果學生無法找到相同圖卡配對，教
學者可以抓著學生的手提示學生要配對的圖片，最後要漸漸褪
除提示，讓學生能獨立配對）。

步驟三：依此方法一直到全部圖卡都配對完才停止。

步驟四：增加圖卡配對張數→學生四張圖卡都會配對後，再逐漸增加張
數，讓學生在多張圖卡中都能找到配對的圖卡。

階段二：兩組背面圖卡配對

準備活動：教學者準備好生活用品圖卡，共兩組相同圖卡各四張（視學生程度可調整增加圖卡張數），兩組圖卡各放上下兩排放在格子紙卡上，把各組圖卡順序調換不要一樣，兩組圖卡都翻到背面（如附圖二）。

步驟一：示範同學示範翻圖卡配對→由示範同學示範從上面一組圖卡中拿一張翻到正面，再在下面一組圖卡中找一張圖卡翻到正面，如果兩張圖卡都相同，則拿起來放到旁邊的紙盒中，如果不一樣，則再翻回背面。

步驟二：學生練習翻圖卡配對→學生練習從上面一組圖卡中拿一張翻到正面，再在下面一組圖卡中找一張圖卡翻到正面，如果兩張圖卡都相同，則拿起來放到旁邊的紙盒中，如果不一樣，則再翻回背面。

步驟三：依此方法一直到全部圖卡都配對完才停止。

步驟四：增加圖卡配對張數→學生四張圖卡都會配對後，再逐漸增加張數，讓學生練習圖卡配對。

階段三：圖卡配對遊戲

準備活動：教學者準備好兩組相同圖卡各六張（依學生程度可調整增減圖卡張數，圖片內容也可視學生喜好改變），兩組圖卡都翻到背面，隨機放置在格子紙卡上，並準備一張「抽牌卡」，提示學生抽牌順序（如附圖三）。

步驟一：示範同學示範翻圖卡配對→由示範同學示範從上面一組圖卡中拿一張翻到正面，然後同樣在下面一組圖卡中找一張圖卡翻到正面，如果兩張圖卡都相同，則拿起來放到旁邊的「配對成功計數增強板」上，再繼續翻兩張圖卡，看看是否相同？如果不一樣，則再翻回背面等待別人翻圖卡，並把「翻卡牌」交給別人，代表換別人翻牌。

步驟二：學生練習翻圖卡配對→學生練習從上面一組圖卡中拿一張翻到

正面，再在下面一組圖卡中找一張圖卡翻到正面，如果兩張圖卡都相同，則拿起來放到旁邊的「配對成功計數增強板」上，再繼續翻兩張圖卡，看看是否相同？如果不一樣，則再翻回背面等待別人翻圖卡，並把「翻卡牌」交給別人，代表換別人翻牌。如果學生無法獨立進行遊戲，教學者可以配合圖片及遊戲社會故事提示學生遊戲步驟。

步驟三：依此方法一直到全部圖卡都配對完，再換下一輪翻圖卡配對遊戲，把「配對成功計數增強板」格子擺滿可獲得增強物，低功能者可玩較少圖卡對數的配對遊戲，高功能者可玩較多圖卡對數的配對遊戲。

補充說明：配對圖卡內容可以延伸增加百貨公司、職場等日常生活及工作場所的圖片和文字，並變化為文字與圖卡配對，或問題與答案配對，擴充學生的學習內容（低功能自閉症者可用圖形配對，中、高功能自閉症者可用文字與圖卡及問題與答案配對）。

❖ 附圖說明

附圖一：一組正面圖卡、一組背面圖卡配對。

領域：休閒教育

附圖二：兩組背面圖卡配對。

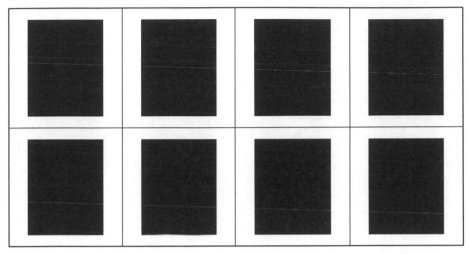

附圖三：圖卡配對遊戲（兩組相同圖卡各六張，依學生程度可調整增減
圖卡張數，圖片內容也可視學生喜好改變）。

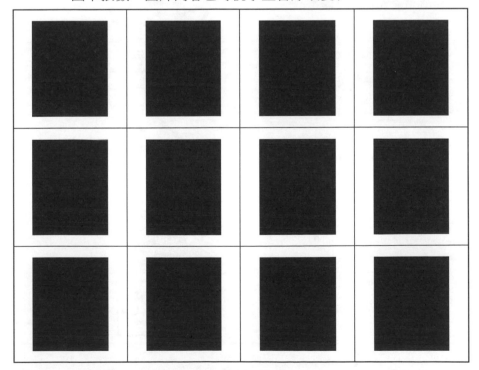

配對成功計數增強板（把「配對成功計數增強板」格子擺滿可獲得增強物）。

王小明						增強物
李大同						增強物

對對碰遊戲社會故事。

我跟朋友玩對對碰遊戲	
我把圖卡蓋起來放到格子中	
我跟朋友輪流翻圖卡	
輪到我時，我翻開兩張圖卡	
如果兩張圖卡相同	

（接下頁）

（續上頁）

領域：休閒教育

我把圖卡放到計數板上	
我繼續翻圖卡	
如果兩張圖卡不同	
我把兩張圖卡蓋起來	
換別人翻圖卡	
計數板都擺滿圖卡時，遊戲結束	

單元主題 22：摸摸樂

▶ 林淑娟 ◀

理論基礎

　　休閒活動技能對自閉症者相當重要。摸摸樂遊戲是一種利用視覺線索找尋相同圖卡配對的遊戲，藉由不同種類圖卡的辨別及配對，可增加自閉症者的注意力及觀察力，亦可增進類化到實際生活情境的能力。

教學目標

㈠能將相同的東西配對。
㈡能類化相似的東西配對。
㈢能與其他同學分組競賽。

適用對象

　　低、中功能自閉症者（國小至國中階段）。

先備能力

㈠能聽得懂簡單的問句。
㈡有配對觀念。

教學材料

㈠箱子四個。
㈡形狀圖卡數張（自訂）。
㈢實物（要有形狀）圖卡數張。
㈣魔鬼氈。
㈤海報紙兩張。
㈥增強物。

㈦紅色、綠色小球兩個。

教學策略

㈠預告：教學者使用圖卡向學生事先預告今天休閒教育課程是摸摸樂。

㈡準備

   1. 教學者先將海報紙貼在黑板上適當的位置。

   2. 將答案圖卡放置兩個箱子中。

   3. 在箱子的外面畫上伸手進入箱內的圖案，提示孩子將手伸入箱子中，拿出一張圖卡出來。

㈢示範：請示範同學示範伸手進入箱子的動作，並將圖卡貼在適當的題目下面。

㈣模仿：請學生模仿示範同學伸手進入箱子的動作，並將圖卡貼在適當的題目下面。

㈤提示：用口語、圖卡及肢體動作提示。以圖卡和口語提示為主，若學生無法完成動作，再輔以肢體協助。

㈥時間延宕：利用時間延宕，靜待學生做出正確的動作。

㈦增強：適時給與學生增強，以強化學生產生正確行為。

㈧教學時間：大約一節課。

教學步驟

準備活動（如附圖一）：

步驟一：教學者先將海報紙貼在黑板上適當的位置。

步驟二：將各種形狀的圖卡放置在第一個箱子，各種形狀的實物（食物）圖卡放置在第二個箱子中。

步驟三：在箱子的外面畫上伸手進入箱內的圖案，提示孩子將手伸入箱子中，拿出一張圖卡出來。

階段一：形狀與形狀的配對（如附圖二）

步驟一：請示範同學走到箱子 1 的前面，將手放入紙箱中，拿出一張圖卡出來，將圖卡拿到黑板前，對照黑板上的形狀貼上去。學生

如果答對了，就可以撕開下面獎勵的圖卡，教學者就立即給與增強。

步驟二：教學者用口語提示「去拿一張卡片」，並用手指指著箱子，觀察學生 3 秒鐘，學生如不能做出動作，教學者可以握住學生的手，伸入箱子中拿一張圖卡出來，學生如果拿出兩張以上的圖卡時，教學者可以動作協助學生將其他的圖卡放回箱子中，並用口語提示「一張」。

步驟三：接著指著黑板上海報的位置，要學生將圖卡貼在海報上正確的位置，靜待學生 3 秒鐘，學生如不能做出動作，教學者可以握住學生的手將圖卡貼在正確的位置上。

步驟四：做完正確的配對時，教學者可以指著剛才學生貼的位置下面獎勵的格子，口語提示「撕下來」，協助學生撕下貼紙，教學者可以根據貼紙的內容，給與學生立即的增強。

步驟五：教學者褪除動作協助，只用口語提示「拿卡片」、「到黑板上貼」、「撕下來」。

步驟六：慢慢褪除所有提示及協助，要學生完成黑板上所有形狀的配對。

階段二：形狀與實物的配對（如附圖二）

步驟一：教學者拿出第二個箱子（第一個要拿開），其餘的步驟如階段一。

階段三：分組競賽（如附圖三、四）

步驟一：「階段一競賽」教學者將學生分為兩組，先請二位示範學生做分組競賽，每組拿不同顏色的小球作為輪替的提示，每位學生分別到自己的箱子 1 拿出一張圖卡到到黑板上貼完之後，將球交給下一位學生輪替，直到海報上的形狀都貼滿了，這組學生就可以得到立即增強。

步驟二：教學者將不同小球交給 A、B 兩組的第一位學生，教學者口語提示學生到箱子 1 拿出一張圖卡到黑板上貼完之後，將球交給下一位學生輪替，直到海報上的形狀都貼滿了，這組學生就可以得到立即增強。

步驟三：「階段二競賽」與步驟一、二相同。

附圖說明

附圖一：伸手拿一張圖卡提示圖。

附圖二：形狀和形狀的配對／形狀和實物的配對。

	三角形	正方形	圓形	長方形	心形
階段一	△	□	○	▭	♡
	示範題 ▲	□ 魔鬼氈	□	□	□
	獎勵 （隱藏式）				
階段二	有什麼東西是？ △	有什麼東西是？ □	有什麼東西是？ ○	有什麼東西是？ ▭	有什麼東西是？ ♡

（接下頁）

（續上頁）

示範題	□	□	□	□
	魔鬼氈			
獎勵 				

附圖三：形狀和形狀配對的分組競賽表。

A組 階段一	三角形	正方形	圓形	長方形	心形	獎勵	B組 階段一	三角形	正方形	圓形	長方形	心形	獎勵
	△	□	○	▭	♡	🍬		△	□	○	▭	♡	🍬
	▲	□	□	□	□	🍬			■	□	□	□	🍬
				魔鬼氈		🍬				魔鬼氈			🍬

A組第一次抽到的是 ▲ ，所以將圖卡貼在 △ 的位置上。

B組第一次抽到的是 ■ ，所以將圖卡貼在 □ 的位置上。

附圖四：形狀和實物配對的分組競賽表。

A組 階段二	有什麼東西是？	有什麼東西是？	有什麼東西是？	有什麼東西是？	有什麼東西是？	獎勵	B組 階段二	有什麼東西是？	有什麼東西是？	有什麼東西是？	有什麼東西是？	有什麼東西是？	獎勵
	△	□	○	▭	♡	🍬		△	□	○	▭	♡	🍬
	🍰	□	□	□	□	🍬		□	▨	□	□	□	🍬
			魔鬼氈			🍬				魔鬼氈			🍬

A組第一次抽到的是 ，所以將圖卡貼在 △ 的位置上。

B組第一次抽到的是 ，所以將圖卡貼在 □ 的位置上。

單元主題 23：學習、模仿

領域：休閒教育

▶黃楓枝◀

理論基礎

　　自閉症者的學習較被動，以誘導的方式模仿他人的動作來達成學習的目的，對自閉症的學生而言特別有效。

教學目標

(一)能模仿他人的動作。
(二)能聽到指令就做出動作。
(三)能在進行唱遊活動時做出動作。

適用對象

　　低、中功能自閉症者（幼稚園到國中階段）。

先備能力

(一)肢體動作沒有困難。
(二)熟悉唱遊活動如何進行。

教學材料

(一)進行唱遊活動所需的歌曲（例如：〈潑水歌〉）。
(二)提示動作的圖卡（例如：起立、坐下）。
(三)增強物（例如：學生喜歡的東西、口頭讚美、鼓掌）。

教學策略

(一)示範：學生和同學一起進行唱遊活動，學生能看到同學示範的動作。
(二)提示：提供動作的圖卡、提示語。

397

㈢協助：老師以肢體協助學生做出正確動作。

㈣增強：學生做出正確動作後，立即給與增強。

㈤熟練：逐漸褪除增強，讓學生能自發性地配合情境，做出應有的動作。

教學步驟

步驟一：老師播放〈潑水歌〉，指示全班學生必須先起立，再跟著歌曲做動作。

步驟二：老師走到無法做出起立動作的學生旁邊，手拿「起立」的圖卡和往上推一下學生的背部使他站起來，並且說：「起立」，默數 001、002、003 後，學生如果做出正確的動作，便給與增強。

步驟三：〈潑水歌〉結束時，老師指示全班學生必須坐下。

步驟四：老師走到無法做出坐下動作的學生旁邊，手拿「坐下」的圖卡和往下壓一下學生的背部使他坐下去，並且說：「坐下」，默數 001、002、003 後，學生如果做出正確的動作，便給與增強。

步驟五：逐步褪除協助的動作（推背部、壓肩膀）、提示語（「起立」、「坐下」）和增強，讓學生能在進行唱遊活動時，自發性地起立和坐下。

附圖說明

進行學習模仿教學的相關應用圖片。

起立	坐下

單元主題24：尋找物品

▶ 黃楓枝 ◀

❀ 理論基礎

　　自閉症的學生通常十分被動，活動力也很差，可以藉由尋找他們有興趣的物品的過程，訓練他們自發性地尋找物品和增加他們活動的機會。

❀ 教學目標

（一）能增強空間感。
（二）能增強方向感
（三）能立即接受指令並做出動作。

❀ 適用對象

　　低、中功能自閉症者（幼稚園到國中階段）。

❀ 先備能力

（一）能分辨不同的場所。
（二）能瞭解「找出」的意義和反應動作。

❀ 教學材料

（一）圖卡和實物（學生喜歡的物品，例如：洋娃娃）。
（二）增強物（例如：學生喜歡的東西、口頭讚美、鼓掌）。
（三）能夠藏匿物品的場所（例如：廚房）和器具（例如：餐桌和盒子）。
（四）紀錄表（見附圖說明）。

❀ 教學策略

（一）準備：藏匿學生感興趣的物品，以提高學生尋找的動機。

㈡示範：先由老師帶學生去找到被藏匿的物品。

㈢提示：顯示被藏匿物品的圖卡和給與增強，以加深學生的印象和提高尋找的意願。

㈣加深難度：以漸進的方式加多線索（先藏在單一線索就可找到的地方，例如：在廚房；再加多成二個線索，例如：在廚房、在餐桌下；再加多成三個線索，例如：在廚房、在餐桌下、在盒子裡），減低學生的挫敗感，並讓學生對空間和位置的概念更清楚。

㈤熟練：逐漸褪除增強，讓學生能立即接受指令並做出動作。

㈥記錄：填寫紀錄表，以進一步分析學生的學習狀況。

❀ 教學步驟

步驟一：老師將洋娃娃放在廚房的餐桌上。

步驟二：拿出洋娃娃的圖片，告訴學生：「找出洋娃娃」，然後口語提示「在廚房」和拿出廚房的圖片，再帶著學生到廚房找到洋娃娃，找到後就給與學生增強。

步驟三：重複步驟二三次，讓學生熟練找出洋娃娃的指令。

步驟四：老師將洋娃娃放在廚房內顯眼的地方，再拿出洋娃娃的圖片，告訴學生：「找出洋娃娃」，然後口語提示：「在廚房」，如果學生沒有反應就拿出廚房的圖片，默數 001、002、003 後用手指向廚房的方向，讓學生自行找到洋娃娃，學生找到後便給與增強。

步驟五：逐次褪除增強、手勢和圖片，讓學生聽到指令就能立即到廚房找到洋娃娃。

步驟六：老師將洋娃娃放在廚房內的餐桌下。

步驟七：拿出洋娃娃的圖片，告訴學生：「找出洋娃娃」，然後口語提示：「在廚房的餐桌下」，如果學生沒有反應，就拿出餐桌的圖片，默數 001、002、003 後用手指向廚房的方向，讓學生自行找到洋娃娃，學生找到後便給與增強。

步驟八：逐次褪除增強、手勢和圖片，讓學生聽到指令就能立即到廚房的餐桌下找到洋娃娃。

步驟九：老師將洋娃娃放在廚房內的餐桌下的盒子裡。

步驟十：拿出洋娃娃的圖片，告訴學生：「找出洋娃娃」，然後口語提示：「在廚房的餐桌下的盒子裡」，如果學生沒有反應就拿出盒子的圖片，默數 001、002、003 後用手指向廚房的方向，讓學生自行找到洋娃娃，學生找到後便給與增強。

步驟十一：逐次褪除增強、手勢和圖片，讓學生聽到指令就能立即到廚房的餐桌下的盒子裡找到洋娃娃。

❀ 附圖說明

進行尋找物品教學的相關應用圖片。

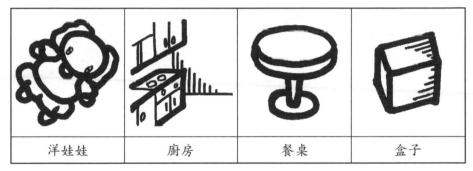

| 洋娃娃 | 廚房 | 餐桌 | 盒子 |

完成教學活動後，應記錄在下列表格中，以分析學生的學習狀況，作為往後教學活動的參考。

指令和線索	反應	教學的起始日	教學的完成日
「找出洋娃娃！ 放在＿＿＿＿。」	學生能找到洋娃娃		
1.在廚房			
2.在廚房的餐桌下			
3.在廚房的餐桌下的盒子裡			

單元主題 25：跳繩遊戲

▶ 李　珣 ◀

課程理念

　　自閉症者的自我刺激需求不一而足，針對自閉症者的自我刺激，可提供削弱、功能性課程、正向行為等策略與教材教法。除此，尚可將自閉症者的自我刺激需求轉化為休閒教育課程，將自閉症者常有的沉溺性行為與感官刺激，以建立正向行為的方式衍生出此一休閒課程，希望能藉由此教材轉換自閉症者對沉溺性物品的依賴；並擴展自閉症者的休閒生活領域。另一方面藉由遊戲化過程的休閒教育課程改善自閉症者的人際互動。

理論基礎

　　自我刺激是自閉症者的特徵之一，這些自我刺激包括甩手、搓手、搖擺身體等，還有一些特殊的習癖如喜歡玩塑膠類製品、喜歡看塑膠繩索甩動等。這些自我刺激行為不易戒除，即使在環境中盡量避免自閉症者接觸相關物品，亦無法有太大改善，在此單元提供教學者另一種轉化自我刺激行為的方式；提供自閉症者滿足感官上的自我刺激外，並能學習到另一種休閒的生活方式。

教學目標

　　㈠擴展自閉症者之生活與休閒領域。
　　㈡轉移自閉症者之感官刺激的需求。
　　㈢訓練手眼協調與調節自閉症者之情緒障礙。

適用對象

　　低、中、高功能自閉症者。

❀ 先備能力

能聽懂簡單之指令者。

❀ 教學材料

跳繩、小幫手。

❀ 教學策略

㈠口頭提示：利用口頭提示的方式，引導自閉症者參與活動並做出正確動作。
㈡視覺線索：利用圖卡告知自閉症者正要進行的活動。
㈢建立正向行為：以滿足自閉症者自我刺激的方式，提供自閉症者建立適當的休閒活動。

❀ 教學步驟

初階訓練

步驟一：當自閉症者拿起塑膠繩索開始甩動時，請示範同學過來，與教學者各拿起跳繩的一端開始以繞圈的方式甩動，並拿出跳繩圖卡後，告訴自閉症者：「我們來跳繩」。

步驟二：將繩索的一端交給自閉症者，由教學者引導自閉症者以繞圈的方式甩動，一邊甩動一邊數到 10 時，請示範同學進繩索內部示範跳繩動作。

步驟三：將繩索的一端固定在牆上，由教學者以繞圈的方式甩動，一邊甩動一邊數到 10 時，請示範同學牽著自閉症者，引導自閉症者進入繩索內部並口頭提示自閉症者說：「跳！」

步驟四：待自閉症者能習慣進入繩索內，即可逐步訓練自閉症者正確的跳過繩索（剛開始可能無法順利跳過繩索，可以將甩動的速度減慢，或將繩索往上甩動越過自閉症者上方，幫助自閉症者進入繩索內，當繩索順勢靜止於地上時，請示範同學帶領自閉症者跳過繩索）。待自閉症者已能跳過甩動中的繩索，即可以進

行以下之進階跳繩動作。

進階訓練

步驟一：教學者站在自閉症者後方，雙手各拿起跳繩一端後，將繩索往上甩動越過自閉症者上方，當繩索順勢落在自閉症者前方時，口頭提示自閉症者說：「跳！」

步驟二：待自閉症者已學會跳過落在前方的繩索，即可將繩索的兩端讓自閉症者雙手各握一端後，教學者握住自閉症者的雙手，教導自閉症者將繩索越過自己上方甩動，並於繩索順勢落在自閉症者前方時，口頭提示自閉症者說：「跳！」

步驟三：當自閉症者漸漸熟悉以雙手繞圈甩動繩索，並能跳過前方落下的繩索後，教學者即可另外準備一條跳繩，以示範的方式引領自閉症者自行跳繩。

單元主題 26：遊戲角設計

▶ 李　珣 ◀

設計理念

「結構化教學」為一合於兒童發展程度的教學模式。尤以 TEACCH（Treatment and Education of Autistic and Related Communication Handicapped Children）為目前最具影響力之自閉症兒童特殊教育方案之一。「結構」的含義以所提供的刺激與兒童的反應兩方面探討。不論是指兒童處於事先規畫的環境有其建構與限制，為刺激的結構化；或是以目標導向，且由成人決定兒童所需要的學習內容，屬於兒童反應的結構化。其目的均在於幫自閉症者建構自己行為及外在組織結構，對環境做出適當反應。根據這些理念，結構化教學包含了四個要素：物理環境的結構化、工作時間的結構化、工作系列的結構化與視覺的結構化。本單元的遊戲角設計即採取物理環境的結構化理念，融合滿足自閉症者的自我刺激需求，以遊戲角的方式，希望幫自閉症者在教學環境中建立一合適的休閒空間，讓自閉症者減少因得不到自我刺激的滿足，而產生情緒障礙的行為問題。

理論基礎

自我刺激是自閉症者的特徵之一，本單元提供以物理環境結構化之遊戲角的設計，來減少自閉症者因無法滿足自我刺激行為時，所可能產生的情緒障礙問題。

教學目標

(一)滿足自閉症者之自我刺激需求。
(二)遊戲角的使用與訓練手眼協調。

適用對象

本單元以喜歡塑膠類製品與甩動塑膠繩索之自閉症者為設計對象。教學者可以參考此單元設計的方向，幫不同需求的自閉症者設計合適的空間。

先備能力

能聽懂簡單之指令。

教學材料

寶特瓶、繩子、氣球、塑膠玩具。

空間需求

尋找在教學環境中學生於休息時間喜歡的角落（以不干擾其他學生之休閒需求，又能滿足自閉症者喜歡待在角落的習性為優），排除自閉症者的其他沉溺性物品。

遊戲角的規畫

本單元以喜歡塑膠類製品與甩動塑膠繩索之自閉症者為設計對象。空間的規畫於找到適當的遊戲角落後（以兩面牆的九十度夾角為優），做以下之規畫：

㊀從遊戲角的上方，自天花板懸掛一塑膠繩至自閉症者眼睛的高度，依自閉症者喜歡的玩具，以氣球為例，綁在繩索的下端，請注意以不讓自閉症者將玩具置入口中為適當高度。當自閉症者於下課時間，教學者即可於此以角落教導自閉症者擊球（或以其他塑膠玩具繫於下方，請參考下頁照片）。

㊁選擇夾角一面牆，將一寶特瓶固定於牆上但能旋轉，高度為自閉症者的眼睛處。此設計在以遊戲化的方式，適度滿足自閉症者的感官需求。

㈢牆的另一夾角，於自閉症者手的高度固定一跳繩，教學者即可於休閒時間教導自閉症者甩動繩索；並邀請會跳繩的小朋友與自閉症者互動。

從天花板上端懸吊塑膠繩，尾端繫上玩具

單元主題 27：卡片印染

▶蘇日俊◀

理論基礎

自閉症者的職前工作訓練對其未來就業相當重要。卡片印染是手工藝品加工之一，藉由圖形的雕刻及套印，可增進自閉症者的手工藝品工作技能。

教學目標

㈠能以雕刻刀雕刻圖形。
㈡能將鏤空圖形套印至卡片。
㈢能夠完成卡片印染工作。
㈣能注意使用工具之安全。

適用對象

中、高功能自閉症者（國小到國中階段）。

先備能力

具備基本手眼協調能力。

教學材料

㈠厚紙板、塑膠板、雕刻刀、迴紋針。
㈡提示圖卡（雕刻、套印提示圖片）。
㈢增強物（實物、代幣、增強系統等）。

教學策略

㈠雕刻圖形提示：教學者將須雕刻的圖形畫在厚紙板上，讓學生用雕

刻刀依圖形雕刻。

㈡同學示範：請示範同學示範雕刻及套印圖形，讓學生模仿。

㈢圖片提示：使用工作分析圖卡，將各項動作逐步分解說明，提示須完成的動作。

㈣逐步褪除提示：運用口語、圖卡及肢體動作提示。以圖卡和口語提示為主，若學生無法完成動作，再輔以肢體協助，但學生一旦達成目標行為後，則逐步褪除協助及提示。

㈤增強：適時給與學生增強，以強化學生正確行為（盡量採用社會性增強，例如：鼓掌、輕拍肩膀等，或是使用代幣來增強）。

教學步驟

階段一：練習刻直線

準備活動：教學者準備雕刻刀及印有直線（直線條、正方形、三角形）的紙張（剛開始用較薄的紙，再慢慢換成厚紙板或塑膠板），雕刻刀上貼「手握」的紅點，提示學生要如何握雕刻刀。

步驟一：示範同學示範雕刻直線→示範同學示範拿雕刻刀依紙張上的直線刻直線（如附圖一）。

步驟二：學生練習雕刻直線→學生練習拿雕刻刀依紙張上的直線線條提示刻直線，學生剛開始練習時，線條長度可以較短，由教學者抓著學生的手刻紙，或以尺輔助學生刻紙，等學生熟悉後再獨力練習刻直線。

步驟三：學生練習刻線，每完成一條直線立即給與鼓勵，增強動機，直線條能完成後，再練習刻正方形、三角形，學生在刻線的同時提醒學生要注意雕刻刀的安全。

階段二：練習刻曲線

準備活動：教學者準備雕刻刀及印有曲線（半圓形、波浪形等）的紙張。

步驟一：示範同學示範雕刻曲線→示範同學示範拿雕刻刀依紙張上的曲線刻曲線，一手拿雕刻刀，一手扶著紙張旋轉雕刻（如附圖二）。

步驟二：學生練習雕刻曲線→學生練習拿雕刻刀依紙張上的曲線刻曲線，一手拿雕刻刀，一手扶著紙張旋轉雕刻，學生剛開始練習時，由教學者抓著學生的手刻曲線，等學生熟悉後再獨力練習刻曲線。

步驟三：先練習簡單的半圓形，每完成一個半圓形立即給與鼓勵，增強動機，半圓形能完成後，再增加波浪形。

階段三：練習刻圖形

準備活動：教學者準備雕刻刀及印有圖形的紙張。

步驟一：示範同學示範雕刻圖形→示範同學示範拿雕刻刀依紙張上的圖形雕刻圖案，一手拿雕刻刀，一手扶著紙張旋轉雕刻（如附圖三）。

步驟二：學生練習雕刻圖形→學生練習拿雕刻刀依紙張上的圖形雕刻圖案，一手拿雕刻刀，一手扶著紙張旋轉雕刻，學生剛開始練習時，由教學者抓著學生的手刻紙，等學生熟悉後再獨力練習刻圖形。

步驟三：先練習簡單的圖形，每完成一個圖形立即給與鼓勵，增強動機，簡單的圖形能完成後，再增加複雜的圖形。

階段四：練習壓印顏色

準備活動：教學者準備已雕刻好鏤空圖形紙張、廣告顏料、海綿及空白紙。

步驟一：示範同學示範壓印顏色→示範同學示範拿海綿吸顏料，然後在紙張上的鏤空圖形內壓印顏色，由上而下依序壓印，把圖形壓印在空白紙上。

步驟二：學生練習壓印顏色→學生練習拿海綿吸顏料，然後在紙張上的鏤空圖形內壓印顏色，由上而下依序壓印，把圖形壓印在空白紙上。學生剛開始練習時，由教學者抓著學生的手壓印顏色（注意顏料不要吸過多），並提示學生壓印到圖形內都沒有空白，才算完成，等學生熟悉後再獨力練習壓印顏色。

步驟三：先練習壓印簡單的圖形，再慢慢換成複雜圖形，每完成一個圖形立即給與鼓勵，增強動機。

階段五：卡片套印圖形

準備活動：教學者準備已雕刻好鏤空的圖形紙張（與卡片一樣大小，並編上套印順序編號）、廣告顏料、海綿、迴紋針及卡片。

步驟一：示範同學示範套印圖形→示範同學示範先以迴紋針把 1 號鏤空圖形紙張跟卡片夾在一起對齊固定，拿海綿吸顏料，然後在紙張上的鏤空圖形內壓印顏色，由上而下依序壓印，把鏤空圖形內填滿顏色。

步驟二：學生練習套印圖形→學生練習先以迴紋針把 1 號鏤空圖形紙張跟卡片夾在一起對齊固定，拿海綿吸顏料，然後在紙張上的鏤空圖形內壓印顏色，由上而下依序壓印，把鏤空的圖形內填滿顏色。

步驟三：1 號圖形套印完，再換成 2 號圖形，依序把所有圖形都套印完，剛開始可練習只套印兩個圖形，再慢慢增加套印的圖形數量。

附圖說明

附圖一：拿雕刻刀依紙張上的直線刻直線。

附圖二：拿雕刻刀依紙張上的曲線刻曲線，先練習簡單的半圓形，每完成一個半圓形立即給與鼓勵，增強動機，半圓形能完成後，再增加波浪形。

附圖三：拿雕刻刀依紙張上的圖形雕刻圖案。

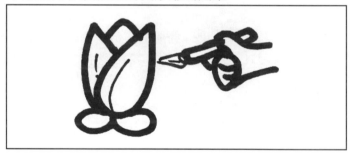

附圖四：以迴紋針固定卡片套印圖形，然後以海綿壓印顏色，1 號圖形套印完，再換成 2 號圖形，依序把所有圖形都套印完。

1

2

單元主題 28：拖地

▶林淑娟◀

理論基礎

　　自閉症者的職前工作訓練對其未來就業相當重要。清潔工作是職業訓練中較普遍的工作項目，拖地是其中之一，藉由拖地的訓練，除了可以培養自閉症者的清潔衛生觀念，也可以透過訓練養成良好的工作態度，並習得簡單的一技之長。

教學目標

　㈠能將限定範圍中的地面拖乾淨。
　㈡能知道何時要清洗拖把。
　㈢能將指定的工作完成。
　㈣能將工具整齊放回原位。

適用對象

　　低、中功能自閉症者（國小到國中階段）。

先備能力

　㈠有區域觀念。
　㈡會洗拖把。

教學材料

　㈠數字圖卡數張。
　㈡長條木棒數條。
　㈢拖把圖卡數張。
　㈣清洗拖把圖卡數張。

㈤器具室圖卡一張。

教學策略

㈠準備

　　1.將拖地的區域分為數個小區域（自訂），在每個區域裡面貼上數字圖卡，並在每個區域的左上方貼上拖把圖卡，最下方貼上清洗的圖卡。

　　2.將四根長木棍放置在區域 1 的位置。

　　3.將器具室圖卡貼在最後一個區域的最下方。

㈡視覺線索標示：教學者將視覺圖卡貼在適當位置的地板上。

㈢講解：教學者將各項動作逐步分解說明，提示須完成的動作。

㈣示範：請示範同學示範拖地、清洗拖把、放回器具室的動作。

㈤口語及動作提示：提示學生須完成的動作。

㈥逐步褪除提示：學生一旦達成目標行為後，則逐步褪除協助及提示。

㈦增強：適時給與學生增強，以強化學生正確行為。

教學步驟

階段一：準備活動

步驟一：將拖地的區域分為數個小區域（自訂），在每個區域裡面貼上數字圖卡，並在每個區域的左上方貼上拖把圖卡，最下方貼上清洗的圖卡。

步驟二：將四根長木棍放置在區域 1 的位置。

步驟三：將器具室圖卡貼在最後一個區域的最下方。

步驟四：在每個區域貼上拖地的方向箭頭。

階段二：拖地（如附圖一、二）

步驟一：教學者拿出數字 1 的圖卡，請示範同學手拿拖把（之前已經弄濕了），站在區域 1 的位置沿著箭頭開始拖地，這個區域完成之後，教學者指著地上「清洗拖把」的圖卡，要示範學生將拖

把洗一洗，學生做完第一個區域工作後，教學者指導示範同學
　　　　　　將數字 1 及洗拖把的圖卡撕下。

步驟二：教學者將木條移至區域 2 的位置，請示範同學做相同的動作，
　　　　直到所有的區域拖完，洗完拖把，放回器具室。

步驟三：教學者拿出數字 1 的圖卡，讓學生手拿拖把（之前已經弄濕
　　　　了），站在區域 1 的位置沿著箭頭開始拖地。

步驟四：教學者口語提示「拖地」，靜待 3 秒鐘，學生如不能做出正確
　　　　動作，教學者可以用動作協助學生，這個區域完成之後，指著
　　　　洗拖把的圖卡，配合口語提示「洗拖把」，要學生到清洗拖把
　　　　的地方，學生如不能做出動作，教學者可以用手指著清洗拖把
　　　　的地方（可以用水桶代替，每拖完一個區域就換水一次），學
　　　　生完成區域 1 的工作時，立即給與增強。教學者指導學生將數
　　　　字 1 及洗拖把的圖卡撕下。並將木條移至區域 2 的位置。

步驟五：教學者拿出數字 2 圖卡，要學生站在區域 2 中，其餘步驟和步
　　　　驟四一樣。

步驟六：到區域 6 時，除了步驟和之前一樣外，最後指著器具室提示學
　　　　生將拖把放回器具室。

步驟七：學生如能達成行為目標時，可以慢慢褪除線索提示圖卡及口語
　　　　提示，讓學生主動完成工作。

步驟八：區域的範圍可以由小擴大，到沒有任何視覺線索提示及協助。

◆ 附圖說明

附圖一：地板視覺線索提示圖。

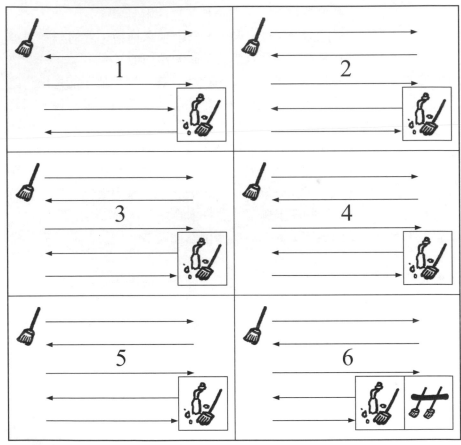

視覺線索提示圖。

每個區域的開始	每個區域的結束要清洗拖把	全部區域工作完成，放回器具室	拖地的方向

附圖二：轉換區域拖地提示圖。

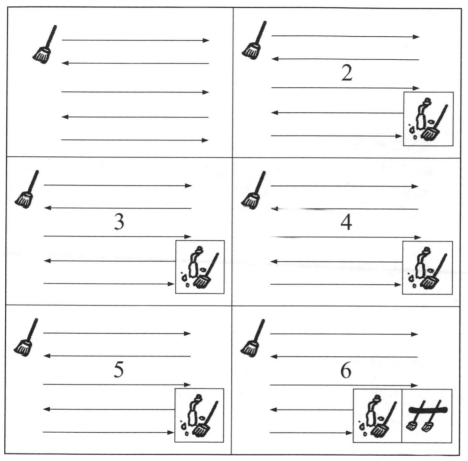

領域：職業訓練

單元主題 29：串珠子

▶ 黃楓枝 ◀

理論基礎

　　自閉症者的職前工作訓練對其未來就業相當重要。串珠子是排列順序的工作之一，藉由整組珠子的排列及穿入線中，可增進自閉症者的注意力和排列順序的工作技能。

教學目標

(一)能夠對應珠子和蝕刻型版。
(二)能夠將整組珠子穿入線中。
(三)能夠將串好的珠子放進完成品容器內。

適用對象

　　低、中功能自閉症者（幼稚園到國中階段）。

先備能力

(一)具備配對、分類概念。
(二)能分辨形狀。

教學材料

(一)各種形狀的珠子各數顆、一端打結的線段數條、裝珠子的容器一個、裝完成品的容器一個。
(二)視覺線索標示（珠子形狀的蝕刻型版）。
(三)提示圖卡（將珠子和型版對應擺好、將珠子穿入線中、放進完成品容器）。
(四)增強物（實物、代幣、增強系統等）。

教學策略

(一)準備：教學者將擺放珠子的容器、視覺線索的型版、線段、擺放完成品的容器放在工作桌上。

(二)示範：請示範同學示範串珠子的整個流程。

(三)模仿：讓學生模仿示範同學的動作。

(四)圖片提示：使用工作分析圖卡，將各項動作逐步分解說明，提示須完成的動作。

(五)逐步褪除提示：運用口語、圖卡及肢體動作提示。以圖卡和口語提示為主，若學生無法完成動作，再輔以肢體協助，但學生一旦達成目標行為後，則逐步褪除協助及提示。

(六)增強：適時給與學生增強，以強化學生正確行為（盡量採用社會性增強，例如：鼓掌、輕拍肩膀等，或是使用代幣來增強）。

教學步驟

準備活動：教學者將擺放珠子的容器、視覺線索的型版、一端打結的線段、擺放完成品的容器放在工作桌上；並將提示的工作分析圖卡貼在工作桌前方。

步驟一：示範同學示範串珠子的整個流程（將珠子和型版對應擺好、將珠子穿入線中、放進完成品容器），重複做三次。

步驟二：讓學生做相同的動作：

(一)將珠子和型版對應擺好：學生從放珠子的盒子裡拿出一顆和形狀蝕刻型版的第一個形狀對應的珠子，然後放進同形狀的蝕刻位置裡，再依相同方法放好後續的各種形狀的珠子。如果學生無法做出動作，教學者要給與口頭提示，如「拿圓形的珠子」，及動作提示（抓住學生的手移到盒子和型版處）。

(二)將珠子穿入線中：學生拿出一條一端打結的線段，再將整組擺在型版上的珠子一一穿入線中。如果學生無法做出動作，教學者要給與口頭提示，如「拿起圓形珠子、放進盒子」，及動作提示（抓住學生的手移到型版處，學生拿起後，再將他的手移到線段處）。

㈢放進完成品容器：學生將串好的成品放進先前示範同學已經放入的容器裡。如果學生無法做出動作，教學者要給與口頭提示，如「放進去」，及動作提示（抓著學生的手移到完成品容器）。須提示學生將完成品整齊的擺放在容器裡。

步驟三：學生做出一個成品就給與增強，如果學生已經熟練作法後，就逐步褪除提示。

附圖說明

串珠子的提示圖卡。

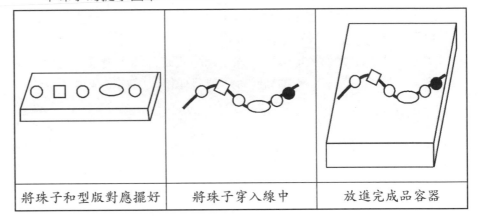

| 將珠子和型版對應擺好 | 將珠子穿入線中 | 放進完成品容器 |

單元主題 30：餐具的包裝

▶黃楓枝◀

理論基礎

自閉症者的職前工作訓練對其未來就業相當重要。餐具的包裝是包裝工作之一，藉由整套餐具的排列及裝入夾鏈袋，可增進自閉症者的包裝工作技能。

教學目標

(一)能夠將餐具和餐具棋格板對應擺好。
(二)能夠將整套的餐具裝入夾鏈袋。
(三)能夠封緊夾鏈袋，並放進完成品籃內。

適用對象

低、中功能自閉症者（國小到高中階段）。

先備能力

具備配對、分類概念。

教學材料

(一)夾鏈袋、筷子、餐刀、叉子、湯匙各數個。
(二)視覺線索標示（描繪餐具外型的型版）。
(三)提示圖卡（將餐具和型版對應擺好、將餐具裝入夾鏈袋、封緊夾鏈袋、放進完成品籃）。
(四)增強物（實物、代幣、增強系統等）。

教學策略

(一)準備：教學者將各個擺放夾鏈袋和餐具的盒子、視覺線索的型版、擺放完成品的籃子放在工作桌上。

(二)示範：請示範同學示範餐具包裝的整個流程。

(三)模仿：讓學生模仿示範同學的動作。

(四)圖片提示：使用工作分析圖卡，將各項動作逐步分解說明，提示須完成的動作。

(五)逐步褪除提示：運用口語、圖卡及肢體動作提示。以圖卡和口語提示為主，若學生無法完成動作，再輔以肢體協助，但學生一旦達成目標行為後，則逐步褪除協助及提示。

(六)增強：適時給與學生增強，以強化學生正確行為（盡量採用社會性增強，例如：鼓掌、輕拍肩膀等，或是使用代幣來增強）。

教學步驟

準備活動：教學者將各個擺放夾鏈袋和餐具的盒子、視覺線索的餐具棋格板、擺放完成品的籃子放在工作桌上；並將提示的工作分析圖卡貼在工作桌前方。

步驟一：示範同學示範餐具包裝的整個流程（將餐具和餐具棋格板對應擺好、將餐具裝入夾鏈袋、封緊夾鏈袋、放進完成品籃），重複做三次。

步驟二：讓學生做相同的動作：

(一)將餐具和餐具棋格板對應擺好：學生從放夾鏈袋的盒子裡拿出一個夾鏈袋放在餐具棋格板上描繪夾鏈袋外型的位置裡，再依相同方法放好筷子、餐刀、叉子、湯匙。如果學生無法做出動作，教學者要給與口頭提示，如「拿夾鏈袋」，及動作提示（抓住學生的手移到盒子處）。

(二)將餐具裝入夾鏈袋：學生從餐具棋格板上拿起夾鏈袋，再將整套擺在餐具棋格板上的餐具一一放進夾鏈袋內。如果學生無法做出動作，教學者要給與口頭提示，如「放進筷子」，及動作提示（抓住學生的手移到筷子處，學生拿起後，再將

他的手移到夾鏈袋處）。

㈢封緊夾鏈袋：學生將夾鏈袋平放在工作桌上，開口的上下兩層塑膠膜對齊靠著工作桌旁的直立板子，用手壓夾鍊袋使空氣跑出袋子，再以一手壓住夾鏈的一端，另一手則從剛才壓住的地方，沿著夾鏈處滑壓到另一端。如果學生無法做出動作，教學者要給與口頭提示，如「放平、靠著板子、壓住、滑過去」，及動作提示（抓著學生的手做出上述的動作）。

㈣放進完成品籃：學生將包裝好的成品放進先前示範同學已經放入的籃子裡。如果學生無法做出動作，教學者要給與口頭提示，如「放進去」，及動作提示（抓著學生的手移到完成品籃）。須提示學生將完成品整齊的擺放在籃子裡。

步驟三：學生做出一個成品就給與增強，如果學生已經熟練作法後，就逐步褪除提示。

附圖說明

餐具的包裝提示圖卡。

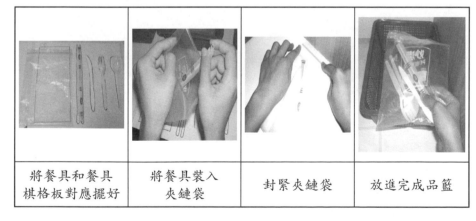

將餐具和餐具棋格板對應擺好	將餐具裝入夾鏈袋	封緊夾鏈袋	放進完成品籃

單元主題 31：點餐服務

▶蘇日俊◀

理論基礎

自閉症者的職前工作訓練對其未來就業相當重要。點餐服務是速食餐廳常見的服務工作，藉由餐點的分類對應及依點餐單拿取餐點，可增進自閉症者的餐飲服務工作技能。

教學目標

㈠能將餐點分類字卡放到對應餐盤上。
㈡能依點餐單拿取餐點。
㈢能將餐點放到分類餐盤上。

適用對象

中、高功能自閉症者（國小到國中階段）。

先備能力

具備分類、配對概念，認識餐飲相關字詞。

教學材料

㈠主餐、飲料及點心三種不同的餐飲字卡。
㈡有標示的餐盤、餐點。
㈢點餐單。
㈣增強物（實物、代幣、增強系統等）。

教學策略

㈠字卡對應：教學者準備主餐、飲料及點心三種不同的餐飲字卡，讓

學生能將字卡放在對應的餐盤上。

㈡同學示範：請示範同學示範依點餐單上勾選項目拿餐點，讓學生模
　仿拿餐點。

㈢圖片提示：使用工作分析圖卡，將各項動作逐步分解說明，提示須
　完成的動作。

㈣逐步褪除提示：運用口語、圖卡及肢體動作提示，以圖卡和口語提
　示為主，若學生無法完成動作，再輔以肢體協助，但學生一旦達成
　目標行為後，則逐步褪除協助及提示。

㈤增強：適時給與學生增強，以強化學生正確行為（盡量採用社會性
　增強，例如：鼓掌、輕拍肩膀等，或是使用代幣來增強）。

教學步驟

階段一：練習依餐點種類拿餐點

準備活動：教學者準備點餐單，並準備主餐、飲料及點心三種不同的餐
　　　　　飲字卡放在三個盒子裡（剛開始不訓練學生細分各種餐點的
　　　　　細項及數量，只要會分三大類餐點即可），及貼有主餐、飲
　　　　　料及點心三種不同標示的餐盤。

步驟一：示範同學示範依勾選項目拿字卡→示範同學示範依照點餐單上
　　　　勾選的項目，在主餐、飲料及點心三種不同的餐飲字卡盒子裡
　　　　找字卡，然後將字卡分類放到貼有主餐、飲料及點心三格的餐
　　　　盤上（如附圖一）。

步驟二：學生練習依勾選項目拿字卡→學生練習依照點餐單上勾選的項
　　　　目，在主餐、飲料及點心三種不同的餐飲字卡盒子裡找字卡，
　　　　然後將字卡分類放到貼有主餐、飲料及點心三格的餐盤上。剛
　　　　開始可以抓著學生的手協助拿字卡放到餐盤上，等學生漸漸會
　　　　了之後，則褪除提示。

階段二：練習拿三大類餐點

準備活動：教學者準備麥香堡、雞腿堡、豬肉堡數個放在餐盒中及貼有

主餐標示的餐盤（先練習主餐類餐點，其餘飲料及點心類也是以相同方式訓練學生，在此階段的點餐單是三大類分開的，一張點餐單只有一類餐點）（如附圖二）。

步驟一：示範同學示範依點餐單上勾選項目拿漢堡→示範同學示範依照主餐類點餐單上勾選的項目，在麥香堡、雞腿堡、豬肉堡餐盒中找點餐單上勾選的漢堡項目，然後將漢堡放到貼有主餐標示的餐盤上（如附圖二）。

步驟二：學生練習依點餐單上勾選項目拿漢堡→學生練習依照主餐類點餐單上勾選的項目，在麥香堡、雞腿堡、豬肉堡餐盒中找點餐單上勾選的漢堡項目，然後將漢堡放到貼有主餐標示的餐盤上。剛開始可以在點餐單上標示圖片或抓著學生的手協助拿漢堡放到餐盤上，等學生漸漸會了之後，則褪除提示。

步驟三：其餘飲料及點心類餐飲也是以相同方式訓練學生，讓學生練習拿飲料及點心放到餐盤上。

階段三：依點餐單拿餐點

準備活動：教學者準備三大類餐點，每種類別餐點各兩樣（如主餐類先準備麥香堡、雞腿堡，飲料類先準備檸檬紅茶、可樂，點心類先準備香酥派、蘋果派），剛開始先練習每種類別餐點各兩樣，等學生熟練後，再慢慢增加種類（如附圖三）。

步驟一：示範同學示範依點餐單上勾選項目拿主餐類餐點→示範同學示範依照點餐單上勾選的項目，先依序找到主餐類，然後在主餐類中找勾選的漢堡項目，將漢堡放到貼有主餐標示的餐盤上。

步驟二：學生練習依點餐單上勾選項目拿主餐類餐點→學生練習依照點餐單上勾選的項目，先依序找到主餐類，然後在主餐類中找勾選的漢堡項目，將漢堡放到貼有主餐標示的餐盤上（剛開始可以將主餐類、飲料類、點心類三大類標題字體放大或以不同顏色標示，讓學生較易注意到三大類餐點，並在餐點字體旁加上圖片提示學生）。

步驟三：示範同學示範依點餐單上勾選項目拿飲料類餐點→示範同學示

範依照點餐單上勾選的項目，先找到飲料類，然後在飲料類中找勾選的飲料項目，將飲料放到貼有飲料標示的餐盤上。

步驟四：學生練習依點餐單上勾選項目拿飲料類餐點→示範同學示範依照點餐單上勾選的項目，先找到飲料類，然後在飲料類中找勾選的飲料項目，將飲料放到貼有飲料標示的餐盤上。

步驟五：示範同學示範依點餐單上勾選項目拿點心類餐點→示範同學示範依照點餐單上勾選的項目，先找到點心類，然後在點心類中找勾選的點心項目，將點心放到貼有點心標示的餐盤上。

步驟六：學生練習依點餐單上勾選項目拿點心類餐點→示範同學示範依照點餐單上勾選的項目，先找到點心類，然後在點心類中找勾選的點心項目，將點心放到貼有點心標示的餐盤上。

步驟七：學生練習跟著示範同學在點餐單上依序找分類的餐點，剛開始學生如不熟悉，可以以肢體或口語提示學生拿餐點，並以時間延宕方式等待學生完成動作。

附圖說明

附圖一：依點餐單上勾選的項目，在主餐、飲料及點心三種不同的餐飲字卡盒子裡找字卡，然後將字卡分類放到貼有主餐、飲料及點心三格的餐盤上。

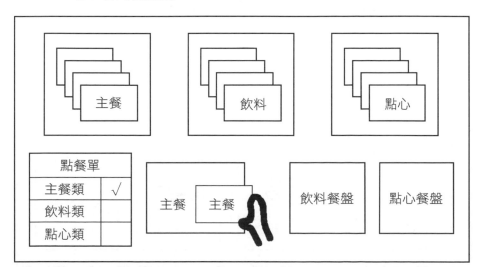

附圖二：依照主餐類點餐單上勾選的項目，在麥香堡、雞腿堡、豬肉堡
餐盒中找點餐單上勾選的漢堡項目，然後將漢堡放到貼有主餐
標示的餐盤上。

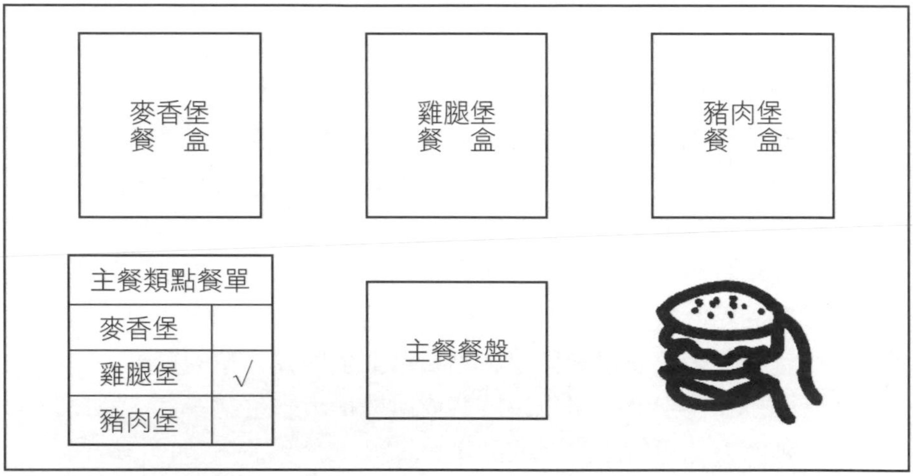

麥香堡 餐　盒	雞腿堡 餐　盒	豬肉堡 餐　盒

主餐類點餐單	
麥香堡	
雞腿堡	√
豬肉堡	

主餐餐盤

附圖三：準備三大類餐點，每種類別餐點各兩樣（如主餐類先準備麥香
堡、雞腿堡，飲料類先準備檸檬紅茶、可樂，點心類先準備香
酥派、蘋果派），剛開始每種類別餐點各兩樣，讓學生依點餐
單勾選項目拿餐點，等學生熟練後，再慢慢增加餐點種類。

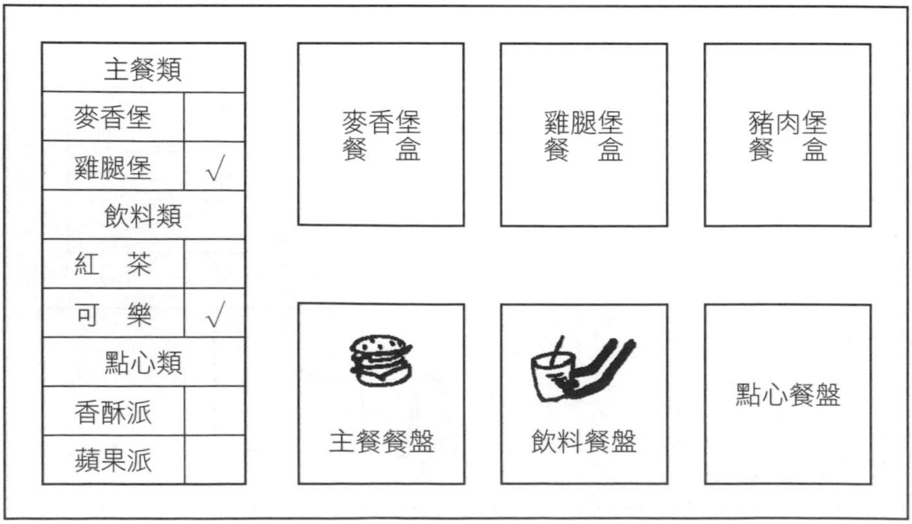

主餐類	
麥香堡	
雞腿堡	√
飲料類	
紅　茶	
可　樂	√
點心類	
香酥派	
蘋果派	

麥香堡 餐　盒	雞腿堡 餐　盒	豬肉堡 餐　盒

主餐餐盤

飲料餐盤

點心餐盤

單元主題32：紙張裝訂

▶蘇日俊◀

理論基礎

　　自閉症者的職前工作訓練對其未來就業相當重要。紙張整理是辦公室事務工作之一，藉由紙張的分類及裝訂，可增進自閉症者的辦公室事務工作技能。

教學目標

　㈠能將紙張分類。
　㈡能將紙張依序整理成一疊。
　㈢能夠完成紙張裝訂工作。

適用對象

　　低、中功能自閉症者（國小到國中階段）。

先備能力

　㈠具備分類、配對能力。
　㈡有數字概念。

教學材料

　㈠不同顏色紙張、有數字的紙張、訂書機。
　㈡提示圖卡（分類、裝訂紙張提示圖片）。
　㈢增強物（實物、代幣、增強系統等）。
　㈣視覺線索標示（紙張排列順序、位置標示）。

❀ 教學策略

(一)提示流程圖片：在實際練習裝訂紙張前，教學者先使用工作流程圖片向學生說明裝訂紙張的流程。

(二)視覺線索標示：教學者將紙張排列順序、位置標出。

(三)同學示範：請示範同學示範分類紙張、裝訂紙張，讓學生模仿操作。

(四)圖片提示：使用工作分析圖卡，將各項動作逐步分解說明，提示須完成的動作。

(五)逐步褪除提示：運用口語、圖卡及肢體動作提示。以圖卡和口語提示為主，若學生無法完成動作，再輔以肢體協助，但學生一旦達成目標行為後，則逐步褪除協助及提示。

(六)增強：適時給與學生增強，以強化學生正確行為（盡量採用社會性增強，例如：鼓掌、輕拍肩膀等，或是使用代幣來增強）。

❀ 教學步驟

階段一：練習紙張顏色分類

準備活動：教學者準備藍色及紅色的紙張數張，把藍色及紅色的紙張交叉放在一疊，並準備紙張分類提示的紙張。

步驟一：示範同學示範分類藍色及紅色的紙張→示範同學示範從一疊的紙張中依序從上面拿紙張，然後依照紙張顏色分類，紅色紙張放在一堆，藍色紙張放在一堆（如附圖一）。

步驟二：學生練習分類藍色及紅色的紙張→學生練習從一疊藍色及紅色的紙張中依序從上面拿紙張，然後依照紙張顏色分類，紅色紙張放在一堆，藍色紙張放在一堆，剛開始可以抓著學生的手，協助學生分類，等學生熟悉後，再慢慢褪除協助，學生每完成一項動作，立即給與增強。

步驟三：紙張顏色分類剛開始可以選擇兩種顏色分類，等學生熟悉後再慢慢增加更多顏色。

階段二：練習數字分類

準備活動：教學者準備不同數字的紙張數張，把不同數字的紙張交叉放在一疊，並準備數字分類提示的紙張。

步驟一：示範同學示範分類不同數字紙張→示範同學示範從一疊不同數字的紙張中依序從上面拿紙張，然後依照紙張數字分類，相同數字的紙張放在一堆（如附圖二）。

步驟二：學生練習分類不同數字紙張→學生練習從一疊不同數字的紙張中依序從上面拿紙張，然後依照紙張數字分類，相同數字的紙張放在一堆。

步驟三：紙張數字分類剛開始可以 4 以內數字分類，等學生熟悉後再慢慢增加數字。

階段三：練習依數字順序整理紙張

準備活動：教學者準備數字 1～4 的紙張，依序分疊擺放好。

步驟一：示範同學示範依數字順序拿紙張→示範同學示範從左至右依序依數字順序拿紙張，第一張放在最上面，之後拿的紙張依序放在下面，然後把紙張整理成一疊放在桌上畫有標示的方格內。

步驟二：學生練習依數字順序拿紙張→學生練習從左至右依序依數字順序拿紙張，第一張放在最上面，之後拿的紙張依序放在下面，然後把紙張整理成一疊放在桌上畫有標示的方格內。

步驟三：紙張數字剛開始可以 4 以內數字依序整理，等學生熟悉後再慢慢增加數字。

階段四：裝訂紙張

準備活動：教學者準備數字 1～5 的紙張，一疊一疊依序放好，並在前後放有顏色的紙張。

步驟一：示範同學示範依順序拿紙張→示範同學示範從左至右依序從上面拿紙張，先拿有顏色的紙，然後再依序拿有數字的紙張，最後再拿一張有顏色的紙，把紙張整理成一疊，放在「訂書機裝

訂板」上，先對齊裝訂板上的格線放好，再按壓訂書機裝訂好，最後放到紙盒內。

步驟二：學生練習依順序整理紙張→學生練習從左至右依序從上面拿紙張，先拿有顏色的紙，然後再依序拿有數字的紙張，最後再拿一張有顏色的紙，把紙張整理成一疊，放在「訂書機裝訂板」上，先對齊裝訂板上的格線放好，再按壓訂書機裝訂好，最後放到紙盒內。剛開始可以抓著學生的手，協助學生分類，等學生熟悉後，再慢慢褪除協助，學生每完成一項動作，立即給與增強。

步驟三：紙張張數剛開始先練習較少張數的紙張整理，等學生熟悉後再慢慢增加紙張張數。

附圖說明

附圖一：從一疊不同顏色的紙張中依序從上面拿紙張，然後依照紙張顏色分類，紅色紙張放在一堆，藍色紙張放在一堆。

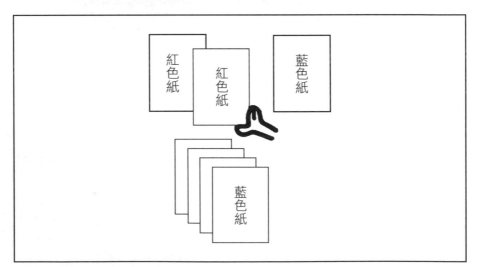

附圖二：從一疊不同數字的紙張中依序從上面拿紙張，然後依照紙張數字分類，相同數字的紙張放在一堆。

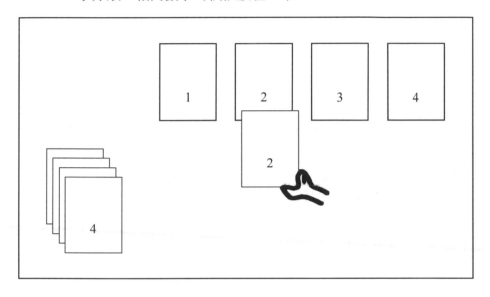

附圖三：從左至右依序從上面依數字順序拿紙張，然後把紙張整理成一疊放好。

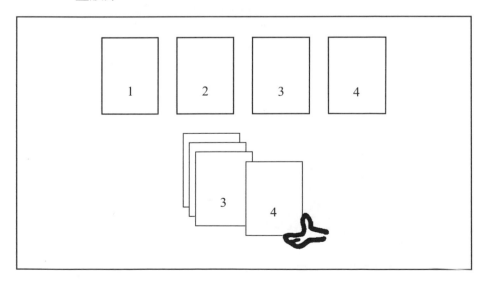

附圖四：從左至右依序從上面拿紙張，先拿有顏色的紙，然後再依序拿
　　　　有數字的紙張，最後再拿一張有顏色的紙，把紙張整理成一疊。

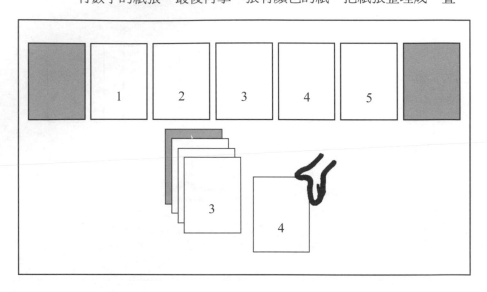

附圖五：訂書機裝訂板。

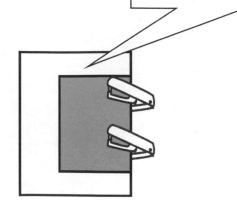

訂書機裝訂板上可畫上對齊
的格線，讓學生把紙張擺在
裝訂板上對齊格線，再按壓
訂書機裝訂紙張。

單元主題 33：遞送公文

▶蘇日俊◀

領域：職業訓練

理論基礎

自閉症者的職前工作訓練對其未來就業相當重要。送公文是辦公室事務工作之一，藉由辦公室位置的辨別及公文夾的遞送，可增進自閉症者的辦公室事務工作技能。

教學目標

㈠能將不同顏色圖卡分類。
㈡能將公文送至辦公室。
㈢能夠完成送公文工作。

適用對象

低、中功能自閉症者（國小到國中階段）。

先備能力

具備分類、配對概念，認識數字 1～10。

教學材料

㈠有色圖卡、號碼卡、紙盒、公文夾。
㈡提示圖卡（配對、送公文提示圖片）。
㈢增強物（實物、代幣、增強系統等）。
㈣視覺線索標示（辦公室位置、職員辦公桌顏色及數字標示）。

教學策略

㈠視覺線索標示：教學者將不同的辦公室以不同顏色標出及職員辦公

435

桌以不同號碼標出。

㈡同學示範：請示範同學示範圖卡配對及送公文，讓學生模仿。

㈢圖片提示：使用工作分析圖卡，將各項動作逐步分解說明，提示須完成的動作。

㈣逐步褪除提示：運用口語、圖卡及肢體動作提示。以圖卡和口語提示為主，若學生無法完成動作，再輔以肢體協助，但學生一旦達成目標行為後，則逐步褪除協助及提示。

㈤增強：適時給與學生增強，以強化學生正確行為（盡量採用社會性增強，例如：鼓掌、輕拍肩膀等，或是使用代幣來增強）。

教學步驟

階段一：顏色圖卡配對

準備活動：教學者準備不同的顏色圖卡數張，及貼有不同顏色貼紙的紙盒。

步驟一：示範同學示範顏色圖卡配對→示範同學示範拿顏色圖卡放到配對的紙盒中，如紅色圖卡放到貼有紅色貼紙的紙盒（如附圖一）。

步驟二：學生練習顏色圖卡配對→學生練習拿顏色圖卡放到配對的紙盒中，如紅色圖卡放到貼有紅色貼紙的紙盒。

步驟三：練習顏色圖卡配對→剛開始可以選擇兩種顏色圖卡配對，等學生熟悉後再慢慢增加圖卡顏色。

步驟四：增加紙盒的距離→學生顏色圖卡與紙盒放在桌上能配對後，把紙盒改放在教室四周，讓學生練習拿顏色圖卡放到較遠的配對紙盒中。

階段二：送公文到辦公室

準備活動：教學者在每個辦公室外貼上不同顏色的視覺線索提示，並在辦公室裡面放一個紙盒，在紙盒上貼上顏色貼紙，另外準備數個公文夾，公文夾上面用迴紋針依不同辦公室夾上顏色圖卡，在實際練習送公文前先帶學生認識各個辦公室位置。

步驟一：示範同學示範拿公文夾到對應的辦公室→示範同學示範從特教

辦公室拿公文夾到對應的辦公室，先找到與公文夾上顏色圖卡相同顏色的辦公室，再把公文夾放到辦公室中的紙盒。

步驟二：學生練習拿公文夾到對應的辦公室→學生練習從特教辦公室拿公文夾到對應的辦公室，先找到與公文夾上顏色圖卡相同顏色的辦公室，再把公文夾放到辦公室中的紙盒。

步驟三：送公文到辦公室剛開始可以選擇較近的一間辦公室，等學生熟悉後，再慢慢增加其他較遠的辦公室（如學生剛開始無法找到辦公室，可以在沿途貼上顏色指標提示辦公室位置）。

階段三：送公文給辦公室職員

準備活動：教學者準備數字卡數張，及貼有數字的紙盒，並在每個辦公室職員辦公桌旁放一個紙盒，在紙盒上貼上數字，每個職員有一個代表數字，另外準備數個公文夾，公文夾上面用迴紋針夾上代表不同辦公室顏色圖卡及代表不同職員的數字，在實際練習送公文前先帶學生認識各個職員辦公桌位置。

步驟一：示範同學示範數字卡配對→示範同學示範拿起數字卡，然後依照數字放到相同數字配對的紙盒中，如 3 放到 3 的紙盒中（如附圖二）。

步驟二：學生練習數字卡配對→學生練習拿起數字卡，然後依照數字放到相同數字配對的紙盒中，如 3 放到 3 的紙盒中。

步驟三：示範同學示範拿公文夾到對應的職員辦公桌紙盒中→示範同學示範從特教辦公室拿公文夾先依顏色找到辦公室，再依號碼找到對應的職員辦公桌，然後把公文夾放到辦公室職員辦公桌旁貼有數字的紙盒中。

步驟四：學生練習拿公文夾到對應的職員辦公桌紙盒中→學生練習從特教辦公室拿公文夾先依顏色找到辦公室，再依號碼找到對應的職員辦公桌，然後把公文夾放到辦公室職員辦公桌旁貼有數字的紙盒中。

步驟五：送公文到職員辦公桌剛開始可以選擇較近的一間辦公室，練習找到對應的職員辦公桌，等學生熟悉後再慢慢增加其他辦公室。

附圖說明

附圖一：拿顏色圖卡放到配對的紙盒中，如紅色圖卡放到貼有紅色貼紙
的紙盒。

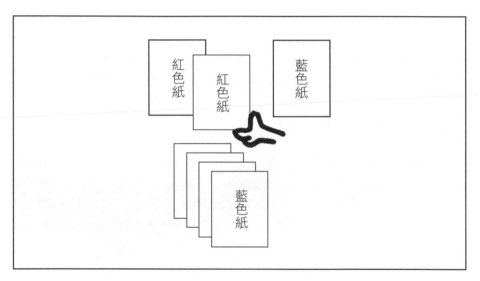

附圖二：拿起數字卡，然後依照數字放到相同數字配對的紙盒中，如 3
放到 3 的紙盒中。

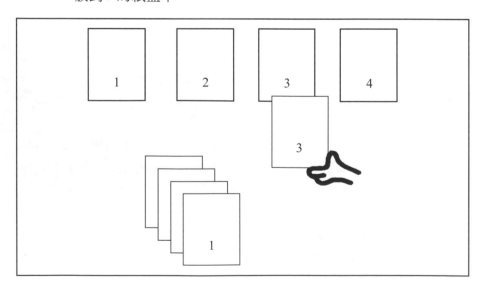

送公文至職員辦公桌提示圖卡。

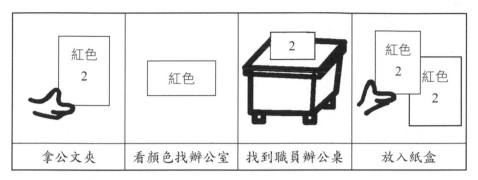

拿公文夾	看顏色找辦公室	找到職員辦公桌	放入紙盒

單元主題 34：自動鉛筆組裝

▶蘇日俊◀

理論基礎

　　自閉症者的職前工作訓練對其未來就業相當重要。自動鉛筆組裝是產品加工工作之一，藉由自動鉛筆零件的對應分類及組裝，可增進自閉症者的產品加工工作技能。

教學目標

　　㈠能分類自動鉛筆零件。
　　㈡能組裝自動鉛筆零件。
　　㈢能夠完成自動鉛筆組裝工作。

適用對象

　　低、中功能自閉症者（國小到國中階段）。

先備能力

　　具備分類、配對能力。

教學材料

　　㈠自動鉛筆零件、自動鉛筆零件對應板。
　　㈡提示圖卡（自動鉛筆配對、組裝提示圖片）。
　　㈢增強物（實物、代幣、增強系統等）。

教學策略

　　㈠自動鉛筆零件對應板：教學者將自動鉛筆零件組裝順序、位置標出在對應板上，讓學生能依對應板組裝零件。

㊀同學示範：請示範同學示範自動鉛筆零件配對及組裝，讓學生模仿
　　操作自動鉛筆零件配對及組裝。

㊂圖片提示：使用工作分析圖卡，將各項動作逐步分解說明，提示須
　　完成的動作。

㊃逐步褪除提示：運用口語、圖卡及肢體動作提示。以圖卡和口語提
　　示為主，若學生無法完成動作，再輔以肢體協助，但學生一旦達成
　　目標行為後，則逐步褪除協助及提示。

㊄增強：適時給與學生增強，以強化學生正確行為（盡量採用社會性
　　增強，例如：鼓掌、輕拍肩膀等，或是使用代幣來增強）。

領域：職業訓練

教學步驟

階段一：練習零件對應

準備活動：教學者準備自動鉛筆的零件，分裝成一盒一盒，並準備零件
　　　　　對應板，對應板上貼需要練習對應的圖片。

步驟一：示範同學示範放零件在對應板上→示範同學示範依自動鉛筆零
　　　　件對應板上零件圖片，從零件盒中拿零件，擺在對應板上（如
　　　　附圖一）。

步驟二：學生練習放零件在對應板上→學生練習依自動鉛筆零件對應板
　　　　上零件圖片，從零件盒中拿零件，擺在對應板上。剛開始可以
　　　　抓著學生的手，協助學生拿零件放在自動鉛筆零件對應板上，
　　　　再慢慢褪除協助，讓學生能獨立完成，學生每完成一個動作，
　　　　立即給與增強。

步驟三：剛開始可以挑較大、易分辨的零件練習對應，再慢慢增加零件
　　　　種類。

階段二：練習依零件對應板放零件

準備活動：教學者準備自動鉛筆的零件（先練習較粗的自動鉛筆，再慢
　　　　　慢換成細的自動鉛筆），分裝成一盒一盒，並準備自動鉛筆
　　　　　零件對應板，對應板上依序由左至右按組裝順序貼自動鉛筆

對應的圖片（如附圖二）。

步驟一：示範同學示範放零件在對應板上→示範同學示範依自動鉛筆零件對應板上零件圖片順序，從零件盒中拿零件，依序擺在對應板上。

步驟二：學生練習放零件在對應板上→學生練習依自動鉛筆零件對應板上零件圖片順序，從零件盒中拿零件，依序擺在對應板上，剛開始可以抓著學生的手，協助學生拿零件放在自動鉛筆零件對應板上，再慢慢褪除協助，讓學生能獨立完成，學生每完成一個動作，立即給與增強。

階段三：組合自動鉛筆零件

準備活動：教學者準備自動鉛筆的零件，分裝成一盒一盒，並準備自動鉛筆零件對應板及組合提示圖片，對應板上依序由左至右按組裝順序貼自動鉛筆對應的圖片。

步驟一：示範同學示範組合零件→示範同學示範從自動鉛筆零件對應板上依序拿零件組合，先拿筆身，然後旋上筆頭，再放入筆心，最後蓋上筆蓋。

步驟二：學生練習組合零件→學生練習跟著示範同學一起從自動鉛筆零件對應板上依序拿零件組合，先拿筆身，然後旋上筆頭，再放入筆心，最後蓋上筆蓋。

步驟三：剛開始旋筆頭可以抓著學生的手往順時針方向轉，協助學生拿零件組合，再慢慢褪除協助，讓學生能獨立完成，學生每完成一個動作，立即給與增強。

階段四：練習自動鉛筆對應及裝盒

準備活動：教學者準備自動鉛筆，並準備自動鉛筆對應板，對應板上畫有一盒裝自動鉛筆須放入的數量（剛開始可以以較少數量練習），及裝自動鉛筆的紙盒（紙盒盒蓋及蓋上處均以紅點做記號）。

步驟一：示範同學示範放自動鉛筆在對應板上→示範同學示範依自動鉛

筆對應板上圖片提示，每一個圖片上放一支自動鉛筆，依序擺在對應板上（如附圖三）。

步驟二：學生練習放自動鉛筆在對應板上→學生練習依自動鉛筆對應板上圖片提示，每一個圖片上放一支自動鉛筆，依序擺在對應板上。學生每完成一個動作，立即給與增強。

步驟三：示範同學示範自動鉛筆裝盒→示範同學示範把擺在自動鉛筆對應板上的自動鉛筆全部拿起來放入紙盒，並依紙盒上紅點記號對應蓋上（如附圖四）。

步驟四：學生練習自動鉛筆裝盒→學生練習把擺在自動鉛筆對應板上的自動鉛筆全部拿起來放入紙盒，並依紙盒上紅點記號對應蓋上，剛開始可以手指著紅點提示學生以紅點對應蓋上，等學生能完成後再褪除提示。

❀ 附圖說明

附圖一：把自動鉛筆零件放到對應圖片上。

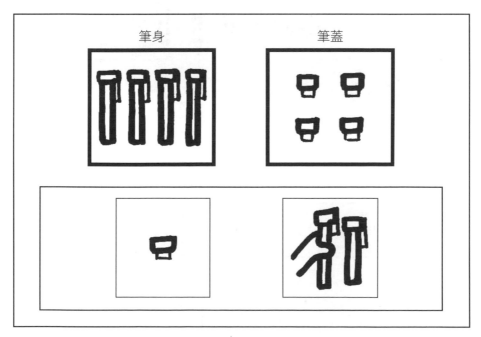

附圖二：依零件對應板順序放自動鉛筆零件。

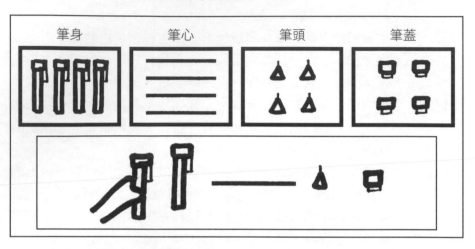

附圖三：將自動鉛筆放到數量對應板上。

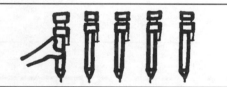

附圖四：自動鉛筆紙盒紅點提示。

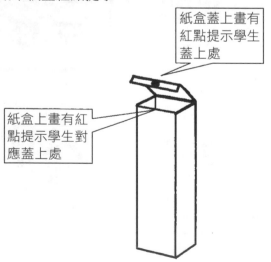

紙盒蓋上畫有紅點提示學生蓋上處

紙盒上畫有紅點提示學生對應蓋上處

單元主題 35：水果裝盒

▶林淑娟◀

領域：職業訓練

理論基礎

自閉症者的職前工作訓練對其未來就業相當重要。包裝是簡單且重複性高的工作之一，藉由包裝的訓練，一方面培養自閉症者良好工作態度，亦可增進手眼協調及專注力。

教學目標

㈠能拿起水果與圖卡做對應。
㈡能將水果放入塑膠盒子中。
㈢能夠用訂書機裝訂盒子。
㈣能將裝訂好的水果放在指定位置的箱子中。

適用對象

低、中功能自閉症者（國小到國中階段）。

先備能力

㈠具備分類、配對概念。
㈡會用訂書機。

教學材料

㈠圖板一份。
㈡小盒子六個、大箱子一個。
㈢塑膠手套數個（手扒雞用的那一種）。
㈣塑膠盒子（視實際需要而定）。
㈤訂書機及訂書針。

445

㈥小貼紙數張（貼在要裝訂的上下位置）。

㈦水果或水果片。

教學策略

㈠準備：將教學材料用盒子裝好，按照順序排好。

㈡視覺線索標示：教學者將視覺圖板放在盒子的前面。

㈢講解：教學者將各項動作逐步分解說明，提示須完成的動作。

㈣示範：請示範同學示範戴手套、裝水果、訂盒子的動作讓學生模仿。

㈤口語及動作提示：提示學生須完成的動作。

㈥逐步褪除提示：學生一旦達成目標行為後，則逐步褪除協助及提示。

㈦增強：適時給與學生增強，以強化學生正確行為。

教學步驟

準備活動：

步驟一：教學者將教學材料用盒子裝好，按照順序排好。

步驟二：教學者將視覺圖板放在盒子的前面。

步驟三：讓學生戴上塑膠手套。

步驟四：將訂書機裝滿訂書針。

步驟五：在塑膠盒裝訂的位置做記號。

步驟六：在大箱子裡面畫上放置的記號。

階段一：配對（如附圖一）

步驟一：教學者將各項配對的動作逐步分解說明。

步驟二：教學者請示範同學依視覺線索標示圖板，從盒子中拿出一個塑膠盒、兩個小番茄、兩片蘋果、兩片香瓜及兩片楊桃片放置在視覺線索標示圖板。

步驟三：教學者要學生模仿示範同學的動作，將水果與圖板做配對，口語提示「拿一個塑膠盒」、「兩個小番茄」、「兩片蘋果」、「兩片香瓜」、「兩片楊桃片」，每個配對靜待 3 秒鐘，學生無法做出正確動作，教學者可以動作協助學生完成正確的動作，

學生做出正確動作立即增強。

階段二：包裝（如附圖二）

步驟一：教學者請示範同學依視覺線索標示圖板順序及數量將水果放到塑膠盒內。

步驟二：教學者請示範同學拿起訂書機，對準裝訂的記號裝訂，並將裝好的水果盒放在紙箱指定的位置放好。

步驟三：教學者用手指著圖板塑膠盒的圖卡，用口語提示學生「放水果」，靜待 3 秒鐘，學生如果不能做出動作，協助依順序將水果放入塑膠盒中。

步驟四：教學者用手指著圖板訂書機的圖卡，提示學生拿起訂書機，口語提示「訂盒子」，對準裝訂的位置裝訂，靜待 3 秒鐘，學生如果不能做出動作，協助裝訂塑膠盒動作。

步驟五：教學者用手指著圖板大箱子圖卡，提示學生將裝訂好的盒子放在大箱子中有記號的地方，靜待 3 秒鐘，學生如果不能做出動作，協助放入箱子的動作。學生做完全部工作就給與增強。

步驟六：慢慢褪除口語提示、動作協助，直到學生將前面的水果都包裝完成（塑膠盒和水果數量要配合得剛好）。

步驟七：學生自己能利用視覺線索完成一次水果裝盒。

步驟八：教學者可以將水果包裝延伸到便當。

附圖說明

附圖一：水果與配對視覺線索標示圖板配對。

| 塑膠盒 | 小番茄 | 蘋果片 | 香瓜片 | 楊桃片 |

視覺線索標示圖板

附圖二：包裝。

| 塑膠盒 | 小番茄 | 蘋果片 | 香瓜片 | 楊桃片 | 訂書機 | 放入紙箱中 |

視覺線索標示圖板

單元主題 36：彩色筆裝盒

▶ 黃楓枝 ◀

理論基礎

　　自閉症者的職前工作訓練對其未來就業相當重要。彩色筆裝盒是排列順序的工作之一，藉由整組彩色筆的排列及裝入盒子，可增進自閉症者的排列順序的工作技能。

教學目標

(一)能夠將彩色筆和顏色指示卡對應擺好。
(二)能夠將整組的彩色筆裝入盒子裡。
(三)能夠蓋好盒子，並放進完成品籃內。

適用對象

　　低、中功能自閉症者（國小到國中階段）。

先備能力

(一)具備配對、分類概念。
(二)能分辨顏色。

教學材料

(一)各種顏色的彩色筆各數支、彩色筆空盒數個、裝彩色筆的容器一個、裝完成品的容器一個。
(二)視覺線索標示（顏色指示卡）。
(三)提示圖卡（找出和顏色指示卡對應的彩色筆、將彩色筆裝入盒子、蓋好盒子、放進完成品容器）。
(四)增強物（實物、代幣、增強系統等）。

449

教學策略

㈠準備：教學者將擺放彩色筆的容器、視覺線索的指示卡、彩色筆空盒、擺放完成品的容器放在工作桌上。

㈡示範：請示範同學示範彩色筆裝盒的整個流程，

㈢模仿：讓學生模仿示範同學的動作。

㈣圖片提示：使用工作分析圖卡，將各項動作逐步分解說明，提示須完成的動作。

㈤逐步褪除提示：運用口語、圖卡及肢體動作提示。以圖卡和口語提示為主，若學生無法完成動作，再輔以肢體協助，但學生一旦達成目標行為後，則逐步褪除協助及提示。

㈥增強：適時給與學生增強，以強化學生正確行為（盡量採用社會性增強，例如：鼓掌、輕拍肩膀等，或是使用代幣來增強）。

教學步驟

準備活動：教學者將擺放彩色筆的容器、視覺線索的指示卡、彩色筆空盒、擺放完成品的容器放在工作桌上；並將提示的工作分析圖卡貼在工作桌前方。

步驟一：示範同學示範彩色筆裝盒的整個流程（找出和顏色指示卡對應的彩色筆、將彩色筆裝入盒子、蓋好盒子、放進完成品容器），重複做三次。

步驟二：讓學生做相同的動作：

㈠找出和顏色指示卡對應的彩色筆：學生從放彩色筆的容器裡拿出一支和顏色指示卡的第一個顏色對應的彩色筆，然後進行下面敘述的步驟㈡，再依相同方法一一找出後續的各種顏色的彩色筆。如果學生無法做出動作，教學者要給與口頭提示，如「拿紅色的筆」，及動作提示（抓住學生的手移到容器處）。

㈡將彩色筆裝入盒子：學生找出上面敘述的步驟㈠中的彩色筆後，再將彩色筆放進盒子內。如果學生無法做出動作，教學者要給與口頭提示，如「拿起紅色的筆、放進盒子」，及動

作提示（抓住學生的手移到盒子處）。

㈢蓋好盒子：學生將彩色筆盒子摺合、壓緊、扣好。如果學生無法做出動作，教學者要給與口頭提示，如「抓著盒蓋、摺合過去、壓緊、扣好」，及動作提示（抓著學生的手做出上述的動作）。

㈣放進完成品容器：學生將包裝好的成品放進先前示範同學已經放入的容器裡。如果學生無法做出動作，教學者要給與口頭提示，如「放進去」，及動作提示（抓著學生的手移到完成品容器）。須提示學生將完成品整齊的擺放在容器裡。

步驟二：學生做出一個成品就給與增強，如果學生已經熟練作法後，就逐步褪除提示。

附圖說明

彩色筆裝盒的提示圖卡。

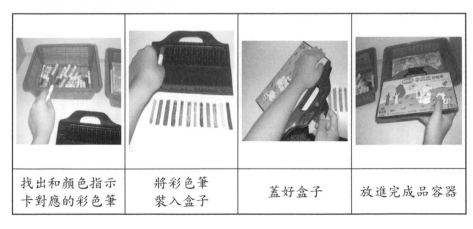

找出和顏色指示卡對應的彩色筆	將彩色筆裝入盒子	蓋好盒子	放進完成品容器

單元主題 37：裝信封

▶ 黃楓枝 ◀

理論基礎

　　自閉症者的職前工作訓練對其未來就業相當重要。裝信封是辦公室事務之一，藉由信紙的裝入及封黏信封封口，可增進自閉症者的辦公室事務技能。

教學目標

(一)能夠將摺疊好的信紙（或各式資料）裝入中式信封袋。
(二)能夠將膠水擠在信封封口。
(三)能夠摺好信封封口並黏住，放進完成品容器中。

適用對象

　　低、中功能自閉症者（國小到高中階段）。

先備能力

(一)具備配對、分類概念。
(二)會摺紙張。
(三)會使用膠水。

教學材料

(一)中式信封數個、信紙（或資料）數份。
(二)放信封、信紙的盒子各一個。
(三)信封形狀的摺疊板一個。
(四)有顏色的膠水一罐。
(五)完成品容器一個。

(六)提示圖卡（將摺疊好的信紙或資料裝入中式信封、將膠水擠在信封封口、摺好信封封口並黏住、放進完成品容器）。

(七)增強物（實物、代幣、增強系統等）。

教學策略

(一)準備：教學者將各個擺放信封、信紙或資料、完成品的容器、信封形狀的摺疊板和膠水放在工作桌上。

(二)示範：請示範同學示範裝信封的整個流程。

(三)模仿：讓學生模仿示範同學的動作。

(四)圖片提示：使用工作分析圖卡，將各項動作逐步分解說明，提示須完成的動作。

(五)逐步褪除提示：運用口語、圖卡及肢體動作提示。以圖卡和口語提示為主，若學生無法完成動作，再輔以肢體協助，但學生一旦達成目標行為後，則逐步褪除協助及提示。

(六)增強：適時給與學生增強，以強化學生正確行為（盡量採用社會性增強，例如：鼓掌、輕拍肩膀等，或是使用代幣來增強）。

教學步驟

準備活動：教學者將各個擺放信封、信紙或資料、完成品的容器、信封形狀的摺疊板和膠水放在工作桌上，並將提示的工作分析圖卡（如圖一）貼在工作桌前方。

步驟一：示範同學示範裝信封的整個流程（將摺疊好的信紙或資料裝入中式信封、將膠水擠在信封封口、摺好信封封口並黏住、放進完成品容器），重複做三次。

步驟二：讓學生做相同的動作：

(一)將摺疊好的信紙或資料裝入中式信封：學生從放信封的盒子裡拿出一個中式信封，再將摺疊好的信紙（或資料）裝入信封。如果學生無法做出動作，教學者要給與口頭提示，如「拿信封、拿信紙、裝進去」，及動作提示（抓住學生的手移到盒子處、將拿信紙的手靠到信封封口）。

(二)將膠水擠在信封封口：學生將剛才的信封對齊地放在信封形

狀的摺疊板（用西卡紙做成，將西卡紙剪成信封的形狀，再從摺線處剪斷，背面再用二段膠帶貼住，使板子不會分離又能輕易地摺疊）（如圖二）上，再拿有顏色的膠水擠在信封的封口處（以膠水的顏色來辨別是否已經塗好了）。如果學生無法做出動作，教學者要給與口頭提示，如「放在摺疊板上、拿膠水、塗膠水」，及動作提示（抓住學生的手移到摺疊板處、將他的手移到膠水處、協助他塗膠水）。

㈢摺好信封封口並黏住：學生將信封和摺疊板對齊後，再將摺疊板的封口處摺好並按壓，使其黏住。如果學生無法做出動作，教學者要給與口頭提示，如「摺疊、按壓」，及動作提示（抓著學生的手做出上述的動作）。

㈣放進完成品容器：學生將封好的成品放進先前示範同學已經放入的籃子裡。如果學生無法做出動作，教學者要給與口頭提示，如「放進去」，及動作提示（抓著學生的手移到完成品容器）。須提示學生將完成品整齊的擺放在籃子裡。

步驟三：學生做出一個成品就給與增強，如果學生已經熟練作法後，就逐步褪除提示。

附圖說明

圖一：裝信封的提示圖卡。

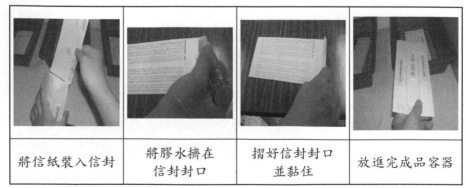

將信紙裝入信封	將膠水擠在信封封口	摺好信封封口並黏住	放進完成品容器

圖二：信封形狀的摺疊板。

單元主題 38：圖卡歸檔

▶林淑娟◀

理論基礎

　　自閉症者的職前工作訓練對其未來就業相當重要。分類歸檔是簡單、助手型工作，藉由圖卡歸檔的訓練，一方面培養自閉症者良好的工作態度，亦可增進手眼協調及專注力。

教學目標

㈠能將不同圖卡歸類。
㈡能將圖卡依正確方向整理整齊。
㈢能看提示圖卡將不同的圖卡歸檔。
㈣能將指定的工作完成。

適用對象

　　低、中功能自閉症者（國小到國中階段）。

先備能力

㈠有分類的能力。
㈡會圖形配對。

教學材料

㈠資料盒數個。
㈡圖卡提示圖。
㈢抽屜櫃。

教學策略

(一)視覺線索標示

　　1. 在每個資料盒子明顯處貼上不同的提示圖卡。

　　2. 在圖卡上端左側畫上紅色記號。

　　3. 在抽屜櫃的外面貼上不同提示的圖卡。

(二)講解：教學者將各項動作逐步分解說明，提示須完成的動作。

(三)示範：請示範同學示範分類、整理、歸檔的動作。

(四)提示：以口語及動作提示學生須完成的動作。

(五)逐步褪除提示：學生一旦達成目標行為後，則逐步褪除協助及提示。

(六)增強：適時給與學生增強，以強化學生正確行為。

教學步驟

準備活動：

步驟一：在每個資料盒子明顯處貼上不同圖卡。

步驟二：在圖卡左上端畫上紅色記號。

步驟三：在抽屜櫃的外面貼上不同提示的圖卡。

階段一：分類不同圖卡（如附圖一）

步驟一：教學者將貼有不同圖卡資料盒排列整齊，請示範同學依據紙張的圖卡，將不同的圖卡分別放在前面有圖卡提示的資料盒中，如拿到手套的圖卡，就放進有手套圖卡的資料盒中，先不需要整理。

步驟二：教學者讓學生模仿示範同學的動作，靜待 3 秒鐘，學生如不能做出動作，教學者可以協助學生拿起圖卡，放進跟紙張相同圖卡的資料盒中，其他的圖卡也是相同步驟。學生如能做出正確動作，立即給與增強。

步驟三：慢慢褪除動作協助，直到學生分類完成。

階段二：整理圖卡（如附圖二）

步驟一：教學者請示範同學從一個資料盒中將分類好的圖卡拿出來，根據圖卡左上的紅色線索，將每張圖卡擺放整齊成同一個方向。直到所有相同的圖卡放整齊，再將圖卡放回資料盒中，並將資料盒外的圖卡撕下，藉以告訴學生這盒資料盒已經整理完畢。

步驟二：教學者讓學生模仿示範同學的動作，靜待 3 秒鐘，學生如不能做出動作，教學者可以口語提示紅點對紅點，並以握住學生的手將圖卡根據紅點方向放好，學生做出正確動作立即給與增強，直到所有相同的圖卡放整齊，再將圖卡放回資料盒中，並將資料盒外的圖卡撕下，藉以告訴學生這盒資料盒已經整理完畢。

步驟三：持續相同的步驟，直到所有的資料盒都整理好。

階段三：圖卡歸檔（如附圖三）

步驟一：教學者請示範同學將分類好的圖卡盒子，對照櫃子的視覺線索，將所有的圖卡整齊的放入櫃子中歸檔，並將空盒子給學生看，提示學生必須將所有的圖卡放入櫃子中，放完之後將櫃子關好。

步驟二：教學者要學生模仿示範同學動作，拿起剛才分類好的盒子，對照櫃子的視覺線索，將所有的圖卡整齊的放入櫃子中歸檔。靜待學生 3 秒鐘，學生如不能做出正確動作，教學者可以拉住學生的手做出正確的動作。學生做出正確動作，立即給與增強。

步驟三：慢慢褪除動作協助，學生主動將所有的分類盒子中的圖卡歸檔到櫃子中，並將櫃子關好。

◆🌻 附圖說明

附圖一：分類不同圖卡。

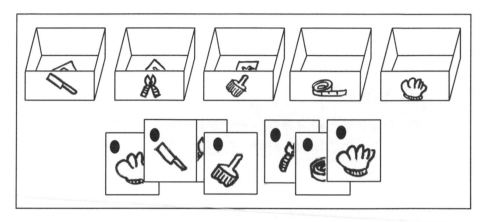

附圖二：整理圖卡（正反、上下）——紅點對紅點。

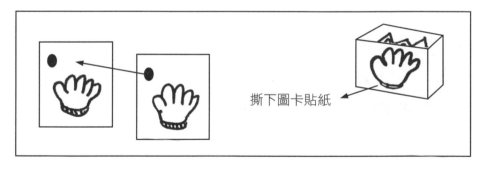

撕下圖卡貼紙

附圖三：圖卡歸檔。

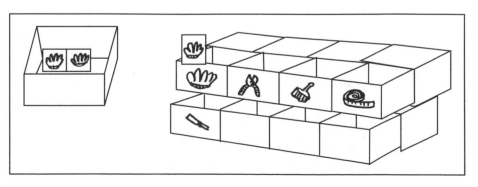

單元主題 39：貼名條

▶ 黃楓枝 ◀

理論基礎

　　自閉症者的職前工作訓練對其未來就業相當重要。貼名條是辦公室事務之一，藉由名條的塗膠及黏貼，可增進自閉症者處理事務的技能。

教學目標

（一）能夠在名字和地址的紙條後面塗上膠水。
（二）能夠將名字和地址的紙條貼在正確的位置。
（三）能夠將貼好名條的信封放進完成品容器中。

適用對象

　　低、中功能自閉症者（國小到高中階段）。

先備能力

（一）具備配對、分類概念。
（二）會辨識文字的形體和字數有所不同。
（三）會使用膠水。

教學材料

（一）裝好信紙的中式信封數個。
（二）收件人名稱、收件人住址、寄件人住址的紙條各數份。
（三）有顏色的膠水一罐。
（四）鏤空的信封形狀的西卡紙版一個。
（五）裝信封的容器一個、不同顏色的容器三個。
（六）完成品容器一個。

㈦提示圖卡（將收件人名稱、收件人住址、寄件人住址的紙條背面塗上膠水並黏貼在正確的位置上、放進完成品容器）。

㈧增強物（實物、代幣、增強系統等）。

教學策略

㈠準備：教學者將各個擺放信封和不同類紙條的容器、完成品的容器、信封形狀的鏤空西卡紙板和膠水放在工作桌上。

㈡示範：請示範同學示範貼名條的整個流程。

㈢模仿：讓學生模仿示範同學的動作。

㈣圖片提示：使用工作分析圖卡，將各項動作逐步分解說明，提示須完成的動作。

㈤逐步褪除提示：運用口語、圖卡及肢體動作提示。以圖卡和口語提示為主，若學生無法完成動作，再輔以肢體協助，但學生一旦達成目標行為後，則逐步褪除協助及提示。

㈥增強：適時給與學生增強，以強化學生正確行為（盡量採用社會性增強，例如：鼓掌、輕拍肩膀等，或是使用代幣來增強）。

教學步驟

準備活動：教學者將各個擺放信封和不同類紙條的容器、完成品的容器、信封形狀的鏤空西卡紙板（如圖一）和膠水放在工作桌上，並將提示的工作分析圖卡（如圖二）貼在工作桌前方。

步驟一：示範同學示範貼名條的整個流程（將收件人名稱、收件人住址、寄件人住址的紙條背面塗上膠水並黏貼在正確的位置上，放進完成品容器），重複做三次。

步驟二：讓學生做相同的動作：

㈠貼上收件人名稱的紙條：學生從放信封的盒子裡拿出一個中式信封，再從紅色的容器裡拿出一張收件人名稱的紙條，然後在紙條的背面塗上有顏色的膠水（以膠水的顏色來辨別是否已經塗好了），再貼在信封的綠色鏤空的框框裡。如果學生無法做出動作，教學者要給與口頭提示，如「拿紅色容器裡的紙條、背面塗膠水、貼在紅色框框裡」，及動作提示（抓

住學生的手移到盒子處、將紙條翻到背面、塗膠水、手移到紅色框框處）。

㈡貼上收件人住址的紙條：學生從綠色的容器裡拿出一張收件人住址的紙條，然後在紙條的背面塗上有顏色的膠水（以膠水的顏色來辨別是否已經塗好了），再貼在信封的綠色鏤空的框框裡。如果學生無法做出動作，教學者要給與口頭提示，如「拿綠色容器裡的紙條、背面塗膠水、貼在綠色框框裡」，及動作提示（抓住學生的手移到盒子處、將紙條翻到背面、塗膠水、手移到綠色框框處）。

㈢貼上寄件人住址的紙條：學生從藍色的容器裡拿出一張寄件人地址的紙條，然後在紙條的背面塗上有顏色的膠水（以膠水的顏色來辨別是否已經塗好了），再貼在信封的藍色鏤空的框框裡。如果學生無法做出動作，教學者要給與口頭提示，如「拿藍色容器裡的紙條、背面塗膠水、貼在藍色框框裡」，及動作提示（抓住學生的手移到盒子處、將紙條翻到背面、塗膠水、手移到藍色框框處）。

㈣放進完成品容器：學生將貼好名條的成品放進先前示範同學已經放入的籃子裡。如果學生無法做出動作，教學者要給與口頭提示，如「放進去」，及動作提示（抓著學生的手移到完成品容器）。須提示學生將完成品整齊的擺放在籃子裡。

步驟三：學生做出一個成品就給與增強，如果學生已經熟練作法後，就逐步褪除提示。

◆✿◆ **附圖說明**

圖一：信封形狀的鏤空西卡紙板。

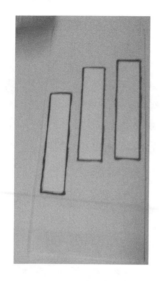

圖二：貼名條的提示圖卡。

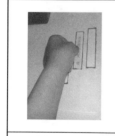			
貼上收件人名稱的紙條	貼上收件人地址的紙條	貼上寄件人地址的紙條	放進完成品容器

單元主題 40：魚丸米粉製作

▶ 蘇日俊 ◀

理論基礎

　　自閉症者的職前工作訓練對其未來就業相當重要。小吃製作是餐飲製備工作之一，藉由魚丸米粉材料的準備及依材料圖片提示依序製作魚丸米粉，可增進自閉症者的餐飲製作工作技能。

教學目標

㈠能將魚丸米粉材料放在材料對應板上。
㈡能依材料圖片提示依序製作魚丸米粉。
㈢能夠完成魚丸米粉製作。

適用對象

　　中、高功能自閉症者（國中階段以上）。

先備能力

　　具備分類、配對概念。

教學材料

㈠米粉、魚丸、油豆腐、肉燥等魚丸米粉材料及配料。
㈡裝魚丸米粉材料的容器、計時器。
㈢提示圖卡（魚丸米粉材料配對、製作提示圖片）。
㈣增強物（實物、代幣、增強系統等）。

教學策略

㈠材料對應板：教學者將製作魚丸米粉材料圖片依序貼在材料對應板，

讓學生能依對應板上的圖片排放材料。

(二)同學示範：請示範同學示範依圖片提示排放材料及製作魚丸米粉，讓學生模仿排放材料及製作魚丸米粉。

(三)圖片提示：使用工作分析圖卡，將各項動作逐步分解說明，提示須完成的動作。

(四)逐步褪除提示：運用口語、圖卡及肢體動作提示，以圖卡和口語提示為主，若學生無法完成動作，再輔以肢體協助，但學生一旦達成目標行為後，則逐步褪除協助及提示。

(五)增強：適時給與學生增強，以強化學生正確行為（盡量採用社會性增強，例如：鼓掌、輕拍肩膀等，或是使用代幣來增強）。

教學步驟

階段一：練習分裝魚丸米粉配料

準備活動：教學者準備魚丸米粉分裝對應板（對應板上貼有魚丸及油豆腐的圖片）、裝魚丸及油豆腐杓子，並準備魚丸米粉配料放在大的配料盒中，如魚丸、油豆腐等。

步驟一：示範同學示範放配料在配料對應板上→示範同學示範拿魚丸米粉配料，依照配料對應板上的配料數量圖片，把魚丸米粉配料配對放到對應板的圖片上，然後擺在杓子中（如附圖一）。

步驟二：學生練習放配料在配料對應板上→學生練習拿魚丸米粉配料，依照配料對應板上的配料數量圖片，把魚丸米粉配料配對放到對應板的圖片上，然後擺在杓子中。剛開始可以抓著學生的手協助拿配料配對放到對應板的圖片上，等學生漸漸會了之後，則褪除提示。

步驟三：魚丸米粉配料配對剛開始可以較少的配料配對，等學生熟悉後再慢慢增加配料種類，學生每完成一種工作則馬上給與鼓勵，增強學生的動機。

階段二：練習分裝調味材料

準備活動：教學者準備不同大小的量匙、調味材料（肉燥、鹽等，調味
　　　　　材料容器上貼圖片及每碗魚丸米粉須加入調味的量匙量，提
　　　　　示學生每碗魚丸米粉須加入的量）。

步驟一：示範同學示範以量匙量調味料→示範同學示範依調味材料容器
　　　　上所貼須加入調味的量匙量，拿量匙舀取調味材料，以大的量
　　　　匙舀一匙肉燥，然後倒入碗中（如附圖二）。

步驟二：學生練習以量匙量調味料→學生練習依調味材料容器上所貼須
　　　　加入調味的量匙量，拿量匙舀取調味材料，以大的量匙舀一匙
　　　　肉燥，然後倒入碗中。剛開始可以抓著學生的手協助舀調味材
　　　　料放入碗中，等學生漸漸會了之後，則褪除提示。

步驟三：等學生熟悉以量匙舀肉燥後，再慢慢增加調味材料種類，如鹽、
　　　　香油等，學生每完成一種工作則馬上給與鼓勵，增強學生的動機。

階段三：練習煮米粉

準備活動：教學者準備米粉糰、煮米粉杓及計時器。

步驟一：示範同學示範放米粉在煮米粉杓中→示範同學示範拿一糰米粉
　　　　糰放在煮米粉杓中。

步驟二：學生練習放米粉在煮米粉杓中→學生練習依示範同學示範拿一
　　　　糰米粉糰放在煮米粉杓中。

步驟三：示範同學示範煮米粉→示範同學示範拿剛剛已準備好的在米粉
　　　　杓中的米粉糰放在滾水中煮，等約 4 分鐘計時器響後再拿起來
　　　　倒在碗中。

步驟四：學生練習煮米粉→學生練習依示範同學的動作，拿剛剛已準備
　　　　好的在米粉杓中的米粉糰放在滾水中煮，等約 4 分鐘計時器響
　　　　後再拿起來倒在碗中（須提醒學生要小心熱水）。

步驟五：等學生熟悉煮米粉後，再慢慢增加其他相關配料的燙煮（如魚
　　　　丸、油豆腐、青菜等），學生每完成一種工作則馬上給與鼓勵，
　　　　增強學生的動機。

階段四：煮魚丸米粉

準備活動：教學者準備米粉糰、煮米粉杓、計時器、有刻度的量杯、已
　　　　　裝好的魚丸米粉配料及調味料、製作順序對應板（對應板上
　　　　　依製作順序貼有米粉杓、裝魚丸及油豆腐的杓子、碗、湯，
　　　　　及調味料等提示圖片，讓學生先將相關材料及碗、量杯擺在
　　　　　對應板上，在煮魚丸米粉時，依對應板提示依序製作魚丸米
　　　　　粉及加入配料及調味料，如附圖三）。

步驟一：示範同學示範煮魚丸、油豆腐及米粉→示範同學示範拿米粉糰
　　　　放在米粉杓中，然後跟裝有魚丸及油豆腐的杓子一起放入滾水
　　　　中煮，等約 4 分鐘計時器響後再拿起來倒在碗中。

步驟二：學生練習煮魚丸、油豆腐及米粉→學生練習拿米粉糰放在米粉
　　　　杓中，然後跟裝有魚丸及油豆腐的杓子一起放入滾水中煮，等
　　　　約 4 分鐘計時器響後再拿起來倒入碗中。

步驟三：示範同學示範加湯料→示範同學示範拿有刻度的量杯，然後舀
　　　　湯至標示刻度的地方，再加入盛裝米粉、魚丸、油豆腐的碗中，
　　　　再加入調味料，完成魚丸米粉的製作（如附圖四）。

步驟四：學生練習加湯及配料→學生練習拿有刻度的量杯，然後舀湯至
　　　　標示刻度的地方，再加入盛裝米粉、魚丸、油豆腐的碗中，再
　　　　加入調味料，完成魚丸米粉的製作。

步驟五：學生剛開始煮魚丸米粉時，可以圖片或動作提示學生，等學生
　　　　熟悉後，再慢慢褪除提示，學生每完成一種工作則馬上給與鼓
　　　　勵，增強學生的動機。

◆✿◆ 附圖説明

附圖一：分裝一碗分量的魚丸米粉配料（四粒魚丸、一塊油豆腐）。

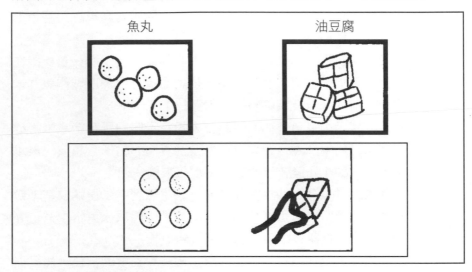

附圖二：以量匙分裝調味材料。

附圖三：魚丸米粉製作順序對應板，讓學生依對應板提示，將魚丸米粉
材料及碗放在對應板上，依序製作魚丸米粉。

附圖四：舀湯在有刻度的量杯裡。

單元主題 41：潤餅製作

▶蘇日俊◀

理論基礎

　　自閉症者的職前工作訓練對其未來就業相當重要。潤餅是餐飲製作工作之一，藉由潤餅材料的準備及依材料圖片提示依序製作潤餅，可增進自閉症者的餐飲製作工作技能。

教學目標

(一)能將潤餅材料放在材料對應板上。
(二)能依材料圖片提示依序製作潤餅。
(三)能夠完成潤餅製作。

適用對象

　　低、中功能自閉症者（國小到國中階段）。

先備能力

　　具備分類、配對概念。

教學材料

(一)豆芽菜、豆乾絲、高麗菜、花生粉、香菜及麵皮等潤餅材料及配料。
(二)裝潤餅材料的容器。
(三)提示圖卡（潤餅材料配對、製作提示圖片）。
(四)增強物（實物、代幣、增強系統等）。

教學策略

(一)材料對應板：教學者將製作潤餅材料圖片依序貼在材料對應板，讓

學生能依對應板上的圖片排放材料。

㈡同學示範：請示範同學示範依圖片排放材料及製作潤餅，讓學生模仿。

㈢圖片提示：使用工作分析圖卡，將各項動作逐步分解說明，提示須完成的動作。

㈣逐步褪除提示：運用口語、圖卡及肢體動作提示，以圖卡和口語提示為主，若學生無法完成動作，再輔以肢體協助，但學生一旦達成目標行為後，則逐步褪除協助及提示。

㈤增強：適時給與學生增強，以強化學生正確行為（盡量採用社會性增強，例如：鼓掌、輕拍肩膀等，或是使用代幣來增強）。

教學步驟

階段一：練習填裝潤餅配料

準備活動：教學者準備小的潤餅配料盒數個（盒子容量大小剛好一份潤餅的材料），上面貼有潤餅配料的提示圖形，並準備潤餅配料放在大的配料盒中，如豆芽菜、豆乾絲、高麗菜、花生粉、香菜等。

步驟一：示範同學示範裝填豆芽菜在小配料盒中→示範同學示範由大的潤餅配料盒中舀取豆芽菜，然後將其裝填在小的配料盒中（如附圖一）。

步驟二：學生練習裝填豆芽菜在小配料盒中→學生練習由大的潤餅配料盒中舀取豆芽菜，然後將其裝填在小的配料盒中。如小配料盒剛開始無法裝填，可先用較大的盒子讓學生練習裝填，然後再慢慢換成較小的盒子，學生每完成一項工作，立即給與增強。

步驟三：潤餅配料裝填剛開始可以只選擇一種配料讓學生練習裝填，等學生熟悉後再慢慢增加配料種類（例如：豆乾絲、高麗菜等）。

階段二：練習放配料在配料對應板上

準備活動：教學者準備潤餅的配料對應板，上面貼有豆芽菜、高麗菜的圖片，並把已裝填好的小配料盒放在對應板旁。

步驟一：示範同學示範放配料盒在配料對應板上→示範同學示範拿潤餅配料盒，由左至右，依照配料對應板上的圖片，把配料盒配對放到對應板的圖片上（如附圖二）。

步驟二：學生練習放配料盒在配料對應板上→學生練習拿潤餅配料盒，由左至右，依照配料對應板上的圖片，把配料盒配對放到對應板的圖片上。剛開始可以抓著學生的手協助拿配料盒配對放到對應板的圖片上，等學生漸漸會了之後，則褪除提示。

步驟三：潤餅配料配對剛開始可以選擇兩種配料配對，等學生熟悉後再慢慢增加配料種類，學生每完成一種工作則馬上給與鼓勵，增強學生的動機。

階段三：練習倒配料在長方框中

準備活動：教學者準備裝好潤餅配料的配料盒，及鏤空的長方框（可以把長方形的塑膠餅乾盒底部裁去，即成為鏤空的長方框，當作放配料在麵皮上的視覺位置提示，讓學生依位置一層一層擺放配料在潤餅的麵皮上）。

步驟一：示範同學示範倒配料在長方框中→示範同學示範拿起配料盒，然後倒潤餅配料在長方框中，並把配料鋪平（如附圖三）。

步驟二：學生練習倒配料在長方框中→學生練習拿起配料盒，然後倒潤餅配料在長方框中，並把配料鋪平。

步驟三：潤餅配料倒入長方框，剛開始可以選擇一種配料練習，等學生熟悉後再慢慢增加配料種類，學生每完成一種工作則馬上給與鼓勵，增強學生的動機。

階段四：練習摺疊潤餅麵皮

準備活動：教學者準備潤餅麵皮摺疊板（摺疊板依摺疊順序寫上 123 提示數字，如附圖四）及潤餅麵皮。

步驟一：示範同學示範鋪麵皮在摺疊板上→示範同學示範拿一張麵皮，然後沿著摺疊板邊緣對齊放好。

步驟二：學生練習鋪麵皮在摺疊板上→學生練習拿一張麵皮，然後沿著

摺疊板邊緣對齊放好。

步驟三：示範同學示範摺疊麵皮→示範同學示範依 123 提示數字摺疊麵皮，先把右邊數字 1 摺疊板摺疊起來，再把左邊數字 2 摺疊板摺疊起來，再把前面數字 3 摺疊板摺疊起來，最後把潤餅再向前摺二次包好。

步驟四：學生練習摺疊麵皮→學生練習依 123 提示數字摺疊麵皮，先把右邊數字 1 摺疊板摺疊起來，再把左邊數字 2 摺疊板摺疊起來，再把前面數字 3 摺疊板摺疊起來，最後把潤餅再向前摺二次包好。

階段五：製作潤餅

準備活動：教學者準備潤餅麵皮摺疊板及已填裝好的潤餅配料盒，並準備潤餅製作對應板，對應板上貼有配料的圖片。

步驟一：示範同學示範依對應板上的圖片拿配料→示範同學示範由左至右，依序依對應板上的圖片，拿潤餅配料放在對應板上。

步驟二：學生練習依對應板上的圖片拿配料→學生練習由左至右，依序依對應板上的圖片，拿潤餅配料放在對應板上。

步驟三：示範同學示範鋪麵皮在摺疊板上→示範同學示範拿一張麵皮，然後沿著摺疊板邊緣對齊放好。

步驟四：學生練習鋪麵皮在摺疊板上→學生練習拿一張麵皮，然後沿著摺疊板邊緣對齊放好。

步驟五：示範同學示範倒配料在長方框中→示範同學示範由對應板上拿配料盒，然後倒潤餅配料在麵皮上的長方框中，並把配料鋪平。

步驟六：學生練習倒配料在長方框中→學生練習由對應板上拿配料盒，然後倒潤餅配料在麵皮上的長方框中，並把配料鋪平。

步驟七：示範同學示範摺疊潤餅麵皮→示範同學示範依 123 提示數字摺疊麵皮，先把右邊數字 1 摺疊板向左摺疊起來，再把左邊數字 2 摺疊板向右摺疊起來，再把下面數字 3 摺疊板向上摺疊起來，最後把潤餅再向前摺二次包好。

步驟八：學生練習摺疊潤餅麵皮→學生練習依 123 提示數字摺疊麵皮，先把右邊數字 1 摺疊板摺疊起來，再把左邊數字 2 摺疊板摺疊

起來，再把前面數字 3 摺疊板摺疊起來，最後把潤餅再向前摺
二次包好。

步驟九：剛開始如學生無法完成，可以先抓著學生的手協助製作潤餅，
或以口語、圖片提示，等學生會製作後，再慢慢褪除提示。

❀ 附圖說明

附圖一：練習舀取豆芽菜分裝放在小盒中。

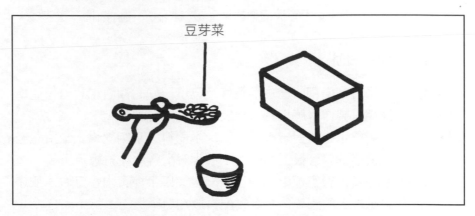

附圖二：放配料在配料對應板上（先練習豆芽菜及高麗菜對應，再增加
豆乾絲、花生粉及香菜對應）。

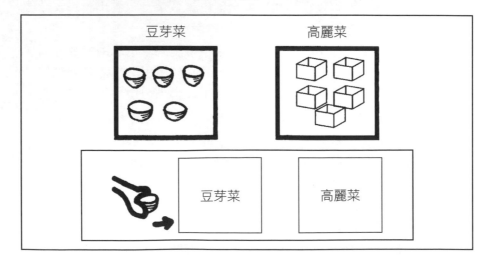

附圖三：倒配料在長方框中。

附圖四：潤餅麵皮摺疊板（先把右邊數字 1 摺疊板向左摺疊起來，再把
　　　　左邊數字 2 摺疊板向右摺疊起來，再把下面數字 3 摺疊板向上
　　　　摺疊起來，最後把潤餅再向前摺二次包好）。

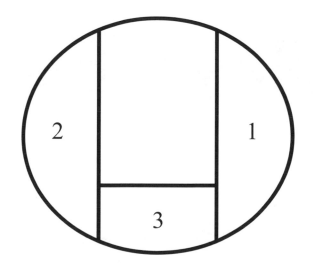

單元主題 42：三明治製作

▶蘇日俊◀

理論基礎

　　自閉症者的職前工作訓練對其未來就業相當重要。三明治是餐飲製作工作之一，藉由三明治材料的準備及依材料圖片提示依序製作三明治，可增進自閉症者的餐飲製作工作技能。

教學目標

(一)能將三明治材料放在材料對應板上。
(二)能依材料圖片提示依序製作三明治。
(三)能夠完成三明治製作。

適用對象

　　低、中功能自閉症者（國小到國中階段）。

先備能力

(一)具備分類、配對概念。
(二)能戴手套、口罩。

教學材料

(一)吐司、火腿、美乃滋等三明治材料及配料。
(二)裝材料的容器及碟子。
(三)塑膠手套、口罩。
(四)提示圖卡（三明治材料配對、製作提示圖片）。
(五)增強物（實物、代幣、增強系統等）。

教學策略

(一)材料對應板：教學者將製作三明治材料圖片依序貼在材料對應板，讓學生能依對應板上的圖片排放材料。

(二)同學示範：請示範同學示範依圖片排放材料及製作三明治，讓學生模仿排放材料及製作三明治。

(三)圖片提示：使用工作分析圖卡，將各項動作逐步分解說明，提示須完成的動作。

(四)逐步褪除提示：運用口語、圖卡及肢體動作提示。以圖卡和口語提示為主，若學生無法完成動作，再輔以肢體協助，但學生一旦達成目標行為後，則逐步褪除協助及提示。

(五)增強：適時給與學生增強，以強化學生正確行為（盡量採用社會性增強，例如：鼓掌、輕拍肩膀等，或是使用代幣來增強）。

教學步驟

階段一：放材料在組合對應板

準備活動：教學者準備三明治的材料對應板，上面貼有吐司、火腿的圖片，並準備吐司、火腿放在保鮮盒裡。

步驟一：示範同學示範放材料在材料對應板上→示範同學示範戴上手套及口罩，然後由保鮮盒中拿三明治材料，由左至右，依照材料對應板上的圖片，把材料配對放到對應板的圖片上（如附圖一）。

步驟二：學生練習放材料在材料對應板上→學生練習戴上手套、口罩，然後由保鮮盒中拿三明治材料，由左至右，依照材料對應板上的圖片，把材料配對放到對應板的圖片上，剛開始可以抓著學生的手協助拿材料配對放到對應板的圖片上，等學生漸漸會了之後，則褪除提示。

步驟三：三明治材料配對剛開始可以選擇兩種材料，等學生熟悉後再慢慢增加材料種類（例如：肉餅、培根、煎蛋等），學生每完成一種工作馬上給與鼓勵，增強學生的動機。

階段二：填裝及塗抹美乃滋配料

準備活動：教學者準備三明治的小美乃滋配料碟數個（碟子容量大小剛好塗一片三明治），上面貼有美乃滋的提示圖片，並準備美乃滋放在大的配料盒中。

步驟一：示範同學示範裝填美乃滋在小配料碟中→示範同學示範由大的美乃滋配料盒中挖取美乃滋，然後將其裝填在小的配料碟中（如附圖二）。

步驟二：學生練習裝填美乃滋在小配料碟中→學生練習由大的美乃滋配料盒中挖取美乃滋，然後將其裝填在小的配料碟中，如小碟剛開始無法裝填，可先用較大的碟子讓學生練習裝填，然後再慢慢換成較小的碟子。

步驟三：示範同學示範把美乃滋塗抹在三明治上→示範同學示範由小的美乃滋配料碟中挖取美乃滋，然後將其塗抹在三明治上，將三明治都全部覆蓋才算塗抹好（剛開始如學生無法將美乃滋全塗滿，可先用有顏色的番茄醬，讓學生較易知道哪裡還沒塗滿）（如附圖三）。

步驟四：學生練習把美乃滋塗抹在三明治上→學生練習由小的美乃滋配料碟中挖取美乃滋，然後將其塗抹在三明治上，將三明治都全部覆蓋才算塗抹好。

步驟五：三明治配料裝填剛開始可以只選擇一種配料練習，等學生熟悉後再慢慢增加配料種類（例如：黃瓜絲、玉米粒等）。

階段三：製作三明治

準備活動：教學者準備三明治的製作材料及配料，分裝成一盒一盒，並準備三明治製作對應板，對應板上畫有材料及配料的圖片。

步驟一：示範同學示範放材料及配料在對應板上→示範同學示範由左至右，依序依對應板上的圖片，拿材料及配料放在對應板上（如附圖四）。

步驟二：學生練習放材料及配料在對應板上→學生練習由左至右，依序

依對應板上的圖片，拿材料及配料放在對應板上。

步驟三：示範同學示範製作三明治→示範同學示範由對應板上拿已擺好的材料及配料，依序先拿吐司，再抹上美乃滋，再放上火腿，再放吐司，製作好一個三明治（如附圖五）。

步驟四：學生練習製作三明治→學生練習由對應板上拿已擺好的材料及配料，依序先拿吐司，再抹上美乃滋，再放上火腿，再放吐司，製作好一個三明治，剛開始可以抓著學生的手協助拿材料製作三明治，等學生漸漸會了之後，則褪除提示。

步驟五：製作三明治剛開始可以只選擇一種材料（如火腿）、一種配料（如美乃滋）練習製作，等學生熟悉後再慢慢增加材料及配料種類。

附圖說明

附圖一：由保鮮盒拿三明治材料，由左至右，依照材料對應板上的圖片，把材料配對放到對應板的圖片上。

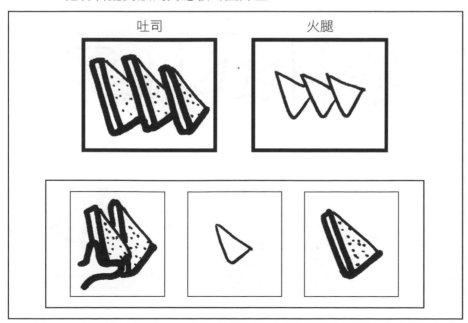

附圖二：挖美乃滋放在小碟中。　　　附圖三：從小碟中挖美乃滋塗在
　　　　　　　　　　　　　　　　　　　　　三明治上。

附圖四：由左至右，依序依對應板上的圖片，拿材料及配料放在對應板上。

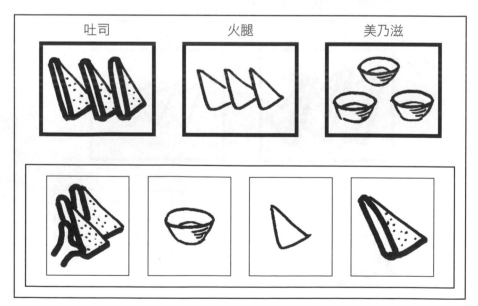

吐司　　　　　　火腿　　　　　　美乃滋

附圖五：由對應板上拿已擺好的材料及配料，依序先拿吐司，再抹上美
乃滋，再放上火腿，再放吐司，製作好一個三明治。

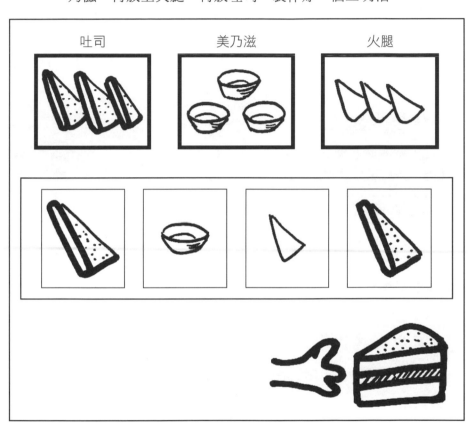

單元主題 43：杏仁脆片製作

▶林丹桂◀

❀ 理論基礎

　　自閉症者應訓練其簡單的謀生技能，烘焙食品是一項職前訓練的最好技能。杏仁脆片的製作過程簡單、易學，正可訓練學生習得一技之長。

❀ 教學目標

(一)能依教學者指示完成材料攪拌動作。
(二)能依教學者指示將杏仁脆片材料放入小模型。
(三)能依教學者指示以叉子拍平杏仁脆片。
(四)能完成製作杏仁脆片的工作。

❀ 適用對象

　　低、中、高功能自閉症者（國小階段以上）。

❀ 先備能力

　　手會握住東西，具備攪拌、拍打的能力。

❀ 教學材料

(一)細砂糖 225 克、鹽 1 小匙、奶油 150 克、蛋白 350 克、低筋麵粉 150 克、杏仁片 450 克、磅秤 1 個、量杯 6 個、烤箱 1 只、器皿數個、雞蛋數個、攪拌器、分蛋器。
(二)提示圖卡（原料攪拌、拍平等提示圖片）。
(三)增強物（實物、代幣、增強系統等）。
(四)視覺線索標示（量杯上標示杏仁脆片原料名稱及刻度）。

教學策略

(一)視覺線索標示：教學者在量杯上貼上材料名稱，並畫上刻度，提示學生視覺線索。

(二)同學示範：請示範同學示範打蛋、將原料倒入量杯及攪拌原料等動作，讓學生模仿。

(三)圖片提示：使用工作分析圖卡，將各項動作逐步分解說明，提示須完成的動作。

(四)逐步褪除提示：運用口語、圖卡及肢體動作提示。以圖卡和口語提示為主，若學生無法完成動作，再輔以肢體協助，但學生一旦達成目標行為後，則逐步褪除協助及提示。

(五)增強：適時給與學生增強，以強化學生正確行為（盡量採用社會性增強，例如：鼓掌、輕拍肩膀等，或是使用代幣來增強）。

教學步驟

階段一：把雞蛋倒在分蛋器上（分出蛋白和蛋黃）

準備活動：教學者準備數個雞蛋及分蛋器。

步驟一：示範同學示範戴上手套，然後把雞蛋敲破，倒入分蛋器內，讓蛋白慢慢流下，剩下蛋黃為止（圖卡提示學生蛋黃及蛋白的分別）。

步驟二：學生模仿示範同學動作，練習戴上手套，然後把雞蛋敲破，倒入分蛋器內，讓蛋白慢慢流下，剩下蛋黃為止。學生如無法做出正確動作，教學者可以圖片提示或動作協助學生完成正確的動作，學生做出正確動作後立即給與增強。

階段二：將蛋白、鹽、砂糖、奶油、低筋麵粉攪拌均勻

準備活動：教學者將所有原料依加入攪拌的順序排好（鹽→砂糖→奶油→低筋麵粉），並準備攪拌的容器。

步驟一：請示範同學示範拿貼有材料名稱的量杯，然後依量杯上的刻度

將各個杏仁脆片的原料倒入。

步驟二：學生練習模仿示範同學動作，拿貼有材料名稱的量杯，然後依量杯上的刻度將各個杏仁脆片的原料倒入，可以將量杯上的刻度以鮮明易辨識的貼紙貼上，讓學生易於辨認。

步驟三：請示範同學示範依教學者所準備的原料順序，依序加入鹽→砂糖→奶油→低筋麵粉，在容器內跟蛋白一起攪拌均勻（如附圖一）。

步驟四：學生練習模仿示範同學動作，依原料順序鹽→砂糖→奶油→低筋麵粉倒入攪拌容器內，然後跟蛋白一起攪拌均勻，攪拌約一百下，直到容器內所有原料都完全混合在一起，沒有看到砂糖顆粒或麵粉塊才完成。學生如無法做出正確動作，教學者可以協助學生完成正確的動作，學生做出正確動作後立即給與增強。

階段三：加入杏仁片

準備活動：教學者準備杏仁片及已攪拌好的原料（蛋白、鹽、砂糖、奶油、低筋麵粉）。

步驟一：教學者請示範同學示範將量杯內的杏仁片，倒入容器內跟所有已攪拌好的原料一起攪拌均勻（杏仁片加入後，只要稍加拌勻即可，約攪拌十次，不可攪拌過久，以免太碎）。

步驟二：學生練習模仿示範同學動作，將量杯內的杏仁片倒入容器內跟所有原料一起攪拌均勻。學生如無法做出正確動作，教學者可以動作協助學生完成正確的動作，學生做出正確動作後立即給與增強。

階段四：放攪拌好的原料到烤盤

準備活動：教學者準備杏仁脆片模型、量匙及叉子。

步驟一：請示範同學示範用量匙舀起杏仁脆片已攪拌好的原料，放進烤盤模型內，並用叉子將模型內原料輕輕壓平（厚薄要均勻，杏仁片盡量不要重疊）。

步驟二：教學者請學生模仿示範同學動作，用量匙舀起杏仁脆片已攪拌

好的原料，放進烤盤模型內，並用叉子將模型內原料輕輕壓平，然後等待數分鐘後，杏仁脆片烤到變成棕黃色，可口好吃的杏仁脆片就可以出爐了（如附圖二）。

❀ 附圖說明

附圖一：量杯上標示杏仁脆片材料名稱及刻度，提示學生須加入的量，然後把用量杯量好的原料倒入容器內攪拌。

鹽　　　　砂糖　　　　奶油　　　低筋麵粉

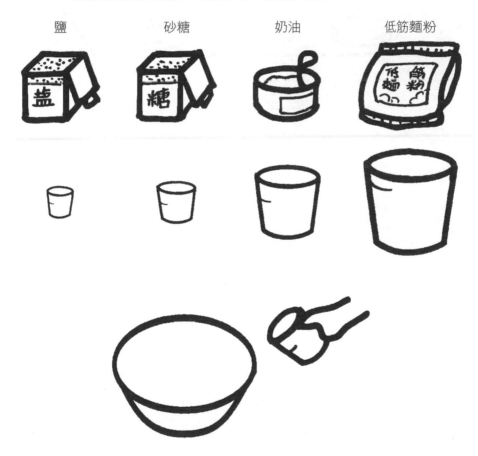

附圖二：用量匙舀起杏仁脆片已攪拌好的原料，放進烤盤模型內，並用
　　　　叉子將模型內原料輕輕壓平（厚薄要均勻，杏仁片盡量不要重
　　　　疊）。

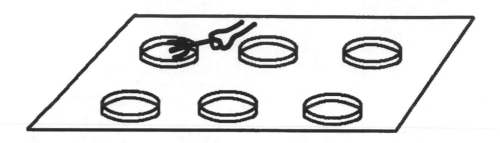

國家圖書館出版品預行編目（CIP）資料

自閉症教材教法 / 王大延等著；李佳錫繪圖. -- 初版. -- 臺北市：心理，
　2010.05
　　冊； 公分. --（障礙教育系列；63100）
　上冊：行為問題處理與社交技巧篇；
　下冊：溝通訓練、休閒教育與職業訓練篇
　ISBN 978-986-191-358-2（上冊：平裝）
　ISBN 978-986-191-359-9（下冊：平裝）

1.學習障礙 2.自閉症 3.特殊教育

529.694　　　　　　　　　　　　　　　　　　99004612

障礙教育系列 63100

自閉症教材教法（下冊）——溝通訓練、休閒教育與職業訓練篇
ﾞﾞﾞ

策畫主編：王大延
作　　者：王大延、李 珣、李佳玫、林丹桂、林淑娟、邱采緹、黃昭蓉、黃楓枝、
　　　　　賴伶華、蘇日俊
繪 圖 者：李佳錫
責任編輯：呂佳真
執行編輯：李 晶
總 編 輯：林敬堯
發 行 人：洪有義
出 版 者：心理出版社股份有限公司
地　　址：231026 新北市新店區光明街 288 號 7 樓
電　　話：(02) 29150566
傳　　真：(02) 29152928
郵撥帳號：19293172　心理出版社股份有限公司
網　　址：https://www.psy.com.tw
電子信箱：psychoco@ms15.hinet.net
排 版 者：鄭珮瑩
印 刷 者：竹陞印刷企業有限公司
初版一刷：2010 年 5 月
初版七刷：2021 年 9 月
Ｉ Ｓ Ｂ Ｎ：978-986-191-359-9
定　　價：新台幣 550 元